Aulenbacher / Riegraf / Völker
Feministische Kapitalismuskritik

EINSTIEGE 23

Grundbegriffe der Sozialphilosophie
und Gesellschaftstheorie

Redaktion: H.G. Thien

Brigitte Aulenbacher, Prof. Dr., Johannes Kepler Universität Linz
Birgit Riegraf, Prof. Dr., Universität Paderborn
Susanne Völker, Prof. Dr., Universität zu Köln
Im Interview: *Ariel Salleh*, Prof. Dr., Universität Sydney

Brigitte Aulenbacher / Birgit Riegraf /
Susanne Völker

Feministische Kapitalismuskritik

Einstiege in bedeutende Forschungsfelder

mit einem Interview mit Ariel Salleh

WESTFÄLISCHES DAMPFBOOT

Bibliografische Information der Deutschen Bibliothek
Die Deutsche Bibliothek verzeichnet diese Publikation in der Deutschen Nationalbibliografie; detaillierte bibliografische Daten sind im Internet über http://dnb.ddb.de abrufbar.

1. Auflage Münster 2015

Umschlag: Lütke Fahle Seifert AGD, Münster
Druck: Rosch-Buch Druckerei GmbH, Scheßlitz
Gedruckt auf säurefreiem Papier
ISBN 978-3-89691-679-2

Inhalt

1 Feministische Kapitalismuskritiken
Zum Einstieg in die Forschungsfelder

Brigitte Aulenbacher / Birgit Riegraf / Susanne Völker

Die feministische Kapitalismuskritik gibt es nicht; es wäre im Grunde treffender, von Kapitalismuskritiken zu sprechen. Entsprechend trägt das Buch drei Aspekten Rechnung: Erstens handelt es sich bei feministischen Kapitalismuskritiken um einen traditionsreichen Forschungsstrang, der sich bis in die frühe Phase dieser Gesellschaftsformation zurückverfolgen lässt und fortlaufend weiterentwickelt worden ist. Das theoretische Fundament, auf dem sie stehen, ist dabei im Laufe der Zeit über den innerwissenschaftlichen Diskurs und in Auseinandersetzung mit gesellschaftlichen Veränderungen systematisch verändert, ausgearbeitet, erweitert, somit auch 'vervielfältigt' worden. Es ist also ein breiter und ausdifferenzierter Forschungsstrang. Das bedeutet, zweitens, dass in diesem Forschungsfeld verschiedene gesellschaftsanalytische Zugänge und Betrachtungsweisen anzutreffen sind. Sie liegen teils nah beieinander, sind teils in kritischen Bezugnahmen aufeinander entwickelt worden, stehen teils unverbunden nebeneinander, sind einander teils unbequem oder schlicht unvereinbar. Drittens streuen feministische Kapitalismuskritiken thematisch breit. Es geht um ökologische, ökonomische, politische, soziale und kulturelle Fragen, nationale, transnationale und globale Entwicklungen, historische und gegenwartsbezogene Analysen. Insofern bilden sie nicht nur ein, sondern unterteilen sich in viele Forschungsfelder; drei davon haben wir für einen ersten Einstieg ausgewählt.

Die feministische Kapitalismuskritik in Gänze, in all ihren Entwicklungen, Facetten und Spannungen vorzustellen, ist auf gegebenem Raum nicht oder zumindest nicht in der gebotenen Differenziertheit möglich. Wohl aber können wir in Verbindung mit einem Einstieg in bedeutende Forschungsfelder auch verschiedene Betrachtungsweisen zum Zuge kommen lassen. Dies ist das Anliegen des vorliegenden Buches und erfordert eine Konzentration und Auswahl. Ausgewählt wurden drei Forschungsfelder und Betrachtungsweisen, die zum einen mit im Zentrum der Debatte stehen und zum anderen charakteristisch für feministische Kapitalismuskritiken in dem Sinne sind, dass in keiner anderen Denktradition und in keinem anderen Denkansatz so verfahren wird. Entsprechend seien die Felder, die Zugänge und Betrachtungsweisen an dieser Stelle in aller Kürze skizziert, um so eine Einstiegshilfe zu geben.

Im ersten Kapitel *Kapitalismus als Herrschaftszusammenhang und die Unterordnung des Lebens* stehen besonders traditionsreiche gesellschaftstheoretische Betrachtungsweisen im Mittelpunkt. Darin wird der Blick auf diejenigen Strukturen und Dynamiken des Kapitalismus gerichtet, die ihn von allen vorherigen Gesellschaften unterscheiden. So ist beispielsweise der Stellenwert hervorzuheben, den die Marktökonomie vor anderen Ökonomien und gesellschaftlichen Bereichen innehat. Diese und zahlreiche weitere Gesellschaftsstrukturen und Handlungsorientierungen interessieren dabei nicht für sich genommen, sondern in der Frage, inwieweit sie Ausdruck von Herrschaft sind beziehungsweise Herrschaft transportieren. Eine zentrale Betrachtungsweise besteht darin, den Unter- und Überordnungsverhältnissen im Kapitalismus historisch von Beginn der Moderne an und gegenwartsbezogen bis in die finanzmarktkapitalistische Entwicklung hinein nachzuspüren. Der Ausgangs- und Endpunkt der Analyse besteht in diesem Spektrum feministischer Kapitalismusanalysen darin, die Unterordnung des Lebens, in sozialer und ökologischer Hinsicht, unter Belange kapitalistischen Wirtschaftens sichtbar zu machen, um so, im Wortsinn, radikale, nämlich an die Wurzeln der Gesellschaftsformation heranreichende Kritikperspektiven zu entwickeln. In diesem Forschungsfeld hat die Auseinandersetzung mit der Marx'schen Theorie eine lange Tradition, finden sich Rekurse auf die ältere Kritische Theorie, das Foucault'sche Werk und andere bedeutende Theorieströmungen mehr. Das Verbindende besteht bei aller Verschiedenheit der diskutierten Ansätze darin, dass Gesellschaft in ihrem inneren Zusammenhang zu entschlüsseln und verstehen gesucht wird. Der erste Beitrag zeigt entlang der Frage nach der Unterordnung von Belangen des Lebens, wie feministische Kapitalismusanalysen Herrschaftszusammenhänge freilegen, wobei insbesondere geschlechts-, ethnizitäts- und klassenbasierte Herrschaft angesprochen ist, und in welcher Weise sie Herrschaft in der gesellschaftlichen Funktions- und Arbeitsteilung aufzuspüren vermögen. Hier geht es zum einen um einen Rückblick auf die Entstehung des Kapitalismus. Herausgearbeitet wird, was die kapitalistische Wirtschaftsweise ermöglicht hat, wie ihr andere Lebenszusammenhänge unterworfen worden sind und wie dies dem Kapitalismus seine charakteristische Gestalt verliehen hat. Mit Blick auf die Gegenwartsanalyse wird außerdem verfolgt, wie sich dies im Finanzmarktkapitalismus niederschlägt. Und in beiden Fragen stehen die Herrschaftsverflechtungen im Mittelpunkt, auf denen der Kapitalismus aufbaut, die ihm eingeschrieben sind und die dazu führen, dass zahlreiche Belange 'den Märkten' untergeordnet oder schlichtweg vernachlässigt werden. Im zweiten Beitrag steht die Frage im Zentrum, wie diese untergeordneten Belange nach kapitalistischen Maßgaben organisiert werden und welche Fragen sich hier der Ökonomie- und Gesellschaftskritik stellen. Ausgewählt wird die gegenwärtige Diskussion um Care und Care-Work, Sorge und Sorgearbeit. Hier lässt sich zeigen, wie feministische Forschung im Schnittpunkt von Wirtschafts- und Sozialwissenschaften um ein neues Verständnis lebensdienlichen Wirtschaftens ringt und dies zugleich damit verbindet, den gegenwärtigen Zustand der Gesellschaft mit dem Ziel seiner Veränderung zukunftsgerichtet zu diskutieren. Der dritte Beitrag rekonstruiert in Form eines Interviews mit der australischen Soziologin Ariel Salleh, einer der international bekanntesten Mitbegründerinnen des Ökofeminismus, in welcher Weise feministische Kapitalismus- als Wachstumskritik nicht erst neuerdings fundamental wird. Es zeichnet feministische Forschung aus, bereits früh ökologische und soziale Belange zusammengedacht und dies zudem im Brückenschlag zwischen wissenschaftlicher Erkenntnis und gesellschaftlicher Praxis verfolgt zu haben. Wie dies im Ökofeminismus geschehen ist, wird hier entschlüsselt.

Im zweiten Kapitel *Gerechtigkeit, Arbeit und soziale Ungleichheiten in den Gegenwartskapitalismen* werden die theoretischen Diskussionen aufgegriffen, die sich mit der Frage beschäftigen, wie die Suche nach Entwicklungsmöglichkeiten hin zu einer gerechten Gesellschaft aufs Engste mit der Analyse von Ungleichheits- und Differenzierungsverhältnissen verknüpft ist. Moderne, somit auch kapitalistische Gesellschaften sind durch ein spezifisches Zusammenspiel und Spannungsverhältnis von ökonomischer Ungleichheit und bürgerlicher Gleichheit gekennzeichnet. Dieses höchst spannungsgeladene Zusammenspiel muss diskursiv und in den biografischen und alltäglichen Lebensarrangements bewältigt werden. Damit rücken auch Fragen nach Sozialstaatlichkeit und der Kapitalismus als Lebensentwurf mit ins Zentrum. Wer wie woran teilhaben darf und kann, wird in verschiedenen feministischen Betrachtungsweisen als Frage sozialer Gerechtigkeit verhandelt, wobei häufig unklar bleibt, was genau darunter verstanden wird und wie sie hergestellt werden kann. Der erste Beitrag nimmt drei Dimensionen sozialer Gerechtigkeit in den Blick, nämlich die Frage nach der Umverteilung von Reichtum, der Anerkennung der Verschiedenheit von Lebensformen, Lebenslagen und Lebenskontexten und der politischen Vertretung. Die gerechtigkeitsorientierten Zugänge zum Kapitalismus werden dabei entlang aktueller Entwicklungen, nämlich dem Um- und Abbau des Wohlfahrtsstaates der Nachkriegszeit deshalb diskutiert, weil dieser Prozess von einer Neuverhandlung von Gerechtigkeitsvorstellungen begleitet wird und sich in diesen Prozessen die Spannungsverhältnisse zwischen ökonomischer Ungleichheit und bürgerlichem Gleichheitsversprechen sowie deren diskursive Bearbeitung besonders deutlich zeigen lassen. Zudem wird das Konzept der Intersektionalität herangezogen, um Herrschafts- und Differenzverhältnisse in ihrer Bedeutung für die Verfasstheit des Kapitalismus in den Blick zu nehmen. In Anlehnung an den Intersektionalitätsansatz wird ein Vorschlag entwickelt, Ungleichheiten und soziale Differenzierungen systematisch zu unterscheiden, um ihr Zusammenspiel genauer untersuchen zu können. Der zweite Beitrag befasst sich mit der Frage, wie Arbeit und Leben im Kapitalismus organisiert sind, wie Arbeits- und Geschlechterarrangements in den Blick genommen werden können und was die finanzmarktkapitalistische Entwicklung beziehungsweise neue Arbeitsteilungen im Privaten mit der Konstruktion von Männlichkeit zu tun haben. Anhand verschiedener Betrachtungsweisen aus der (pro-)feministischen Arbeits-, Geschlechter- und Männlichkeitsforschung wird gezeigt, wie der gesellschaftliche Wandel vom Fordismus über den Postfordismus zum Finanzmarktkapitalismus erklärt werden kann, wenn er mit dem Geschlechterverhältnis und der Geschlechterordnung in Zusammenhang gesetzt wird. Der dritte Beitrag will einer nationalen Verengung der Diskussion entgegenwirken und deshalb werden Gerechtigkeit und soziale Ungleichheit in globaler Perspektive diskutiert.

Im dritten Kapitel *Gesellschaft in Bewegung: Gelebter Kapitalismus und umkämpfter Wandel* geht es um Fragen der Praxis, des praktischen Ereignens von Gesellschaft. Kapitalismus existiert nicht als statisch gegebener Strukturzusammenhang, sondern artikuliert sich in lebendiger, gegenwärtiger Praxis – diese unterliegt durchaus historischen Bedingungen, materiell-semiotischen Kräftefeldern und Diskursformationen. Kapitalismus ist historisch geworden und wird aktuell praktiziert, er bringt Gegenwart hervor und wird gegenwärtig hervorgebracht. Das heißt, die Dinge nehmen in praxi, in ihren konkreten gegenwärtigen Relationierungen 'Gestalt' an; 'Geschlecht' beispielsweise ist nicht Substrat, scharf konturierte Figur, es konstelliert sich vielmehr in den aktuellen Verflechtungen mit Rassismen, Klassismen, Körperlichkeiten, Räumen etc. Soziales wird also in Relationen 'vermischt' hervorgebracht, Anordnungen werden ganz praktisch aktualisiert und verändert. Daher kann die Frage der Kapitalismus- und Gesellschaftsanalyse nicht allein als theoretisch-epistemologische, sondern sollte ebenso als methodologische verhandelt werden. Wie ereignet sich Soziales praktisch? Wie ist das Verhältnis von Ereignen und Geschichte? Was ist Praxis? Wie kann diese wahrgenommen werden? Welchen Stellenwert hat sie im Vergleich zu Theorie, zu Kritik und zu Handlungsfähigkeit? Die praxistheoretische Perspektive richtet sich im ersten Beitrag weniger auf die historisch verfestigte Gewordenheit, sondern auf gegenwärtige Herstellungsprozesse eines bedingten Gefüges. Was ist die Bedingung für Sozialität, für soziale Anschlussfähigkeit, für Zusammenhänge und Reproduktion, wie geschieht soziale Einbindung, was ermöglicht Transformationen? Hierzu werden sowohl praxis- und kultursoziologische feministische Ansätze vorgestellt wie inter- und transdisziplinäre, ebenfalls überwiegend feministische Diskurse, die nicht nur die Grenzziehungen zwischen den wissenschaftlichen Disziplinen (zur Gesellschaftsanalyse und Kapitalismuskritik), sondern jene zwischen Menschlichem und Nicht-Menschlichem, zwischen Akteur_innen und Materie, zwischen Affekt und Politik in Zweifel ziehen und so praxistheoretische Ansätze auf unterschiedliche Weisen erweitern. Im zweiten Beitrag werden anhand aktueller Zeitdiagnosen, die die Ausbreitung von prekären Erwerbs- und Lebenslagen und die Prekarisierung aller gesellschaftlichen Teilräume zum Thema haben, die zuvor praxeologisch diskutierten Verhältnisse von Unbestimmtheit und Bestimmtheit/Rasterung als zentrale Merkmale gegenwärtiger gesellschaftlicher Transformationsprozesse aufgegriffen. Dabei stehen insbesondere jene Zugänge im Mittelpunkt, die für eine Erweiterung des Verständnisses von Prekarisierung plädieren und die praktischen, alltäglichen Verschiebungen in den Lebens- und Geschlechterarrangements, die sich mit den Dynamiken der Prekarisierung verknüpfen, kritisch ausloten. Prekarität und prekäres Leben beziehen sich jedoch nicht nur auf soziologische Konzepte. Sie waren und sind Begriffe der Antiglobalisierung und Euromayday-Bewegung und wurden zu Mobilisierungsbegriffen von sozialkritischen Bewegungen im westeuropäischen Raum. Sie wurden zugleich von poststrukturalistischen und queertheoretischen Ansätzen als kritische Begriffe aufgenommen und haben eine radikale Erweiterung erfahren. An die Implikationen des Verständnisses von Prekarität und prekärem Leben knüpfen feministische Aktivist_innen und Forscher_innen wie die Precarias a la Deriva mit ihren intervenierenden Forschungs-, Theorie-, Politik- und Aktionspraxen an. Im dritten Beitrag wird daher die Frage des Politischen, seine Thematisierung im akademischen Feminismus aufgegriffen.

Feministische Kapitalismuskritiken: Was ist gewonnen? Was ist noch zu gewinnen? Zum Ausstieg geht es schließlich darum, die hier verhandelten Forschungsfelder und Betrachtungsweisen in die weitere Diskussion einzuordnen und Perspektiven über die vorliegenden Erkenntnisse hinaus zu benennen.

Wir danken dem Verlag, insbesondere Hans-Günter Thien, für die Möglichkeit, Interessierten einen Einstieg in das Feld der feministischen Kapitalismuskritiken zu vermitteln, und für seine Geduld mit uns, da der akademische Kapitalismus mit seinen zahlreichen, auch die feministische Forschung blockierenden Anforderungen uns nicht immer die Nischen gelassen hat, derer es zur Termineinhaltung bedurft hätte. Für ihre vielfältige Unterstützungsarbeit danken wir Matthias Philipper und Mara Mikulic; für sein wie immer ausgezeichnetes Korrektorat gilt unser Dank Benjamin Schäfer. Vor allem aber danken wir all den potenziellen Leser_innen mit einem kritischen Blick auf den Kapitalismus, die beim Schreiben vor unserem inneren Auge gestanden haben und denen wir hoffentlich einen inspirierenden Einstieg in die Art und Weise verschaffen können, wie diese Gesellschaft aus feministischer Sicht in den Blick genommen werden kann.

A
Kapitalismus als Herrschaftszusammenhang und die Unterordnung des Lebens

2 Alles Kapitalismus? Zur Freilegung von Herrschaft durch die (pro-)feministische Gesellschaftstheorie, Sozialphilosophie und Geschlechterforschung

Brigitte Aulenbacher

Die (pro-)feministische Befassung mit dem Kapitalismus ist traditions- und facettenreich. Für einen Einstieg in die hieraus hervorgegangenen Betrachtungen des Kapitalismus als Herrschaftszusammenhang wird ein Ausschnitt ausgewählt, der sich metaphorisch mit Gudrun-Axeli Knapp (2014: 351) als (Teil einer) „Archäologie der europäischen Moderne" beschreiben lässt. Es geht darum, diejenigen Herrschaftslogiken und -verhältnisse freizulegen, die dem Kapitalismus im Rahmen seiner Entstehungs- und Entwicklungsgeschichte im Kontext der europäischen Moderne eingeschrieben worden sind und ihn prägen. Zunächst wird die Rede vom Kapitalismus hinterfragt (Kap. 2.1), um die damit bezeichnete Gesellschaftsformation dann als Herrschaftszusammenhang sichtbar werden zu lassen (Kap. 2.2, 2.3) und schließlich zu bilanzieren, was damit gewonnen ist (Kap. 2.4).

2.1 Alles Kapitalismus? Wider Engführungen der Kapitalismusanalyse

Wenn von einer „Archäologie der europäischen Moderne" (ebd.) gesprochen wird, geht es um die Freilegung von Herrschaftszusammenhängen, die gesellschafts- und wissenschaftsgeschichtlich verschüttet worden sind und dadurch verdeckt gehalten werden (vgl. Klinger/Knapp 2007). In den Blick geraten somit auch die Kategorien, mit denen Gesellschaft beschrieben und analysiert wird. In diesem Sinne ist der Begriff des Kapitalismus selbst in erkenntnisstrategischer und gesellschaftsanalytischer Perspektive zu problematisieren.

Wird von Kapitalismus gesprochen, um eine Epoche oder Formation der Moderne zu bezeichnen, dann liegt das Augenmerk auf denjenigen Spezifika, die sie von allen vorherigen oder von anders verfassten zeitgleich existierenden Gesellschaften unterscheiden. In den Blick geraten dann etwa die ökonomische Ungleichheits- und die bürgerliche Gleichheitsordnung, so, wie sie sich mit Besitzindividualismus und formal freier Arbeit verbunden haben, der Vorrang der Kapitalverwertung vor der Existenzsicherung, die Kapitalakkumulation und anderes mehr. Die kategoriale Fokussierung der Aufmerksamkeit auf die Eigentümlichkeiten des Kapitalismus hat allerdings den Preis, dass weitere bedeutsame Merkmale in den Hintergrund treten. Dazu gehört beispielsweise das bereits in der Moderne angelegte spannungsreiche Verhältnis von ökonomischer Ungleichheits- und bürgerlicher Gleichheitsordnung, was die Markt- und Rechtsstellung verschiedener Bevölkerungsteile, insbesondere die Geltung von Bürger_innenrechten, angeht, die beispielsweise in Westeuropa erst im letzten Jahrhundert für Frauen vollends durchgesetzt worden sind, für Migrant_innen hingegen noch keineswegs voll gelten (vgl. Dölling 2003; Klinger 2003; Sauer 2013a; vgl. Kap. 5). In den Hintergrund tritt, um ein weiteres Beispiel anzuführen, auch die funktionale Differenzierung, also die für die Moderne spezifische, somit auch für den Kapitalismus geltende Ausdifferenzierung der Gesellschaft in Funktionsbereiche (vgl. Knapp 2014: 351; Klinger/Knapp 2007). Die Rede vom Kapitalismus bildet weder die Trennung von Öffentlichkeit und Privatheit (vgl. Preglau 2013; vgl. Kap. 6) noch die Ausdifferenzierung der öffentlichen Sphäre in Funktionsbereiche wie Wirtschaft, Recht, Politik, Militär und anderes mehr ab (vgl. Becker-Schmidt 1991; Klinger 2013). Schließlich macht sie *eine* Herrschaftslogik und *ein* Herrschaftsverhältnis, Kapitalismus und Kapitalverhältnis, zum Namensgeber einer Gesellschaftsformation, der aus historischen Gründen weitere Herrschaftslogiken und -verhältnisse innewohnen. Von der Entstehung des Kapitalismus her betrachtet handelt es sich dabei nicht zuletzt um den Eurozentrismus mit den damit verbundenen Entgegensetzungen von Moderne und Tradition und mit ethnizitätsbasierter Herrschaft. Von seinen patriarchalen Wurzeln im Feudalismus her betrachtet sind der Androzentrismus und das Geschlechterverhältnis zu nennen (vgl. Klinger 2003; Lenz 1995). Dass all dies anhaltend eine Rolle spielt, lässt der Assoziationshof der Rede vom Kapitalismus nicht vermuten.

Aus feministischer Perspektive ist außerdem die Besetzung des epistemischen Feldes der Kapitalismusanalyse problematisch, in deren Rahmen die kategorialen Engführungen sich etabliert haben. Angefangen von den Vordenkern Karl Marx und Max Weber über verschiedene Theoriestränge und Schulen bis zu den aktuellen Diagnosen zum Finanzmarktkapitalismus wird Kapitalismusanalyse in erster Linie kapitalismustheoretisch betrieben. Damit kommt einem bestimmten Zugang zur Gesellschaftsanalyse in epistemologischer und theoretischer Perspektive die Deutungshoheit darüber zu, wie die Gegenwartsgesellschaft diesbezüglich in den Blick zu nehmen ist: Kapitalismustheorien nehmen ihren systematischen Ausgangspunkt beim Kapitalverhältnis (in freilich unterschiedlicher Weise, z.B. beim kapitalistischen Tausch, bei der Ware, bei der Vergesellschaftung durch Lohnarbeit u.a.m.) und blicken von dort aus auf die weiteren gesellschaftlichen Verhältnisse. Mit dieser Betrachtungsweise wird der Blick von den besonders wirkmächtigen auf die als nachrangig geltenden gesellschaftlichen Sphären gerichtet; zugleich werden die kapitalistischen Dynamiken als besonders einflussreich angenommen, was ihren gesellschaftsstrukturierenden und -prägenden Einfluss angeht, ohne sie systematisch zu anderen Momenten in Relation zu setzen. Feministische Gesellschaftstheorien und kapitalismuskritische Geschlechterforschung kommen in dieser Diskurskonstellation nicht umhin, sich wissenschaftskritisch auf Kapitalismustheorien zu beziehen, wenn sie sichtbar machen wollen, dass weitere Herrschaftslogiken und -verhältnisse nicht nur am Werk sind, sondern in ihrer gesellschaftsprägenden Bedeutung nicht minder Gewicht haben (vgl. Aulenbacher/Meuser/Riegraf 2012).

Eine „Archäologie der europäischen Moderne“ (Knapp 2014: 351) ist vor diesem Hintergrund als Freilegung derjenigen Herrschaftslogiken und -verhältnisse zu sehen, innerhalb derer der Kapitalismus herausgebildet worden ist und die sich ihm hinsichtlich der Art und Weise, wie er verfasst ist und wie er funktioniert, eingeschrieben haben, und als Suche nach Begriffen, die diese Sachverhalte abbilden können. Sie wird von ihren Protagonistinnen Cornelia Klinger und Gudrun-Axeli Knapp (2007) als sozialphilosophische und soziologische, gesellschaftstheoretische und epistemologische Programmatik formuliert. Sie ist, erstens, durch den Intersektionalitätsdiskurs (vgl. Knapp 2014) angestoßen, aus dem die Autorinnen die „Triade“ „Klasse/‘Rasse’ bzw. Ethnizität/Geschlecht“ (Klinger/Knapp 2007: 26f.) aufgreifen. Zweitens hat sie zum Anlass, dass die Gegenwartskapitalismen seit geraumer Zeit in einem Ausmaß und in einer Weise in Bewegung geraten sind, die angesichts der vergleichsweise hohen Stabilität des Fordismus und in der vormaligen, expansionsbegrenzenden Konkurrenz zum Staatssozialismus vor rund einem Vierteljahrhundert nicht vorstellbar waren. Und drittens nehmen die Autorinnen eine theoretische und theoriepolitische Positionsbestimmung vor, insofern aus ihrer Sicht insbesondere die Denkformen der älteren Kritischen Theorie Potenzial bereithalten, um den gegenwärtigen Herausforderungen der Gesellschaftsanalyse und -kritik angemessen zu begegnen und dabei alle für die Funktionsweise des Kapitalismus relevanten Strukturierungsprinzipien im Blick zu haben (vgl. ebd.: 27ff.; Knapp 1996).[1] In ihrem so angeregten Forschungsprogramm geht es letztlich darum, den Kapitalismus von seinen Wurzeln ausgehend neu in den Blick zu nehmen, um seine gegenwärtigen Dynamiken und Entwicklungen zu verstehen:

> [Die westeuropäischen] Gesellschaften formieren bzw. entfalten sich mit dem 19. Jahrhundert als *zugleich* moderne, bürgerlich-patriarchale, nationalstaatlich verfasste, in unterschiedlichem Ausmaß ethnisierte, kapitalistische Gesellschaften – eine Konstellation von Attributen, die auf einen komplexen, widersprüchlichen und dynamischen Zusammenhang deutet und in dem sich unschwer auch Hinweise auf unsere begriffliche Triade erkennen lassen. Gesellschaftsanalysen, die jeweils nur eines dieser strukturellen Merkmale fokussieren (das Moderne, die bürgerlich-patriarchale Kultur und Herrschaft, die nationalstaatliche Verfasstheit, die kapitalistische Wirtschaftsweise), können diesen Strukturzusammenhang nicht begreifen. Und dieses, auf unterschiedliche Weise institutionalisierte, Gefüge ist es, das [...] erneut in Bewegung gerät. (ebd.: 27, Hervorh.i.O.)

Das besonders interessante Moment dieser Betrachtungsweise liegt in dem nicht von ungefähr kursiv gesetzten Wort „zugleich". Es ist zuvor schon von Cornelia Klinger (2003: 24ff.) dahingehend ausgeführt worden, dass die sozialen Kategorien Klasse, Geschlecht,

---

1 Einen der theoretischen und epistemologischen Intention nach ähnlichen, daher hier anzumerkenden, hinsichtlich der Bezugstheorien und in der Ausführung aber anderen Weg geht Sylvia Walby (2007, 2013) mit ihrer Entwicklung einer Komplexitätstheorie (*Complexity Theory*). Ebenfalls ausgehend vom Intersektionalitätsgedanken sucht sie die zwei bedeutendsten Strukturierungsprinzipien moderner Gesellschaften, soziale und funktionale Differenzierung, neu aufeinander zu beziehen, indem sie „social relations" und „systems" in neuer Weise miteinander in Zusammenhang bringt. Ihr erscheint die Revision politisch-ökonomischer Theorien und der Differenzierungs- und vor allem der Systemtheorie weiterführend. Letztere gilt Cornelia Klinger und Gudrun-Axeli Knapp (2007) hingegen als wenig aussichtsreich und, umgekehrt, besteht auch aus systemtheoretischer Perspektive Reserviertheit (vgl. Weinbach 2008).

Ethnizität genuin modern, also in ihrer gegenwärtigen Gestalt erst mit der Moderne herausgebildet worden und kein Relikt vormoderner Zeiten sind.[2] Nicht von ungefähr wird dann gerade auch in einer solchen programmatischen Betrachtungsweise die Frage aufgeworfen, wie geschlechts- und ethnizitätsbasierte Herrschaft im Kapitalismus gesellschaftsstrukturierend und -dynamisierend wirkt, worum es im nächsten Abschnitt mit Blick auf die ihm eigenen Unterordnungsverhältnisse im Rückgriff auf Arbeiten geht, die für verschiedene Ausschnitte feministischer Wissenschaftsgeschichte stehen.

2.2 Kapitalismus als Herrschaftszusammenhang und die Unterordnung der „Lebenssorge"[3]

Beginnend mit einer der großen internationalen feministischen Debatten, der Hausarbeitsdebatte der 1970er- und 1980er-Jahre, fand in der damaligen Frauenforschung eine umfangreiche und tiefgehende Revision der Marx'schen Theorie statt (vgl. Beer 1984). Im Kern stand eine Betrachtungsweise, die Ursula Beer (1990: 77) später als „feministisches Materialismus-Postulat" bezeichnen sollte. Es ging dabei darum, das weite Verständnis gesellschaftlicher Reproduktion, das im Marx'schen Frühwerk *Die deutsche Ideologie* noch aufscheint, indem es gesellschaftsanalytisch an der menschlichen Existenz und an allen zu ihrem Erhalt erforderlichen Tätigkeiten, an der „Produktion des Lebens" (Marx/Engels 1962/1846: 29), ansetzt, gegen das Spätwerk *Das Kapital* zu behaupten (vgl. Marx 1968/1867), in dem nur noch der ökonomische Reproduktionspro-

---

2 Es handelt sich somit um eine Gegenposition zu soziologischen Gesellschaftsanalysen, die einen Bedeutungsverlust von Differenzierungen und Ungleichheiten nach Geschlecht und Ethnizität diagnostizieren, indem sie ihnen im Vergleich zur Feudalordnung für die Moderne einen Funktionsverlust bescheinigen, so die systemtheoretische Geschlechterforschung (vgl. Weinbach/Stichweh 2001) und manche institutionalistische und praxeologische Betrachtungsweisen (vgl. z.B. Heintz 2007; Hirschauer 2001).

3 Der Begriff der „Lebenssorge" stammt von Cornelia Klinger (2013 in der näheren Ausführung; auch bereits Klinger 2012); es ist ein Begriff ihrer gegenwartsbezogenen Kapitalismusanalyse, der geeignet ist, auch frühere Belange der Frauenforschung mit Blick auf die heutige Diskussion zu bilanzieren.

zess im Fokus steht (vgl. Aulenbacher 2012; Beer 1990: 71ff.). Belange, die mit dem generativen und regenerativen Erhalt des Lebens verbunden sind, und die darauf bezogenen Formen unentgeltlicher Arbeit sollten dahingehend in den Blick genommen werden, wie sie mit der kapitalismuseigenen (Mehrwert-)Produktion, Verwertung und Akkumulation verbunden sind und welche Herrschaftslogiken und -verhältnisse diesen Zusammenhang stiften (vgl. Beer 1990; Mies 2001). Darauf richteten sich seinerzeit und richten sich aktuell historische Rekonstruktionen, theoretische Revisionen und sozialphilosophische Reflexionen, die inzwischen weit über die Ursprungsdebatte hinaus- beziehungsweise auch ganz andere Wege gehen. Stellvertretend für den Forschungsstrang werden einige wegweisende Arbeiten aufgegriffen.

Silvia Federicis (2012: 7ff., 16ff.) Untersuchungen sind im Rahmen der Hausarbeitsdebatte, der Auseinandersetzung mit der Marx'schen Theorie und im Rekurs auf das Foucault'sche Werk entstanden. Die Autorin befasst sich mit den Themen Arbeit, Generativität und Körper. Dabei handele es sich um drei Schauplätze von Ausbeutung und Widerstand, die sie in ihren Analysen der Transformation des Feudalismus und der Ständegesellschaft zur Industriegesellschaft und zum Kapitalismus in globaler Perspektive zu betrachten sucht. Aufgenommen werden hier einige aus ihrer Sicht signifikante Entwicklungen, insofern sie dem Kapitalismus den Weg bereitet, da sie seine Funktionsweise überhaupt erst ermöglicht haben.

Den Transformationsprozess rekonstruiert Silvia Federici (ebd.: 25f.) als Geschichte der gescheiterten Kämpfe um die Befreiung von der Feudalherrschaft zugunsten einer aufgeklärten Gesellschaft im emanzipatorischen Sinne: „Der Kapitalismus war die Antwort der Feudalherren, der patrizischen Kaufleute, der Bischöfe und Päpste auf einen jahrhundertelangen sozialen Konflikt, der ihre Macht schließlich erschütterte [...]. Der Kapitalismus war eine Konterrevolution [...]" Sie richtete sich gegen die emanzipatorischen Bestrebungen im Kampf um die Allmende und gegen den Besitzindividualismus, ist im Kontext der widerständigen Herausbildung der Lohn- anstelle der Fronarbeit wie der über Ausschlussmechanismen etablierten Trennung von Öffentlichkeit und Privatheit einschließlich der Neuorganisation und -verteilung von bezahlter und unbezahlter Arbeit und der Kontrolle der Sexualität zu sehen. Diese Widerstands- und Herrschaftsgeschichte erforscht

Silvia Federici (ebd.: 77, auch 201ff.) zwar in der Marx'schen Begrifflichkeit als Geschichte der „ursprünglichen Akkumulation", also als Grundlegung kapitalistischer Mehrwertproduktion und Expansion, aber anders als dort wird sie nicht „vom Standpunkt des entlohnten Industrieproletariats aus" erzählt. Stattdessen betont die Autorin die Prozesse, die der Herausbildung des Verhältnisses von Kapital und Lohnarbeit unterlegt waren: die „Enteignung der europäischen Arbeiter und Arbeiterinnen, also deren Trennung von den Subsistenzmitteln, und die Versklavung der amerikanischen und afrikanischen Ureinwohner", „die Verwandlung des Körpers in eine Arbeitsmaschine und die Unterordnung der Frauen unter die Erfordernisse der Arbeitskraftreproduktion" wie „die Zerschlagung der Macht der Frauen" nicht zuletzt durch den Genozid der Hexenverfolgung und die Legalisierung und Legitimierung von (sexueller) Gewalt gegen Frauen (ebd.: 78, i.O. mit Hervorh.).

Die Transformation der Feudal- und Ständegesellschaft zum Industriekapitalismus wird so als Herausbildung einer neuen Produktions- und Reproduktionsweise zu verstehen gesucht, in der geschlechts-, ethnizitäts- und klassenbasierte Ausbeutung und Herrschaft in beidem, in Produktion und Reproduktion, miteinander verbunden worden sind. Es handelte sich um einen Prozess, der im Rahmen uneindeutiger Widerstands- und Herrschaftskonstellationen seinen Verlauf und seine Richtung genommen hat: beispielsweise im Kontext von Bündnissen zwischen Adel und Bürgertum und zwischen Kapitalisten- und Arbeiterklasse, nicht nur, aber auch nicht zuletzt zulasten von Frauen; von Allianzen und Herrschaft zwischen Frauen im Kontext der Sklaverei; von Spaltungen innerhalb der arbeitenden Bevölkerung im Kontext der Proletarisierung und Feminisierung von Arbeit.[4] Ferner zeigt die Untersuchung

4 Das feministische Paradebeispiel einer Allianz zwischen Kapitalisten und Lohnarbeitern ist die Entwertung der Arbeit von Frauen. Davon profitierten Männer als Unternehmer oder als Lohnarbeiter und in jedem der beiden Fälle als Familienoberhäupter, indem ihnen die Arbeitskraft von Frauen niedrig entlohnt verfügbar wurde oder weibliche Konkurrenz vermieden werden konnte und sie von der unentgeltlichen Arbeit von Frauen im Haushalt profitierten, in Verbindung mit, im Falle armutsbedingter Prostitution beziehungsweise gestützt durch die seinerzeitige Ehegesetzgebung, außerdem sexuellen Zu- und Übergriffen (vgl. Federici 2012: 112ff.; vgl. systematischer Beer 1990). Für die Sklaverei und die Kolonialzeit weist Silvia Federici (2012: 134) darauf hin, dass einerseits weiße Frauen, etwa durch Heirat in die gesellschaftliche Elite, zu Sklavenhalterinnen wur-

Silvia Federicis (ebd.: 106ff., 163ff.), wie sich die funktionale Differenzierung der Gesellschaft in die Unterordnung des Reproduktiven eingeschrieben hat, etwa in der humanwissenschaftlichen Neuvermessung des Körpers, einer sich der Religion bedienenden Legitimierung der Kontrolle von Sexualität und anderem mehr, und wie dies einer auch staatlich und kirchlich zulasten von Frauen regulierten „Bevölkerungsweise" mit den Weg geebnet hat, die der neuen „Wirtschaftsweise" zugearbeitet hat (zu diesen Begriffen: Beer 1990). Schließlich wird deutlicher noch in der Untersuchung Ursula Beers (ebd.), wie formal unabhängige Rechtskomplexe für eine durchgängige Privilegierung von Männern sorgten, was die Eigentums- und Besitzverhältnisse, die Zugänge zu bezahlter Arbeit und die Stellung in Ehe und Familie anging, während Frauen teilweise deren Vormundschaft unterstellt wurden mit den entsprechenden Einschränkungen hinsichtlich ihrer Verfügung über ihr Sexual- und Arbeitsvermögen wie über Geld und weitere Ressourcen. Dies galt freilich für Frauen und Männer des Bürgertums in ganz anderer Weise als für diejenigen aus der Arbeiterschicht.

In feministischer Perspektive sind all diese Unterordnungsverhältnisse, um sukzessive zur Gegenwartsanalyse überzugehen, als historisch konstitutiv für den Kapitalismus (und nicht nur als ihm geschichtlich vorausgegangen) zu begreifen. Sie ermöglichen seine Funktionsweise demnach überhaupt erst, indem sie die „Lebenssorge" (Klinger 2013) den Belangen der ihm eigenen Wirtschaftsweise unterordnen und sie daraufhin zurichten. Und sie prägen ihn dadurch in seiner inneren Widersprüchlichkeit.

Ein zentrales Moment der Funktionsweise und ein innerer Widerspruch des Kapitalismus sind in diesem Zusammenhang hervorzuheben:[5] Einerseits wird seine durch die Kapitalakkumu-

---

den, und nicht zuletzt über Sklavinnen in der Verrichtung der Hausarbeit verfügten. Andererseits hätten zwischen Frauen europäischer, indigener und afrikanischer Herkunft angesichts sexueller Diskriminierung auch Bündnisse bestanden.

5 Feministische Gesellschaftsanalysen, die in wie auch immer kritischer Weise in der Tradition der Marx'schen Theorie stehen, betrachten die kapitalistische Produktions- und Funktionsweise zum einen im Kontext derjenigen 'Produktionen', die dem Akkumulationsprozess vorausgesetzt sind (vgl. Federici 2012; Mies 2001). Zum anderen betrachten sie sie entlang der Struktur der Produktivkraftentwicklung und der Produktionsverhältnisse, was die gesellschaftliche Grundstruktur angeht, die in ihrer Funktionsweise spezifisch zum Ausdruck kommt (vgl. Beer 1990).

lation angetriebene Dynamik erst dadurch ermöglicht, dass die Marktökonomie Vorrang vor anderen Ökonomien und Sphären und die Kapitalverwertung Vorrang vor der Existenzsicherung haben. Andererseits besteht eines seiner Grundprobleme aber genau darin, dass er sich allein markt- und verwertungsorientiert nicht reproduzieren kann und daher auf andere Ressourcen und Leistungen angewiesen ist (seien es Zugriffe auf die außermenschliche Natur im Sinne der Rohstoffgewinnung, seien es Zugriffe auf das menschliche Sexual-, Fortpflanzungs- und Arbeitsvermögen in nicht nur ihrer vermarktlichten Gestalt) (vgl. Beer 1990). Damit verbunden bedarf kapitalistisches Wirtschaften, was die Gesellschaftsstrukturen angeht, notwendig sozialer Separierungen im Sinne der funktionalen Ausdifferenzierung der Gesellschaft, da eine Sphäre, in der Orientierungen auf Rentabilität, Verwertung, Profit und anderes mehr Vorrang haben und von den unprofitablen Teilen der „Lebenssorge" (Klinger 2013) und von weiteren erforderlichen Ressourcen abgesehen wird, nur dann existieren und wirkmächtig für das gesellschaftliche Ganze werden kann, wenn die funktionsnotwendige 'Zuarbeit' anderweitig geleistet wird (vgl. Aulenbacher 2013).

In diesem Zusammenhang spricht Regina Becker-Schmidt (2014: 88) in ihrer Revision der Marx'schen Theorie davon, dass kapitalistisches Wirtschaften durch herrschaftsförmige „Abstraktionsprozesse" charakterisiert ist. Als herrschaftsförmig sind sie unter dem Aspekt zu begreifen, wovon abstrahiert wird, also etwa von dem, was nicht profitabel in Wert gesetzt werden kann, für das Leben und Zusammenleben aber nicht minder wichtig sein muss. Und sie erweisen sich mit Blick darauf als herrschaftsförmig, wie die erforderliche 'Zuarbeit' geleistet wird, beispielsweise, indem Frauen stärker als Männer für unbezahlte Arbeit im Privathaushalt in die Pflicht genommen und Migrantinnen bezahlte Sorgearbeiten zu Konditionen zugemutet werden, die für die einheimische Bevölkerung nicht akzeptabel wären (vgl. Lutz 2010). Ermöglicht werden solche „Abstraktionsprozesse" (Becker-Schmidt 2014) im Rahmen eines funktions- und arbeitsteiligen gesellschaftlichen Gefüges, das die Autorin im Anschluss an die Kritische Theorie in folgender Weise als herrschaftsbasiert beschreibt: Die sektorale Funktionsteilung zwischen Wirtschaft, Staat, Privathaushalt und anderem mehr und die Arbeitsteilung entlang verschiedener Formen bezahlter und unbezahlter Arbeit gelten ihr als „strukturhomolog" ausgerichtet (Becker-Schmidt 1998), wobei geschlechts-, ethnizitäts- und klassenbasierte Vermittlungen zum einen, Problemverarbeitungsmuster wie die Rationalisierung zum anderen dafür sorgten, dass die funktional getrennten, bedingt autonomen und doch voneinander abhängigen Bereiche aneinander abgeglichen und, was die in ihnen erbrachten Leistungen angeht, aufeinander bezogen werden (vgl. Becker-Schmidt 1991). Um nur ein Beispiel anzuführen: Privatwirtschaft und Privathaushalt sind nicht nur voneinander getrennt, sondern auch gegeneinander profiliert und, mit Blick auf ihre Leistungs- und Ressourcenerfordernisse und -bereitstellung, voneinander abhängig und aufeinander bezogen, und zwar im Rahmen eines Macht- und Herrschaftsgefälles, in dem sie einander (wie direkt oder indirekt auch immer) keineswegs gleichermaßen beeinflussen.

In der Frage, wie die Funktions- und Arbeitsteilung im Kapitalismus verfasst ist, sind nach Regina Becker-Schmidt (1998) über die Trennung von Sphären, Bereichen, Sektoren und Arbeitsformen und ihre erneute Vermittlung hinaus ferner Dichotomien bedeutsam, die weiter in die Moderne zurückreichen: Kultur/Natur, Verstand/Körper, Rationalität/Emotionalität seien dichotome Setzungen, die „strukturhomolog" zu denjenigen von Moderne/Tradition, Öffentlichkeit/Privatheit, Mann/Frau ausgerichtet sind (vgl. auch Klinger 2003; Lenz 1995). Kultur, Verstand, Rationalität stehen in dieser Gleichgerichtetheit für die genuin europäische moderne Entwicklung, das öffentliche Leben und sind männlich konnotiert. Natur, Körper, Emotionalität repräsentieren das (nichteuropäische, aber auch innergesellschaftliche) 'Andere', nicht zuletzt etikettiert als Tradition, werden eher mit Privatheit und mit Weiblichkeit assoziiert. Erstere sind in diesem Rahmen als vor-, Letztere als nachrangig zu sehen, werden die ihnen gesellschaftlich zugesprochene Bedeutung und ihre Wirkmächtigkeit zum Maßstab genommen (vgl. Becker-Schmidt 1998; Klinger 2003).

Beide, das arbeits- und funktionsteilige Gefüge und die Dichotomien der Moderne in ihrer jeweiligen Herrschaftsförmigkeit, sind beachtenswert, wenn die Entwicklung des Kapitalismus entlang des Wandels in der Unterordnung der „Lebenssorge" (Klinger 2013) nun von seinen Anfängen bis zur Gegenwart in den Blick genommen werden soll. Cornelia Klingers (2012, 2013, 2014a, 2014b) 'archäologische' Arbeiten, die als sozialphilosophische Reflexion auf die Moderne angelegt sind, führen hier weiter. Die Autorin thematisiert den historischen Wandel der Unterordnungsverhältnisse entlang der gesellschaftlichen Betrachtung des Sorgens und der Sorgearbeit als Weg vom „Leibdienst“ über den „Liebesdienst“ zur „Dienstleistung“ (Klinger 2012: 258ff.). Sie zeigt entlang dieser Entwicklung zweierlei: Zum einen geht es darum, inwiefern die moderne Gesellschaft sich schwer tut, die Kontingenz des Lebens, somit auch seine Abhängigkeit von Sorgeleistungen im Rahmen immer auch asymmetrischer Beziehungen des gesellschaftlichen Miteinanders anzuerkennen, da das ihr eigene Verständnis vom mündigen Individuum und urteilsfähigen Subjekt damit einhergeht, Menschen vor allem als „(selbstsorge)fähig“ statt als „(fürsorge)bedürftig“ zu begreifen (Aulenbacher/Dammayr/Décieux 2015; vgl. Klinger 2014b). Zum anderen zeigt sie, wie dieses Problem durch historisch besondere Formen der Unterordnung der „Lebenssorge“ (Klinger 2013) gesellschaftlich bearbeitet wird.

Der ständisch-feudale „Leibdienst“ mitsamt „den entwürdigenden Begleiterscheinungen von Zwang und Gewalt, Abhängigkeit und Hörigkeit, kurzum, dem ganzen Schmutz und Elend menschlicher Kontingenz“ (Klinger 2012: 258) werde im Zuge der Transformation zur Industriegesellschaft und zum Kapitalismus zu einem „Liebesdienst“, dessen Verfasstheit und Stellenwert sich nicht zuletzt aus gesellschaftlichen Separierungsprozessen und der Ausrichtung und Bewertung der Sphären speise:

> Während Staat und Ökonomie den öffentlichen Raum bilden, entwickelt sich das Haus zur Privatsphäre, zu einer Art ‘Binnenraum’ der modernen Gesellschaft, welcher *anderen*, geradezu entgegengesetzten Regeln gehorcht. Der Rationalisierung, Versachlichung und Artifizialisierung der anderen gesellschaftlichen Subsysteme stehen die Emotionalisierung und Subjektivierung, die Verlebendigung und Naturalisierung, die Humanisierung und Kultivierung der häuslichen Lebenswelt gegenüber. (ebd.: 261, Hervorh.i.O.)

Dabei werde der erste Bereich insbesondere im Kontext mit der neu entstandenen Form der Lohnarbeit, unbenommen der darin umfassten Kinder- und Frauenarbeit, männlich konnotiert, der zweite Bereich hingegen werde hinsichtlich seiner Arbeitsförmigkeit zusehends unsichtbar gemacht, feminisiert und materiell abgewertet wie ideell zugleich überhöht, zum „Liebesdienst“ erklärt, der all dies nun zu leisten verspricht, was unter den ökonomischen „Kosten-Nutzen-Kalkülen“ zu kurz kommt (ebd.: 262). In dieser Weise wurde die „Dienstbotengesellschaft“ aus der Kolonialzeit und der frühen Phase der Industrialisierung, so lässt sich ergänzend mit Helma Lutz (2010: 24ff., 26ff.) sagen, von der fordistischen, klassen-, ethnizitäts- und geschlechtsbasierten, vor allem Männer der westlichen Mittelschichten privilegierenden „'Male-Breadwinner'-Gesellschaft" abgelöst.

Während Sorgearbeit als „Liebesdienst" zur unbezahlten Arbeit wurde, macht Cornelia Klinger (2012: 263ff.) in der darauffolgenden gesellschaftlichen Entwicklung ab Mitte des 20. Jahrhunderts zwei Phasen ihrer Kommodifizierung und Dekommodifizierung aus, in der sie zur „Dienstleistung" werden konnte: Die erste Phase ist vor allem dadurch gekennzeichnet, dass sich Staat und Gemeinwirtschaft in der Reformära des letzten Jahrhunderts vermehrt der Sorgeerfordernisse annehmen. Die zweite Phase ist dadurch gekennzeichnet, dass Sorge und Sorgearbeit unter den neoliberalen Vorzeichen und, mit Helma Lutz (2010: 28ff.) gesprochen, in der seit den 1990er-Jahren herausgebildeten klassen-, ethnizitäts- und geschlechts-, dabei in neuer Weise migrationsbasierten „Adult-Worker-Gesellschaft", verstärkt privatwirtschaftlich erbracht werden. Diese Organisation der „Lebenssorge" (Klinger 2013) kann mit Cornelia Klinger (2014a: 32f.) als bedeutender Ausschnitt einer von ihr vermuteten Zäsur in der Moderne gesehen werden, der Umstellung „des leitenden/hegemonialen Handlungssystems der Gesellschaft: von der Politik zur Ökonomie bzw. vom (National-)Staat zum (Welt-) Markt", deren Zeitzeug_innen wir derzeit sind:

> Die patriarchale Klassengesellschaft hatte Lebensführung und -sorge in die separierte private Lebenswelt exterritorialisiert, um die Kosten zu externalisieren und das Leben, die Lebensenergie als ebenso wertvolle wie kostenlose Naturressource ausbeuten zu können. Der demokratische Wohlfahrtsstaat war angetreten, die Belange des Lebens bürokratisch zu administrieren, was daraufhinauslief, das nun als Kostenfaktor im Staats-'Haushalt' in Erscheinung tretende Leben möglichst sparsam, knapp am Existenzminimum zu verwalten, um am Ende doch von den immensen Kosten überwältigt und überfordert zu werden. Dagegen schickt sich das marktwirtschaftliche System an, alle Bereiche des Lebens zu bedienen – reichlich, ja im Überfluss – gegen Entgelt. Die Lebenssorge wird umgestellt von dem – nicht zu vergessen, seit jeher schon durch Geschlechter- und Klassengegensätze kompromittierten – Prinzip Solidarität in der kleineren oder größeren 'Solidargemeinschaft' von Familie und Nation auf Wertschöpfung. (Klinger 2012: 268f.)

In dieser Lesart ist der Kapitalismus in Gestalt des Finanzmarktkapitalismus von einer, was die Lebensbelange der Menschen angeht, immer schon verkehrten zu einer 'vercareten' und zugleich vermarktlichten Welt geworden:

> Im Unterschied zum alten Industriesystem beansprucht *the new economy* nicht nur die Hand des Arbeiters und den Kopf des Chefs, sondern den

> ganzen Menschen, also auch noch Herz und Seele, Gefühl und Engagement, Schönheit und Liebe, Fantasie und Traum, kurzum: von der Kreatürlichkeit bis hin zur Kreativität das Ich in allen Dimensionen und Facetten seiner Subjektivität. Die Ver-careung von allem und jedem, der die Vermarktlichung von allem gegenübersteht, was als kontingent und irrational von den rationalen Betrieben von Staat und Ökonomie ferngehalten wurde, macht die Grenze zwischen den Sphären und Sektoren der Gesellschaft durchlässig. (ebd.: 272, Hervorh.i.O.)

Ähnlich Regina Becker-Schmidt (2014) analysiert Cornelia Klinger (2012, 2014a, 2014b) den Gegenwartskapitalismus als Gesellschaftsformation, in der die Vorrangstellung der marktvermittelten und, genauer noch, der finanzmarktvermittelten Ökonomie so forciert worden ist, dass das ohnehin nie im Gleichgewicht befindliche funktions- und arbeitsteilige interdependente Gefüge bis an die Grenzen seiner Funktionsfähigkeit gestört ist, indem sich Wertschöpfungsimperative in neuem Ausmaß und in neuer Qualität auf das gesamte Leben und Zusammenleben erstrecken: Unter finanzmarktkapitalistischen Vorzeichen zusehends in Wert gesetzt wird die „Lebenssorge" (Klinger 2013) nicht mehr wie bisher ausschließlich hintangestellt, sondern unter anderen als den ihr eigenen Belangen verwertbar gemacht und somit in neuer Weise untergeordnet (vgl. Aulenbacher/Dammayr 2014a, 2014b). Damit verbunden entferne sich, was die Einbindung der Menschen in diese 'vercarete' Welt angeht, das Individuum immer weiter von den ohnehin unabgegoltenen Vorstellungen eines autonomen, in seiner Urteilsfähigkeit zum selbstbestimmten Leben befähigten Subjektes (vgl. Klinger 2013, 2014a, 2014b). Es werde zum „Humankapital-Besitzer" (Klinger 2014b: 30) und „Singulum", „allein durch das anonyme, neutrale, apersonale und scheinbar asoziale Medium Geld vermittelt an das System in seiner herrschenden neoliberalen Form angeschlossen" (Klinger ebd.: 38).

Eine solche Vermarktlichung der Gesellschaft, in der kommodifiziert wird, was letztlich nicht kommodifizierbar ist, kann, worauf Nancy Fraser (2012, 2013) im Zuge ihrer Revision von Karl Polanyis Ansatz hinweist, jedoch weder friktionslos gelingen noch ist sie widerstandsfrei vorzustellen wie auch die Herrschaftsverhältnisse diesbezüglich im Gegenwartskapitalismus in uneindeutiger Weise in Bewegung sind. Dies sei abschließend anhand zweier Beispiele illustriert: Wenn, erstens, „Lebenssorge" (Klinger 2013) zu Wertschöpfung wird, erstrecken sich Warentausch und erwerbsbasierte Vergesellschaftung auf Belange, die ihnen vormals entzogen waren, und handelt es sich in diesem Sinne zweifelsohne um eine Ausweitung kapitalistischer Vergesellschaftung, die allerdings nicht frei von weiteren Herrschaftslogiken und -verhältnissen beziehungsweise deren Veränderung ist. Ein aktuelles Beispiel hierfür ist das sogenannte *social freezing*. Interessen von US-amerikanischen Konzernen, die in diesem Fall eine Vorreiterfunktion innehaben, an (qua Alter vermeintlich besonders) leistungsfähigen Arbeitskräften, von Frauen an (scheinbar) selbstbestimmter Mutterschaft und Karriere und von neuen Anbietern auf dem Markt, die sich als wissenschaftsbasierte Dienstleister (mit vermutlich auch aus anderen Feldern wie der Care-Robotik bereits bekannten geschlechts-, ethnizitäts- und klassenbasierten Beschäftigungsstrukturen) auf das Einfrieren von Eizellen spezialisieren, scheinen hier durch eine nicht unumstrittene wertschöpfungsbasierte 'Lösung' von Widersprüchen, in diesem Fall der unzureichenden Vereinbarkeit von Erwerbsarbeit und Familie, gleichermaßen bedient zu werden. Dabei können Vertreter_innen des *social freezings* Legitimationsgewinne, durchaus im Sinne von Nancy Frasers (2009) Diagnose zur neoliberalen Vereinnahmung des Feminismus oder Angelika Wetterers (2013) Diagnose zum „erfolgreichen Scheitern feministischer Kritik", aus Gleichstellungsrhetoriken ziehen (vgl. auch Kap. 6). Allerdings ist dies weniger deshalb der Fall, weil die feministische Bewegung sich hat vereinnahmen lassen, sondern weil Gleichheit nach wie vor zu den uneingelösten Versprechen der Moderne gehört und die Bestrebungen, sie einzulösen, unter gegebenen Herrschafts- und Kräfteverhältnissen bislang nur bedingt erfolgreich waren beziehungsweise sich auch widersinnige Effekte zeigen. Dass „Lebenssorge" (Klinger 2013) zusehends zu Wertschöpfung wird, darf, zweitens, jedoch nicht darüber hinwegtäuschen, dass sie, was ihre unrentablen, nicht profitträchtigen Teile angeht, weiterhin in variierenden Anteilen als kommodifizierte, dekommodifizierte und unkommodifizierte Arbeit in Staat, Gemeinwirtschaft und Privathaushalt geschlechts-, ethnizitäts- und klassenbasiert geleistet oder aber schlichtweg versäumt wird, wobei auch dies ein neues Ausmaß und eine neue Qualität gewonnen hat (vgl. Aulenbacher/Dammayr/Décieux 2014).

Neben diesen vor allem gesellschaftstheoretisch und sozialphilosophisch bearbeiteten gibt es weitere Ausgrabungsstätten. Was die Freilegung von Herrschaftslogiken und -verhältnissen angeht, sei noch eine inspiziert, bei der es um die Affinität von Kapitalismus und Androzentrismus geht.

2.3 Finanzökonomie und Männlichkeit: Abstraktionen von Lebensbelangen und neue Herrschaftsformen

In der Frage nach der Affinität von androzentrischen und kapitalistischen Herrschaftslogiken und -verhältnissen sind die 'archäologischen' Arbeiten, was das Verständnis und den Stellenwert der Wertschöpfung angeht, im Vergleich zur Frage nach den Ursachen für die Unterordnung der „Lebenssorge" (Klinger 2013) unter ihre Belange weniger weit gediehen. Die Entwicklung angefangen von den vor- und frühkapitalistischen Expansionsbestrebungen der Kolonialherr_innen (vor allem -herren) bis zu den gegenwärtigen expansiven finanzökonomischen Spekulationen und Transaktionen der Banker_innen (zumeist Banker) und somit der Sachverhalt, dass Herrschaftsgeschichte nicht zuletzt auch eine Geschichte männlicher Herrschaft und damit nach genuin androzentrischem Maß ist, ist eher kursorisch Thema (vgl. Aulenbacher 2014). Als Teil des neuen *transnational business* zieht das gegenwärtige finanzökonomische Geschehen hingegen seit Längerem bereits die Aufmerksamkeit kapitalismuskritischer profeministischer Männlichkeits- und seit einiger Zeit feministischer Geschlechterforschung auf sich (vgl. auch Kap. 6).

Dass die Männlichkeitsforschung hier seit geraumer Zeit im Feld ist, spiegelt in gewisser Weise die Geschlechterverteilung. Unbenommen aller sonstigen Bewegungen im Beschäftigungssystem ist der Finanzsektor eine stabile Domäne nahezu ausschließlicher Männerbeschäftigung, was seine höheren, wirtschaftsrelevanten und entscheidenden Positionen angeht (vgl. Funder 2014: 185ff.). Ferner ist er gesellschaftlich in symbolischer Hinsicht so konnotiert, dass der Konnex von Herrschaft, Macht und Männlichkeit augenfällig wird.[6] So ist beispielsweise in der belletristischen und filmischen Beschreibung des Wirkens von Männern in der Finanzökonomie vom „Master of the Universe" die Rede. Tom Wolfe (1990: 18ff.) bemüht diese Figur in seinem Roman *Fegefeuer der Eitelkeiten*, um die Kombination von Herrschaft (der Finanzöko-

6 In der Finanzkrise erlangte zudem ein weiterer Geschlechterdiskurs Bedeutung, der zum einen um die Frage rankte, ob die Geschichte mit Frauen an der Spitze der Finanzökonomie anders verlaufen wäre, zum anderen Männlichkeit in ihrer Wesenhaftigkeit oder Biologie für das Geschehen verantwortlich gemacht hat (vgl. Scheele 2012).

nomie über die weitere Gesellschaft), Macht (qua Position darin) und (individuellen) Allmachtsfantasien (vom Börsensaal aus die Welt regieren zu können) einzufangen, die für seinen tragischen Antihelden Sherman McCoy im Laufe seines hoch kompetitiven Aufstiegs im aggressiven Arbeitsklima an der Wall Street zur Lebensrealität geworden ist und ihn von seinen vorherigen Ansprüchen weit entfernt hat. Marc Bauders (2013) Dokumentarfilm *Master of the Universe* lässt eine Parallelwelt erkennen, in der diejenigen, die angesichts überbordender Arbeitszeiten ihr Leben mehr oder weniger in der Finanzökonomie verbringen, den Bezug zur Welt 'draußen' sukzessive verlieren oder sie nur noch durch den Blick von oben, von dem besonders wirkmächtigen Sektor auf die, durchaus im Wortsinn, restliche Gesellschaft wahrnehmen. Damit wird in Roman und Film etwas eingefangen, was sich auch in Erkenntnissen (pro-)feministischer Forschung zeigt: Es handelt sich, ganz im Sinne von Regina Becker-Schmidt (2014), um eine doppelte Abstraktion von gesellschaftlichen Gegebenheiten. Die Finanzökonomie hat sich als Sektor verselbstständigt, der das interdependente gesellschaftliche Gefüge empfindlich stört, indem er mit der Aufspaltung von Geld- und Realwirtschaft losgelöst von den materiellen Bedingungen des Lebens agiert (vgl. Young 2012). Die Karrieren und die Lebensentwürfe der Finanzökonomisten sehen, wie Raewyn Connell (2010a, 2010b) zeigt, von weiteren Belangen des Lebens ab, welchen in rhetorisch modernisierten Geschlechterbeziehungen Rechnung getragen wird, indem ihre Lebensgefährtinnen die Hauptverantwortung für alles Außerberufliche tragen. Ihre nicht zuletzt karrierestrategische Bestätigung finden sie im homosozialen Raum der Finanzökonomie, wobei hier Diversität (meritokratisch gerahmt, etwa Frauen, Homosexuelle etc. als denkbare Kolleg_innen, falls sie gleich viel leisten,) zwar rhetorisch akzeptiert, faktisch aber nicht gelebt werde. Und es zeigt sich, wie vor allem Brigitte Young (2012: 39ff.) herausarbeitet, eine Verbindung zwischen diesen Strukturen des Finanzsektors und dem Handeln der Finanzökonomist_innen in Gestalt der standardökonomischen Theorie mit ihrem Menschenbild des *homo oeconomicus*, hier in Gestalt der *efficient market hypothesis* (ebd.: 43). Sie präge das Wirtschaftsverständnis und -handeln der Finanzökonomie mit ihren Rationalitätsvorstellungen maßgeblich, kenne keine Heterodoxie, lasse somit weder anderen Vorstellungen des Wirtschaftens noch anderen Gesellschaftsbildern Raum.

In der Männlichkeitsforschung, mit den angesprochenen (und noch anderen) Arbeiten Raewyn Connells (2010a, 2010b) wie weiterer Autor_innen wird zum einen danach gefragt, inwieweit diese und andere im Kontext des *transnational business* stehenden Formen „hegemonialer Männlichkeit" als Leitkultur gelten können; dies sei an dieser Stelle nicht weiter verfolgt (vgl. hierzu Aulenbacher 2014; Kap. 6). In Verbindung damit und unabhängig davon geht es zum anderen um die Frage, inwiefern sich im Finanzmarktkapitalismus neue androzentrische oder, was der konkurrierende Begriff im Feld ist, patriarchale Konstellationen herausbilden, was für die Frage nach Kapitalismus als Herrschaftszusammenhang besonders interessant ist.

In diese Richtung geht Jeff Hearn (2009: 283), wenn er feststellt: „Die 'transnationale Kapitalistenklasse' […] ist in der Praxis eine besonders männliche transnationale Kapitalistenklasse." Aufgrund der „unter Mitwirkung von Männern aus den höchsten Etagen erfolgenden formellen oder informellen Vergeschlechtlichung von internationalen Business-to-Business-Aktivitäten, Allianzen, Partnerschaften, Lieferketten, finanziellen Abhängigkeiten und anderen korporationsinternen Beziehungen" ließen sich Koalitionen finden, die die Macht der „'men of the world'", so die doppeldeutige Formulierung, auf Dauer stellen und unbenommen aller in hochkomplexen organisationalen und trans- und internationalen Zusammenhängen immer auch gegebenen Fragilität des Geschehens stabil halten. Daher spricht er davon, dass dem Gegenwartskapitalismus eine neue Herrschaftsform innewohnt: die „ökonomischen Transpatriarchien" (ebd.: 281).

Sie sind nicht zuletzt deshalb besonders wirksam, weil sie nicht ohne Weiteres ersichtlich sind. Zum einen seien Identitäts-, Individualisierungs-, Flexibilitäts- und Gleichstellungsdiskurse in der gesellschaftlichen einschließlich der wissenschaftlichen Selbstbeschreibung des Gegenwartskapitalismus tonangebend und brächten Herrschaft in ihrer mehr oder minder stabilen Gestalt rhetorisch zum Verschwinden (vgl. Hearn 2014: 104ff.). Zum anderen werde diese neue Herrschaftsform in nationalen, trans- und internationalen Räumen, somit innerhalb von und über Grenzen hinweg, konstituiert (im Westen und Mittleren Osten, in den BRICS-Staaten, in China u.a.m., die Geschäftsinteressen in Asien, Afrika u.a.m. verfolgen), was den Blick auf das Gesamt erschwere (vgl. ebd.: 107f.). Und doch werde die neue Herrschaftsform gerade so konstituiert: „Transnational patriarchal processes present opportunities for extensions, polarizations and recoupings of different men's transnational powers [...]" (ebd.: 116). Es sind neue Koalitionen der Mächtigen, die hier herausgebildet werden, indem sie in spezifischer Weise vergeschlechtlichte Beziehungen und Netzwerke nicht nur in der Wirtschaft, sondern auch im Staat und in anderem mehr beziehungsweise zwischen den Bereichen, Institutionen und Organisationen knüpfen, die in einem androzentrische und kapitalistische (Wertschöpfungs-)Interessen bedienen.

2.4 Schlussbemerkung: Was ist gewonnen?

Es ist hier nicht möglich, die (pro-)feministischen Kapitalismusanalysen in ihrer Vielfalt abzubilden. Unter dem Aspekt der Theorieperspektiven wurde daher der Weg gewählt, einige Betrachtungsweisen zum Zuge kommen zu lassen, die den Zugang der Geschlechterforschung zum Phänomen Kapitalismus charakterisieren. Das Gemeinsame aller hier zu Wort gekommenen Ansätze besteht darin, dass sie danach fragen, welche Herrschaftslogiken und -verhältnisse dem Kapitalismus unterlegt und eingeschrieben sind und ihn damit in seiner Funktionsweise überhaupt erst ermöglichen beziehungsweise stabil oder 'am Laufen' halten. Hinsichtlich dieser Betrachtungsweise sind (pro-)feministische Kapitalismusanalysen als theoretisch radikal, im Wortsinn: an die Wurzeln dieser Gesellschaftsformation heranreichend, zu bezeichnen. Ihr Verdienst besteht darin, den Kapitalismus als einen Herrschaftszusammenhang sichtbar werden zu lassen, der sich weder der alltäglichen Wahrnehmung ohne Weiteres erschließt noch wissenschaftlich bereits zureichend begriffen ist. Letzteres bedeutet zugleich auch, dass selbst, wenn die 'archäologischen' Arbeiten in mancherlei Hinsicht bereits weit vorangeschritten und außerdem zur gegenwartskapitalistischen Entwicklung schon fundierte Sozial- und Zeitdiagnosen gestellt sind, immer noch viel zu tun bleibt auf dem Weg zu (pro-)feministischen Kapitalismusanalysen, die die Funktionsweise und Dynamik dieser Gesellschaftsformation unter systematischer Berücksichtigung aller darin virulenter Herrschaftslogiken und -verhältnisse in den Blick nehmen.

3 Wider die Sorglosigkeit des Kapitalismus Care und Care-Work aus Sicht feministischer Ökonomie- und Gesellschaftskritik

Brigitte Aulenbacher

Seit einiger Zeit ist in der feministischen Diskussion wie in der weiteren Soziologie die Rede davon, dass sich die Gesellschaft in einer Reproduktionskrise befindet. Die hinter dieser Diagnose liegenden Betrachtungsweisen variieren in einiger Bandbreite.[1] Das Gemeinsame besteht darin, dass die Ursachen für die Gefährdung und Zerstörung der gesellschaftlichen Reproduktionsgrundlagen in der Grundstruktur und Funktionsweise des Kapitalismus ausgemacht werden, genauer gesagt: in dem Vorrang, den er der Marktökonomie vor anderen Ökonomien und gesellschaftlichen Bereichen einräumt, in seiner profit- und verwertungsorientierten, akkumulationsgetriebenen Dynamik und in dem damit verbundenen Lebensentwurf, wobei sich freilich ganz verschiedene Thematisierungsweisen dieses Ursachenbündels ausmachen lassen (vgl. Kap. 1 und Kap. 6). Insofern verbindet sich die Diagnose einer Reproduktionskrise mit einer tiefgehenden und weitreichenden Ökonomie- und Gesellschaftskritik am Kapitalismus und seiner strukturellen „Sorglosigkeit" (Aulenbacher/Dammayr 2014a: 68), in deren Rahmen ökologische (vgl. hierzu Kap. 4) und soziale Belange des Lebens hintangestellt oder übergangen werden. Sie interessiert in diesem Abschnitt in ihrer feministischen Variante, wobei ein Ausschnitt der Diskussion in den Blick genommen wird: die Krisenhaftigkeit der Selbst- und

1 So spreche ich, um nur zwei Beispiele zu nennen, unter dem Begriff der Reproduktionskrise an, dass die Art und Weise, wie kapitalistische Gesellschaften wirtschaften, mit ihrer ökologischen und sozialen Selbstgefährdung und -zerstörung wie der Gefährdung und Zerstörung anderer Gesellschaften einhergeht (vgl. Aulenbacher 2013). Kerstin Jürgens (2010) versteht, am Fall Deutschlands ausgeführt, unter der Reproduktionskrise Veränderungen im Beschäftigungssystem, in den Lebensformen und hinsichtlich der Sozialstaatlichkeit, die das bisherige „Reproduktionsmodell" erodieren lassen und die Individuen einer kräftezehrenden Überforderung aussetzen. Die eine Betrachtungsweise schließt die andere nicht aus.

Fürsorge und der Sorgearbeit oder, in der breit durchgesetzten englischen Begrifflichkeit, von Care und Care-Work.

Care und Care-Work sind traditionsreiche Themen feministischer Forschung. Seit einiger Zeit ziehen sie hier wie in der weiteren Soziologie jedoch in neuer Weise Aufmerksamkeit. Dies liegt daran, dass ihre latent immer gegebene und in vielen Regionen der Welt auf Dauer gestellte manifeste Gefährdung unter den Vorzeichen des Neoliberalismus und der Ökonomisierung des Sozialen anders und schärfer als zuvor zutage tritt. Als Einschnitt macht sich dies insbesondere in denjenigen Gesellschaften des globalen Nordens und Westens bemerkbar, die vormals von einem vergleichsweise hohen Wohlstandsniveau und sozialer Sicherheit gekennzeichnet waren und nun teilweise mit überwunden geglaubten Problemen konfrontiert sind, wie im Rahmen des neuen Gefälles zwischen Nord- und Südeuropa beispielsweise die Erhöhung der Kindersterblichkeitsraten in Griechenland und andere Befunde mehr zeigen (vgl. Aulenbacher/Dammayr/Décieux 2014). Regina Becker-Schmidt (2011: 9) spricht mit Blick auf den gegenwärtigen Zustand des Sorgens von „verwahrloster Fürsorge" und streicht damit heraus, dass Gefährdungslagen nicht ausschließlich Krisenfolgen, sondern auch ein „Krisenherd" sind, an dem sich weitere gesellschaftliche Problemlagen entzünden, die das Leben und Zusammenleben grundlegend berühren.

Drei Ausschnitte aus dem viel breiteren Spektrum feministischer Forschung zu Care und Care-Work werden näher betrachtet, wobei das Auswahlkriterium angesichts des Themas des vorliegenden Buches darin besteht, dass darin Kapitalismuskritik betrieben wird:[2] Arbeiten zum Wandel von Sorgeregimen mit Blick auf die globale Neuverteilung von Care und Care-Work (Kap. 3.1), Ansätze der Care-Ökonomie (Kap. 3.2) und, abschließend, die Verbindung zwischen Soziologie und Öffentlichkeit im Feld von Care (Kap. 3.3).

---

2 Einen Überblick über den viel breiteren und noch anders gerichteten Stand der feministischen und weiteren vor allem soziologischen Forschung gibt der Sonderband 20 der Sozialen Welt (vgl. Aulenbacher/Riegraf/Theobald 2014).

3.1 Care-Regime und Care-Work: Zur gesellschaftlichen Organisation und forcierten Vermarktlichung des Sorgens

In der Befassung mit den Eigenarten des Kapitalismus wurde unter dem Aspekt der Unterordnung der „Lebenssorge" (Klinger 2013) darauf hingewiesen, dass Care und Care-Work zu denjenigen Belangen und Arbeiten gehören, die anderen Zielen, nicht zuletzt Profitorientierungen, hintangestellt werden (vgl. Kap. 2). Dieser Faden wird hier wieder aufgenommen. Nun geht es aber nicht mehr um die Unterordnung des Sorgens, sondern um seine gesellschaftliche Organisation.

Es lassen sich gegenwärtig im Wesentlichen drei Formen unterscheiden, Care und Care-Work zu organisieren, in denen sich ihr untergeordneter Stellenwert in einer in sich widersprüchlichen Weise ausdrückt. Sie können, erstens, wertschöpfungsrelevant vermarktlicht werden. Damit wird ihre Lebensdienlichkeit gegenüber ihrer profitablen oder rentablen Organisation nachrangig. Selbst wenn Sorgen und Sorgearbeit vielleicht sogar gerade in diesem Rahmen möglicherweise auch auf höchstem Niveau professionell ausgestaltet sind, so geht es doch nicht um das Leben an und für sich und den Dienst daran, sondern darum, die soziale Reproduktion so in Wert zu setzen, dass vorrangig andere Zwecke bedient werden (vgl. Aulenbacher/Dammayr 2014b; Klinger 2013). Zweitens werden Care und Care-Work in unterschiedlicher Weise und in unterschiedlichem Ausmaß kommodifiziert und/oder dekommodifiziert gemeinwirtschaftlich und staatlich organisiert. Dort werden sie durch die in den 1980er-Jahren beginnende und in den 1990er-Jahren forcierte Implementierung von NPM-Instrumenten nach betriebswirtschaftlichen Kriterien rationalisiert und reorganisiert. Auf diese Weise werden sie in ihrer Qualität maßgeblich beeinträchtigt, wobei zeitgleich aber auch neue, ganz andere Formen der Erbringung von Sorgeleistungen entstehen, die teils auf die Probleme reagieren, die durch die bisherige Organisation des Sorgens geschaffen worden sind, aber auch weitere gesellschaftliche Ansprüche an ein gutes Leben bedienen, etwa im Falle der Wohn-Pflege-Gemeinschaften als Alternativen zur familiären und stationären Pflege (vgl. Riegraf 2013; Riegraf/Reimer 2014). Drittens schließlich werden Sorge und Sorgearbeit im Privathaushalt ebenfalls kommodifiziert und dekommodifiziert verrichtet, wobei sich dies teilweise mit der Unterbietung vormals bereits erreichter Arbeits- und Beschäftigungsstandards verbindet, beispielsweise bei Formen wie dem sogenannten Live-in (vgl. Gather/Geissler/Rerrich 2002).

In allen Fällen geht die gesellschaftliche Neuorganisation von Care und Care-Work zudem mit neuen Arbeitsteilungen nach Geschlecht, Ethnizität und Klasse einher. So greifen, um das lediglich beispielhaft anzusprechen, in der Care-Robotik Ingenieur_innen (meist Ingenieure) in nicht unumstrittener Weise auf das Wissen der Pfleger_innen (meist Pflegerinnen) zu (vgl. Compagna/Shire 2014). Im staatlichen, gemein- und privatwirtschaftlichen Sektor verbinden sich zeitgleiche Professionalisierungs- und Deprofessionalisierungstendenzen mit neuen Segmentierungen und Hierarchisierungen von Beschäftigten(gruppen) (vgl. Dammayr 2012). In Privathaushalten werden vor allem bei der Beschäftigung von Transmigrant_innen (meist Transmigrantinnen) vormalige Arbeits- und Beschäftigungsbedingungen der Ankunftsgesellschaften unterschritten (vgl. Gather/Geissler/Rerrich 2002; Lutz 2010). Es handelt sich, sei es im Hinblick auf die transmigrantische Haushaltsarbeit, sei es hinsichtlich lokaler, regionaler, nationaler, trans- und internationaler Agenturen, Unternehmen und Forschungsverbünde in den Care-Industries, nicht nur um binnengesellschaftliche, sondern auch um zwischengesellschaftliche Neuverteilungen von Arbeit. Die 'alten' Kapitalismen, die federführend darin sind, Care zum Geschäft zu machen, betreiben zugleich, wie Ursula Apitzsch und Marianne Schmidbaur (2010) es auf den Begriff bringen, die „Ent-Sorgung" ihrer unrentablen Sorgebelange, indem sie hierfür auf Arbeitskraftressourcen aus den „Armutsregionen" der Welt zurückgreifen. Dort, aber auch andernorts, etwa in den osteuropäischen Ländern, entstehen Sorgelücken, die teils von Familien und sozialen Netzen, teils wiederum von Migrant_innen (meist Migrantinnen) aufgefangen werden (vgl. Lutz/Palenga-Möllenbeck 2014); teils werden solche Sorgelücken produziert, indem für die Migration statt für den eigenen Bedarf ausgebildet wird, etwa um der Bedeutung der Remittances für das Bruttosozialprodukt willen. Helma Lutz und Ewa Palenga-Möllenbeck (2014: 227) sprechen – in Kritik auch an der breit rezipierten Metapher der Global Care-Chains, also der Versorgungsketten, entlang derer Emigrationen oder Transmigrationen aus den Sendeländern wieder Immigrationen oder Transmigrationen nach sich ziehen, die sie zu Ankunftsländern werden lassen (etwa, wenn Pol_innen in Deutschland und Ukrainer_innen in Polen Haushaltsarbeit verrichten) – davon, dass national, trans- und international Räume entstehen, in denen Menschen ungleich versorgt werden und in ungleicher Weise und ungleichem Umfang Care-Work leisten, metaphorisch gesprochen Landscapes of Care.

Wie jeweils gesorgt wird und in welcher Weise Care und Care-Work dabei kommodifiziert und dekommodifiziert werden, hängt nicht unwesentlich davon ab, wie die jeweiligen nationalen Care-Regime in Verbindung mit den Arbeitsmarkt-, Migrations- und Genderregimen in verschiedenen Ländern unter Einfluss auch trans- und internationaler Regulative ausgestaltet sind.[3] „Der Regimebegriff betont [...] die politischen sowie rechtlichen und institutionellen Aspekte [...], bezieht aber auch die sozialen Praktiken und die AkteurInnen [...]“ wie die gesellschaftlichen Diskurse mit ein (Bachinger 2014: 129). Wenn die Ausgestaltung von Care und Care-Work in dieser Weise in der Regimebegrifflichkeit zu fassen versucht wird, dann wird damit also einer Betrachtungsweise der Weg bereitet, wonach es sich um eine Fügung von Institutionen, Normen, Diskursen und Praktiken handelt, in deren Rahmen Care kommodifiziert und dekommodifiziert wird und die durchaus einige Stabilität aufweist. Regime sind, da letztlich Resultate gesellschaftlicher Auseinandersetzungen und Aushandlungen, aber immer auch fragil. Die gegenwärtige marktfundamentalistische, von Austeritätspolitiken begleitete Reorganisation der europäischen Care-Regime ist ein solcher Auseinandersetzungs- und Aushandlungsprozess, in dem die Kräfteverhältnisse zwar offensichtlich sind, der aber in sich widersprüchlich ist und weder bruch- noch widerstandslos verläuft und in den verschiedenen Ländern ganz unterschiedliche Gestalt annimmt und dabei neue Spaltungslinien zwischen den wie innerhalb der einzelnen Gesellschaften hervorruft (vgl. Au-

3 Unterschiede lassen sich, ohne hier auf die Details einzugehen, dabei sowohl dahingehend ausmachen, wie die drei Säulen Sozialstaat, Beschäftigungsverhältnis und Lebensformen in den verschiedenen Ländern aufeinander bezogen werden und wie und in welchem Umfang Privatwirtschaft, Gemeinwirtschaft, Staat, Privathaushalt in die Erbringung von Sorgeleistungen einbezogen sind. Und es spielen zwischengesellschaftliche Interdependenzen eine erhebliche Rolle, wie die gegenwärtigen Austeritätspolitiken in ihrer Wirkung auf die reichen Nord- und ärmeren Südländer oder beispielsweise die stagnierende Sozialstaatlichkeit in Osteuropa im Vergleich zur im Aufbau befindlichen Sozialstaatlichkeit in den wirtschaftlich starken Schwellenländern zeigen (vgl. Aulenbacher/Riegraf/Theobald 2014).

lenbacher/Dammayr/Décieux 2014; z.B. für das wirtschaftsstarke Land Deutschland Auth 2012, für die wirtschaftsschwachen Länder Griechenland Karamessini 2012 wie Italien und Spanien Picchi/Simonazzi 2014; vgl. Kap. 9, 10).

Im Schnittpunkt von feministischer und kapitalismustheoretischer Ökonomie- und Gesellschaftskritik wird versucht, dieser gesellschaftlichen Organisation des Sorgens auf den Grund zu gehen. Eine politikwissenschaftliche Erklärung sei stellvertretend für die sich seit einiger Zeit wieder mehrenden Bestrebungen herausgegriffen, feministische und kapitalismustheoretische Perspektiven unbenommen ihrer teils gegenläufigen Perspektiven miteinander zu verbinden. Sie stammt von Silke Chorus (2013: 82ff.), die feministische Perspektiven auf Care und Care-Work kapitalismus- und, genauer noch, regulationstheoretisch, also in eine bestimmte Weiterentwicklung marxistischer Theorie einbettet, um zu einer „integralen Ökonomie-Theorie" zu kommen (vgl. als Einblick in aktuelle Regulationsansätze: Atzmüller et al. 2013).[4]

In der Tradition der Marx'schen Theorie ist eine herrschaftskritische Gesellschaftsanalyse als Widerspruchsanalyse zu denken, wobei klassischerweise die Struktur der Produktivkräfte und der Produktionsverhältnisse wie der Antagonismus von Kapital und Arbeit damit angesprochen sind (vgl. beispielsweise Godelier 1970). Silke Chorus (2013: 85) setzt bei der regulationstheoretischen Argumentation an, die die kapitalistische Entwicklung darüber hinaus entlang derjenigen ihrer Produktions- und Konsumnormen zu erklären versucht, und erweitert sie, indem sie das Verhältnis von Produktion und Reproduktion einbezieht. Es sei „durch einen grundlegenden Widerspruch zwischen den dominierenden Hand-

4 Die Zugänge in diesen neueren Versuchen, Kapitalismus als Herrschaftszusammenhang zu begreifen, variieren in einiger Bandbreite (vgl. auch Kap. 2), um nur mal drei Positionen auf einem imaginierten Kontinuum zu nennen: An dem einen Pol legen beispielsweise Klaus Dörre, Martin Ehrlich und Tine Haubner (2014) eine marxistische Reinterpretation feministischer politischer Ökonomie vor; in der Mitte bewegt sich Birgit Sauers (2013b) Weg, die Regulationstheorie für die Analyse des Geschlechterverhältnisses nutzbar zu machen, indem sie sie im Abgleich zu feministischer Theorie diskutiert; an dem anderen Pol ist zum Beispiel Regina Becker-Schmidts (2014) feministische Interpretation der Marx'schen Theorie angesiedelt – unterschieden jeweils danach, inwieweit sie sich systematisch von einer kapitalismustheoretischen oder feministischen Betrachtungsweise leiten lassen.

lungsorientierungen innerhalb der kapitalistischen Produktion und den Handlungsanforderungen innerhalb der sozialen Reproduktion in kapitalistischen Gesellschaftsformationen" geprägt. In Verbindung mit der Reflexion darauf, dass die reproduktiven Orientierungen für das menschliche Leben und damit auch für die kapitalistischen Produktionen unhintergehbar sind, erschließt sie sich eine Betrachtungsweise, wonach, so ihre Erweiterung der regulationstheoretischen Perspektive, die Entwicklung des Kapitalismus als „kohärente Produktions-, Konsum- *und* Reproduktionsweise" zu sehen sei (ebd.: 90, Hervorh.i.O.).

Hier ist nicht der Raum, die Tragfähigkeit dieser Theoriekonstruktion zu diskutieren. Lediglich eine Argumentationsfigur soll herausgeschält werden, die für die Integration feministischer Perspektiven in eine erweiterte, gleichwohl kapitalismustheoretisch akzentuierte Ökonomie- und Gesellschaftskritik nicht untypisch ist: Produktion und Reproduktion werden bei aller Widersprüchlichkeit als einander bedingend und voneinander abhängig konzipiert. Ferner wird angenommen, dass „ihr Wandel durch soziales Handeln innerhalb einer Vielzahl von gesellschaftlichen Verhältnissen 'verursacht' wird", darunter nicht zuletzt geschlechts- und ethnizitätsbasierte Herrschaftsverhältnisse und Hegemonieansprüche, die ihrerseits ebenfalls Veränderungen erfahren, so etwa im Übergang vom Fordismus zum Postfordismus (ebd.: 92).

Die gegenwärtige Kommodifizierung von Care und Care-Work, die der Autorin als Dominanz beanspruchende Tendenz gilt, wird somit verstehbar als Teil eines weiteren gesellschaftlichen Prozesses, in dem die kapitalistischen Produktions-, Konsum- und Reproduktionsnormen, wie dann in regulationstheoretischer Anleihe zu formulieren ist, in herrschaftsförmiger, darunter ethnizitäts- und geschlechtsbasierter Weise – beispielsweise in Form der bezahlten Verrichtung von Domestic Work durch Migrantinnen –, neu zueinander ins Verhältnis gesetzt werden. Sozial- und zeitdiagnostisch gewendet heißt dies dann: „Warenförmiges Care und Care-Arbeit ist kein grundsätzlich neues Phänomen [...]. Die Ausweitung und Verallgemeinerung der Warenform in den Care-Ökonomien des Postfordismus lässt allerdings vermuten, dass es sich hier um eine strukturelle Transformation im Modus der sozialen Reproduktion handelt [...]" (ebd.: 100). Und so kommt sie zu dem Schluss, dass sich im Feld des Sorgens und der Sorgearbeit ein weiteres und forciertes Vordringen kapitalistischer Vergesellschaftung zeigt und sich, wie sie im Anschluss an Karl Marx zur Warenförmigkeit eines Teils des gesellschaftlichen Lebens argumentiert, eine neue Care-Ökonomie herausbildet (ebd.: 101ff.). Sie wird zwar im Zusammenhang mit Veränderungen in den Bereichen angesprochen, die nicht oder nicht primär warenförmig organisiert sind (vgl. auch Kap. 5), aber die Dekommodifizierung sozialer Reproduktion, über die beispielsweise die Sozialstaatsforschung, etwa Sigrid Leitners (2013) Rekonstruktion des Familialismus, Aufschluss erlaubt, und die in anderen kapitalismustheoretischen oder feministischen Ansätzen systematisch bedacht wird, etwa bei Klaus Dörre, Martin Ehrlich und Tine Haubner (2014) oder bei Brigitte Aulenbacher, Maria Dammayr und Fabienne Décieux (2014), spielt allerdings kaum eine Rolle.

Der zentrale Ertrag dieser feministisch erweiterten regulationstheoretischen Perspektive auf die Herausbildung einer neuen Care-Ökonomie und die damit verbundenen Herrschaftsverhältnisse wird in der Studie von Silke Chorus (2013: 130ff.) dort besonders deutlich, wo sie sich im Anschluss an die Forschung zu Global Cities mit Stratifizierungen in ein und demselben Sozialraum, in ihrer Studie in New York City, befasst. Sie kann zeigen, dass die Kommodifizierung von Care, Arbeitsteilungen sowie die Auf- und Abwertung von Care-Work im Rahmen komplexer Regime erfolgen, innerhalb derer soziale Differenzierungen und Ungleichheiten aufgegriffen und genutzt, hervorgebracht und verändert werden; auf diese Weise wird mit darüber entschieden, was wie kommodifiziert wird und welche Gestalt die neue Care-Ökonomie annimmt (vgl. ebd.: 161ff.; vgl. zu einer die Begründungs- und Legitimationsmuster fokussierenden Betrachtungsweise auch Cheng 2013). Ähnliches lässt sich auch sagen, wenn Forschungen zu Global Care-Chains mit einbezogen werden. So zeigen beispielsweise die Arbeiten von Bettina Haidinger (2013) und Ewa Palenga-Möllenbeck (2013) besonders anschaulich, wie im Zuge der transnationalen Vergesellschaftung von Arbeitskraft durch die Kommodifizierung von Care sozialräumlich voneinander getrennt ganz verschiedene Beschäftigungs-, Arbeits- und Lebensverhältnisse und -formen entstehen, die auf Ungleichheiten nach Geschlecht, Ethnizität und Klasse beruhen beziehungsweise diesbezügliche neue Differenzierungen und Ungleichheiten hervorbringen.

Wird in diesem hier beispielhaft betrachteten Ausschnitt der feministisch und politisch-ökonomisch orientierten Care-Forschung analysiert, in welcher Weise Care und Care-Work kommodifiziert werden, so geht es in einem angrenzenden Forschungsspektrum, der vor allem wirtschaftswissenschaftlich angeregten Care-Ökonomie, um eine noch andere Perspektive: die Kritik der bestehenden Organisation des Sorgens im Bestreben, alternative Konzepte zu entwickeln.

3.2 Care-Ökonomie: Nachdenken über das Verhältnis von Ökonomie und Gesellschaft

In den feministischen Wirtschaftswissenschaften hat die Debatte um Care-Ökonomie mit der krisenhaften Entwicklung des Sorgens insbesondere im Anschluss an die Finanz- und Wirtschaftskrise und im Kontext der seitherigen Austeritätspolitiken Aufwind bekommen und ist mittlerweile ein breit gefächerter Strang. Luise Gubitzer und Katharina Mader (2011) bilanzieren ihn in einer für die feministische Kapitalismuskritik interessanten Weise. Ein zentrales Problem, das Feminist_innen mit der ökonomischen, nicht nur der standardökonomischen Theorie haben, bestehe darin, dass sie unbezahlte Arbeit weitgehend ausklammert (vgl. auch Haidinger/Knittler 2014). In diesem Kontext stellen die Autorinnen Feminismus, Gender und Intersektionalität als, im Wortsinn, Schlüsselbegriffe heraus: Im Sinne des Feminismus gehe es um theoretische, epistemologische und methodologisch-methodische Kritik wie die Zielsetzung, die Situation von Ökonom_innen in der Scientific Community und von Frauen in der Gesellschaft zu verbessern. Gender ist diejenige Kategorie, über die der Zusammenhang von bezahlter und unbezahlter Arbeit erschlossen worden sei. Intersektionalität beschreiben die Autorinnen als diejenige Kategorie, die den Blick für Differenzierungen und Ungleichheiten schärft (vgl. Gubitzer/Mader 2011: 8ff.). Alle drei Begriffe spielen in der Frage eine Rolle, wie eine alternative Care-Ökonomie aussehen kann; diese Frage habe sich zu einem bedeutenden Schwerpunkt der feministischen Ökonomiekritik und Ökonomie entwickelt, in dem es inzwischen gleichermaßen um die unbezahlte und die bezahlte Sorgearbeit gehe (vgl. ebd.: 10ff.). Wie diese Arbeit gestaltet beziehungsweise zu gestalten ist, hängt aus Sicht der Debatte nicht zuletzt damit zusammen, welcher Stellenwert der Care-Ökonomie gesellschaftlich zugestanden wird. In der feministischen Ökonomie wird insgesamt, so auch in diesem Bereich, diesbezüglich mikro-

und makroökonomisch gearbeitet (vgl. Haidinger/Knittler 2014). Im Weiteren wird stellvertretend für die Debatte der Ansatz von Ulrike Knobloch (2009, 2013a, 2013b) herausgegriffen, der zur makroökonomischen Perspektive tendiert.

Ulrike Knoblochs (2009, 2013a, 2013b) Arbeiten sind in der Frage nach einer feministischen Ökonomie- und Gesellschaftskritik hervorhebenswert, da sie sich in umfassender Weise mit der gesellschaftlichen Organisation des Sorgens befassen, um von dort aus darauf zu sprechen zu kommen, wie Sorge und Sorgearbeit unter systematischer Berücksichtigung von Geschlecht wirtschaftsethisch und -theoretisch angemessen thematisiert werden können. Das Ziel der Autorin besteht in einer Revision und umorientierenden Weiterentwicklung der Wirtschaftstheorie; in diesem Kapitel wird ihr Ansatz auf seinen Gehalt für die feministische Kapitalismuskritik hin diskutiert. Ulrike Knobloch (2013b: 31) thematisiert Sorge und Sorgearbeit als Trias von „Versorgen – Fürsorgen – Vorsorgen", die als wirtschaftsethisch und -theoretisch zu berücksichtigendes Pendant zur wirtschaftswissenschaftlich gängigen Aufzählung von „Produzieren, Verteilen und Verwenden" konzipiert ist:

> Beim Versorgen geht es um den einzelnen Menschen mit seinen Bedürfnissen, die durch das Tätigsein anderer, die dafür in vielen, aber nicht in allen Fällen eine Gegenleistung erhalten, versorgt werden (Fremdversorgung), oder die durch das eigene Tätigsein für sich und andere häufig ohne direkte Gegenleistung erfüllt werden (Selbstversorgung, Eigenarbeit, Subsistenz). Beim Fürsorgen steht ein anderer Mensch als in irgendeiner Weise unterstützungs-, betreuungs- und pflegebedürftig im Vordergrund [...]. Beim Vorsorgen wird der Blick auf die Zukunft gerichtet, denn Vorsorge ist auf die Zukunft gerichtetes Für- und Versorgen. (ebd.: 31)

All diese Tätigkeiten werden als bezahlte und unbezahlte Sorge und Sorgearbeit in Privatwirtschaft, Gemeinwirtschaft, Staat und Privathaushalt geleistet, wobei die Grenzziehungen historisch ebenso variieren wie die Zuständigkeiten. In der damit verbundenen, bisherigen geschlechtshierarchischen Arbeitsteilung sieht die Autorin eines der bedeutendsten ungelösten Probleme, national wie global (vgl. ebd.: 32; auch 2009, 2013a).

Ulrike Knobloch (2013b: 32) entwirft vor diesem Hintergrund „sorgendes Wirtschaften als Handlungsmodell" einer Ökonomietheorie im Sinne einer Neubestimmung des Verhältnisses von Ökonomie und Gesellschaft, das an die Grundfeste der Moderne heranreicht, wie sie sich im wirtschaftswissenschaftlichen Menschenbild des *homo oeconomicus* als implizit von Sorgebelangen unberührtem Individuum spiegeln (vgl. Riegraf 2007). Ihr Argumentationsrahmen ist das Bestreben, einer neuen „Wirtschaftsethik aus Geschlechterperspektive“ den Weg zu bereiten, in deren Mittelpunkt im Anschluss an ihre „Ökonomie- und Rationalitätskritik“ die Konzeption einer „Lebensweltökonomie“ steht, die um den Begriff der „Lebensdienlichkeit“ als Maßstab wirtschaftlichen Handelns rankt (vgl. Knobloch 2013b: 25, 26, 28). Insofern als gegeben und auch nicht ohne Weiteres veränderbar anzuerkennen sei, dass „Versorgen – Fürsorgen – Vorsorgen“ gesellschaftlich hochgradig funktions- und arbeitsteilig verrichtet werden, ist zu fragen, inwieweit Institutionen, Organisationen und das Handeln von Individuen lebensdienlich ausgerichtet sind. Es geht dem Ziel nach um nicht weniger als den grundlegenden Umbau der kapitalistischen Wirtschaftsweise und damit um eine Neueinbettung der Wirtschaft in die Gesellschaft, deren Belange im Rahmen von deren derzeit gegebener Vorrang- und zugleich Vormachtstellung nicht angemessen bearbeitbar sind (vgl. ebd.: 35ff.).

Damit unternimmt die Autorin zugleich einen Brückenschlag zwischen sozialen und ökologischen Fragen. Ihr Konzept der „Lebensdienlichkeit“ und der „Lebensweltökonomie“ (ebd.: 37ff.) ist ähnlich wie der Begriff der „Lebenssorge“ (Klinger 2013) oder der Begriff der „Sorgsamkeit“ als Gegenbegriff zur „Sorglosigkeit“ des Kapitalismus (Aulenbacher/Dammayr/Décieux 2015) anschlussfähig an die Diskussionen um Nachhaltigkeit, Postwachstum und anderes mehr, die in der Kritik des kapitalistischen Umgangs mit der menschlichen und außermenschlichen Natur und der Diagnose einer sozialen und ökologischen Reproduktionskrise eine Rolle spielen (vgl. Aulenbacher 2013; vgl. auch Kap. 4). Ferner steht mit solchen Thematisierungsweisen die Frage nach dem Anspruch auf ein gutes Leben in einer letztlich globalen Perspektive neu auf der Tagesordnung feministischer Ökonomiekritik (vgl. auch Kap. 7). Sie wird in Ulrike Knoblochs (2009: 33) Ansatz unter anderem durch eine Umkehr der Sicht auf das Leben eröffnet, von der aus die Notwendigkeiten und die mögliche Gewährleistung von Sorge und Sorgearbeit zu konzipieren seien. So seien „Autonomie und Unabhängigkeit als Spezialfall, beschränkte Handlungsfähigkeit und Abhängigkeiten als Normalfall“ (ebd.) zu begreifen. Bestehende Arbeitsteilungen und ihre organisationalen wie institutionellen Regulierungen sind dann kritisch dahingehend in den Blick zu nehmen, inwiefern sie dieser Sichtweise Rechnung tragen, damit wirtschaftsethisch vertretbar und ihrem Ansatz nach somit lebensdienlich sind, beziehungsweise es sind alternative Modelle zu entwerfen (vgl. Knobloch 2013a: 61ff.).

3.3 Feministische Care-Forschung und Kapitalismuskritik als öffentliche und globale Soziologie

Feministische Forschung weist insofern ein besonderes Verhältnis zur Öffentlichkeit auf, als sie im Kontext von Frauenbewegungen entstanden ist und sich daher von Anfang an Themen von unmittelbar gesellschaftspolitischer Relevanz zu eigen gemacht hat, was ihren Wissenskanon geprägt und sie immer wieder herausgefordert hat, auf ihr Verhältnis zur Praxis zu reflektieren (vgl. Riegraf/Plöger 2009; vgl. auch Kap. 8). Die feministische kapitalismuskritische Care-Forschung bewegt sich darüber hinaus gegenwärtig auf einem Weg, der sich durchaus im Sinne von Michael Burawoy (2005, 2015) als öffentliche und globale Soziologie bezeichnen lässt, beziehungsweise es werden Probleme sichtbar, mit denen sie in diesem Kontext zu tun hat. Unter Bezeichnungen wie Care-Manifest und Care-Revolution finden sich im deutschsprachigen Raum, um nur dieses Beispiel herauszugreifen, wissenschaftliche Initiativen, die zugleich Teil des gesellschaftspolitischen Protestes sind (vgl. auch Kap. 10). Sie bewegen sich ferner in einer Linie mit Orientierungen in Soziologiegesellschaften, beispielsweise in der Deutschen Gesellschaft für Soziologie oder der International Sociological Association, zum einen mit ihren Wissensbeständen in neuer Weise und forciert in der Öffentlichkeit präsent zu sein, zum anderen die gesellschaftspolitisch brennenden Themen ins Zentrum der Profession zu rücken.[5]

---

5 Das Care-Manifest wendet sich an die Öffentlichkeit, weil Sorge und Sorgearbeit und mit ihnen das Leben und Zusammenleben aus Sicht der Initiator_innen grundlegend gefährdet sind (vgl. http://care-macht-mehr.com/, Zugriff am 14.12.2014). Die Care-Revolution ist konzipiert als kritische Auseinandersetzung mit den Tendenzen, die im Kontext der Erosion des Sozialstaates zu grundlegenden gesellschaftlichen Gefährdungen führen, und geht mit einer an die Grundstrukturen der Gesellschaft reichenden Kapitalismuskritik einher, wobei die Diagnose einer Reproduktionskrise die Analyse und die Mitwirkung in Protestbewegungen leitet (vgl. http://care-revolution.site36.net/, Zugriff am 14.12.2014). Für beide Initiativen sind feministische Perspektiven zentral, insofern die geschlechtshierarchische

Daraus ergeben sich Herausforderungen eigener Art, die abschließend zumindest genannt sein sollen. Der hier diskutierte Strang feministischer Kapitalismuskritik ist in der bereits ausgeführten Weise als radikale, an die gesellschaftlichen Grundstrukturen heranreichende Kritik zu verstehen. Dies liegt daran, dass den Sorgegefährdungen selbst diese Reichweite innewohnt, er aber auch auf Theoriebestände zurückgreift, mit denen die Reproduktionskrise gesellschaftstheoretisch und -analytisch eingeholt wird (vgl. Aulenbacher/Dammayr/Décieux 2015). Ferner ist seine Entstehung zwar nicht davon zu trennen, dass die Gefährdung des Sorgens in denjenigen Gesellschaften, die sich vor noch nicht allzu langer Zeit davor gefeit gesehen haben, das Thema in neuer Weise wieder auf die gesellschaftspolitische Agenda gesetzt hat, aber er blickt über diesen Horizont hinaus. So ist in dieser Debatte eine hohe Sensibilität dafür zu verzeichnen, dass sich die Entwicklungen in Nord und Süd, West und Ost erheblich voneinander unterscheiden und für weite Teile der Weltbevölkerung Unversorgtheit nicht erst neuerdings die gesellschaftliche Realität ist (vgl. Bettio/Mazzotta 2011; Razavi 2013). Und doch stellen sich hier weitere Herausforderungen, wenn die feministische Care-Forschung mit dazu beitragen will, Sorgegefährdungen und alternative Vorstellungen des Sorgens, wie sie hier exemplarisch angesprochen worden sind, in Verbindung mit weiterer Herrschaftskritik, nicht zuletzt mit Kritik an geschlechts- und ethnizitätsbasierten Arbeitsteilungen, zum Thema einer öffentlichen und globalen Soziologie zu machen. Zwei sind besonders erwähnenswert, weil sie grundlegender Art sind: Die „Lebenssorge" (Klinger 2013), so wie sie heute auch in der feministischen Care-Forschung verhandelt wird, ist ein genuin modernes Konzept, das, wie weiter oben mit Ulrike Knobloch (2013b) bereits kritisiert, in Verbindung mit dem entsprechenden Menschenbild Vorstellungen guten Lebens und Sorgens transportiert, die, global betrachtet, an den Lebensrealitäten der meisten Menschen vorbeigehen (vgl. auch

---

Arbeitsteilung als ein Kernstück begriffen wird, das die gesellschaftliche Neugestaltung des Sorgens blockiert (vgl. Winker 2013). Für die gegenwärtigen Bewegungen in der Soziologie lässt sich die Public-Sociology-Initiative der Deutschen Gesellschaft für Soziologie anführen (vgl. http://www.soziologie.de/de/nc/die-dgs/public-sociology, Zugriff am 2.2.2015) oder das Thema des III ISA Forum of Sociology Vienna „The futures we want: global sociology and the struggles for a better world" (vgl. http://www.isa-sociology.org/forum-2016/, Zugriff am 14.12.2014).

Kap. 7). Anders gesagt, feministische Care-Forschung ist gefordert, sich mit ihrem Zentralbegriff auseinanderzusetzen (vgl. zu Arbeiten am Begriff Aulenbacher/Riegraf/Theobald 2014). Und sie muss, was nach Luise Gubitzer und Katharina Mader (2011) mit dem Intersektionalitätsbegriff wachgehalten wird, veranschlagen, dass die Spaltungslinien vielfacher Art sind (zwischen Nord und Süd, West und Ost, Kapital und Arbeit, den Schichten, den Geschlechtern und anderem mehr), entlang derer derzeit darüber entschieden wird, wer für wen sorgt, wer versorgt wird und wer nicht und wer damit welche Position in der Care-Ökonomie einnimmt, zu verlieren oder zu gewinnen hat und wer in den Auseinandersetzungen darum seine (soziologische) Stimme erheben kann und wer nicht.

4 Ecofeminism and the Politics of Reproduction[1]

Interview with Ariel Salleh

4.1 Introduction by Brigitte Aulenbacher

Strong traditions of ecofeminist movement politics and research can be found in Germany and internationally. Meanwhile, scholars from all strands of feminism are now exploring relations between ecological, socialist, and liberal feminisms, as well as anti-feminism; some focus on feminism in the global North and its possible role in the worldwide social and ecological crisis. Taking a critical perspective on the development of feminism internationally, Barbara Holland-Cunz (1994) has suggested that in the beginning, ecofeminist theorization of 'nature' were deliberately labelled essentialist by feminists and others seeking to marginalize its radical political critique of society. On the other hand, Maria Mies' (2001) advocacy of 'the subsistence approach' introduced different tensions, since the defence of this standpoint involved rejecting other feminisms. For Elvira Scheich (2013), what is most remarkable today is the gap between the actual political and research achievements of ecofeminism in the global South and its marginalization by mainstream feminists in the global North, where questions of subsistence, work, and equality are still separated from questions of nature and sustainability. In Scheich's view, this leads to blind spots in feminist theory and makes even strategic alliances difficult to build globally.[2]

Therefore, the question of feminist interventions in a double sense is interesting. At one level, there are practical interventions in soci-

---

1 This interview was initiated, prepared, and embedded in the book by Brigitte Aulenbacher when she and Ariel Salleh were as senior fellows at the *DFG-Kolleg Postwachstumsgesellschaften*, Friedrich-Schiller-Universität Jena. In the spring and summer of 2013, the Kolleg agenda featured feminist perspectives on care, reproductive labour, and degrowth, in workshops, presentations, and discussions. As fellows we extend warm thanks for this research opportunity to our Kolleg hosts, especially directors Klaus Dörre, Stephan Lessenich, Hartmut Rosa, scientific manager Michael Hofmann, and degrowth scholar Barbara Muraca.

2 Holland-Cunz 1994; Mies 2001; Scheich 2013.

etal developments; and at another level, there are interventions in theory and research itself. In this double context, the opportunity to publish an interview with Ariel Salleh is very welcome. As an ecofeminist activist at home, and theorist internationally, she has participated in feminist exchanges and broader social movement debates since the beginning of the feminist Second Wave. As a Left intellectual herself, she is particularly critical of Marxist and eco-socialist analyses of capitalist environmental destruction for failing to see how all forms of human domination – by class, ethnicity, and gender – are ideologically 'naturalized' and interwoven with the global economic exploitation of nature. Her ecofeminism emphasizes the political agency of alternative forms of 'labour' in the much needed North-South convergence – and shift from high-tech ecological modernization to degrowth and eco-sufficiency. Ariel Salleh describes her ecofeminism as an 'embodied materialism', which position offers several original conceptual tools for articulating and reconstructing humanity-nature relations in a time of global neoliberalism.

4.2 Interview with Ariel Salleh

Brigitte Aulenbacher: What would you say draws women into an ecofeminist way of thinking about humans and nature?

Ariel Salleh: Across the world, women's experiences of coming to an ecofeminist understanding seem very similar and their reasons are usually 'material' ones. In capitalist-patriarchal societies, women are positioned in unpaid or lower-paid economic roles that traditionally 'mediate nature for men'. This so called women's work or 'reproductive labour' includes childbirth, domestic provisioning, cultural socialization, and community maintenance. Reproductive labour deals with 'materially embodied' flows between humans and nature; it bridges 'society and environment'. After World War II there was a rapid expansion in industrial production and consumption; but the affluence enjoyed by some, came at a cost to others. Ecological damage from resource extraction in the global South was left for local communities to deal with. Likewise, toxic wastes were dumped in poor or racialized neighbourhoods of the global North. By the 1970s, many women on every continent were finding the life world threatened by polluted air and water, or loss of their food growing land to export ventures, so they organized. A history of the first 25 years of ecofeminist activism can be read in my first book, but only the word 'ecofeminism' is new. The 'politics of reproduction' has a long history, as seen in the famous North Indian Chipko women's fight to protect their forest livelihood.

Brigitte Aulenbacher: So ecofeminism doesn't grow out of other social movements like socialism, feminism, or environmentalism?

Ariel Salleh: Ecofeminism is autonomous in its grassroots origins, but it does overlap with socialist, peasant, indigenous, and ecological aims. My own work has focused on this politically integrative character of ecofeminism and uses it to assess the democratic inclusivity – and explanatory adequacy – of these 'single issue' movements. Of course, socialism has a rich analytical literature behind it; but the main currents of Marxism continue to use sex-gender-blind constructs. One aspect of my ecofeminism has been an effort to mend this through editorial work and debates in Left journals. Yet, as the new eco-socialisms show, the Left finds it easier to assimilate and theorize 'the environment question' than to assimilate and theorize 'the woman question'. The 'domestic labour debate' within Marxism, was an attempt by socialist feminists to formulate just how women's unpaid labour 'adds value' to capitalism, but it did not last into the 1990s. Given this lack of recognition, to borrow from Fraser, it is not surprising that feminists were intimidated into suppressing any theorization that might suggest women were in any way 'closer to nature'. Moreover, two decades on, the effects of sex-gendering remain of marginal interest to most political thinkers, sociologists, and activists. Without doubt, ours will be 'the last revolution'.

Brigitte Aulenbacher: How is ecofeminism related to the wider women's movement then?

Ariel Salleh: I see the feminist movement having many strands serving different facets of political change. The original form is expressed by *radical feminists* highlighting the contradictions of women's everyday life under masculine domination. *Cultural feminists* celebrate the revolutionary potential of 'femininity', even as they acknowledge that many such capacities are historically imposed on women. *Social-*

ist feminists examine the unique form of women's exploitation as domestic labour in the global free market system. *Liberal feminists* simply seek equal opportunities for women alongside men in that same society. *Poststructural feminists* analyse the discursive aspect of sex-gender oppression; how women are 'socially positioned' by linguistic practices. *Ecofeminists* look at why and how exploitations of 'material women' and 'material nature' are interlinked; but they make use of other strands of feminism too, if these seem relevant. Nevertheless, some feminist approaches are unhelpful to the integration of movement politics, and I have felt a need to write critical appraisals of these.

Brigitte Aulenbacher: Would you say that ecofeminism globalized feminism?

Ariel Salleh: The feminist movement has always had a consciousness of sex-gender oppression as a global phenomenon – albeit with variations in different cultures. Within the United Nations system, agencies like UN Women are designed to 'mainstream' liberal feminist values around the world. However, ecofeminists consider this 'modernization' to be neocolonial. For us, 'the development model' is a Eurocentric and distinctly capitalist patriarchal mission; one that is ecologically, economically, and culturally destructive. For ecofeminist (re-)sisters on every continent, the protection of livelihood economies is paramount. In her 1989 classic *Staying Alive*, Vandana Shiva even argues that saving cultural diversity is essential to saving biodiversity.[3] This is an implicit rejection of programs like the 'green revolution' imposed by the global North on farmers of the global South. Empirical studies reveal such 'scientific methodologies' as too reductionist to cope with ecosystemic complexity. The outcome is that soil fertility decreases over time and people go hungry. Likewise, in the global North, the corporate 'biotech revolution' will eventually undermine the health of middle class consumers.

Brigitte Aulenbacher: Some ecofeminists seem to work from philosophical ideas or social theories ...

3 Shiva 1989.

Ariel Salleh: Yes, but the protection of everyday life is the inspiration of our politics and its goal. As a young mother, I helped start the Australian coalition against uranium mining; later, it was water catchment struggles; opposition to GM food; and then climate change. But the actual idea of 'an ecofeminism' crystallized in my imagination while I was teaching neomarxism and feminist epistemology. Not all ecofeminists – but those who are teachers or writers, as well as care labour – often use theory to deepen their analysis or to communicate it more widely. In Germany, Maria Mies and friends base their case for subsistence economies on Luxemburg's analysis of imperialism and accumulation.[4] In the US and Scandinavia, some ecofeminists borrow Haraway's postmodern trope of the cyborg. Vandana Shiva's ecofeminism is informed by her training in quantum physics. My own reading of masculinity was influenced by the early Frankfurt School thesis on instrumental rationality and mastery of nature. I also drew on the psychoanalysis of Irigaray, Kristeva, and used Adorno's dialectical notion of 'non-identity' in explaining the historical paradox of women's said 'affinity with nature'.[5] This said: I think that ties between theory and practice are very strong in ecofeminism internationally; each of us above, is active on issues like migrant precarity or animal liberation or extractivism, for example.

Brigitte Aulenbacher: What has been the focus of your own ecofeminist work?

Ariel Salleh: Even before taking a stand on the nuclear industry, my ecofeminist consciousness was stirred by working in indigenous communities and by my own household care giving. The cultural 'othering' that locks together structural inequalities of class, ethnicity, and sex-gender astonished me. I was outraged that ecological philosophers could be indifferent to these social dominations, but my challenge to them met with denial and pushback – a debate that ran in the pages of *Environmental Ethics* from 1983 to 1993. On the other hand, I was frustrated that colleagues on the editorial board of *Thesis Eleven* were unresponsive to ecological matters. So I joined *Capitalism Nature Socialism* in 1988, hopeful that this journal might 'join the dots' between socialist, feminist, and ecological thinking.

4 Mies/Bennholdt-Thomsen 1999.

5 Salleh 1982, 1984a.

The effort is ongoing.[6] While teaching at New York University, I had an opportunity to participate in UN preparations for the 1992 Rio Earth Summit. This deepened my sense of life at the peripheries of capitalism and the contradictions of 'development'. My 1997 book *Ecofeminism as Politics* now proposed a political synthesis of workers', women's, postcolonial, and ecological movements by (en-) gendering Marxism as an 'embodied materialism'; spelling out 'the logic of reproduction' as distinct from production; and proposing 'meta-industrial labour' as an integrative class concept for environmental struggle.[7] This argument was soon reinforced by observation of the 2001 World Social Forum, with its 'movement of movements' for an alternative to neoliberal globalization.

Brigitte Aulenbacher: Does the movement for an alternative globalization link to the degrowth movement as discussed in Europe now?

Ariel Salleh: Implicitly, both movements address the logic of reproduction at the core of ecofeminist reasoning. To explain: reproductive labour, whether by mothers, peasants, or indigenous gatherers, regenerates human bodies and living nature. Conversely, labour under capitalism is 'instrumental', breaking biophysical and thermodynamic processes apart to engineer commodities for sale. Yet, profit making actually leans on the invisible material benefits provided by reproductive workers in the domestic and geopolitical peripheries of the economic system. Capital needs this 'nominally external' class of 'meta-industrial labour'. But as long as their livelihoods are not appropriated by 'modernization', meta-industrials do not need capital. Moreover, meta-industrials know how to meet human needs without damaging living ecosystems.[8] An equitable solution to the global financial and ecological crises is to contract industrial consumerism in the North and converge with the skilled provisioning models of the South. The World Social Forum demands this. And indeed, in core countries, there are already practical initiatives along these lines – like the degrowth movement. However, at this stage, degrowth advocates in the global North seem to be 'single issue' and inward looking, without attending to the wider context of

6 Salleh 1984b, 2006a.
7 Salleh 1997.
8 Salleh 2010.

a neoliberalism that sacrifices 'other' ecosystems and 'other' cultures to the irrational logic of production. The degrowth movement is also sex-gender blind.

Brigitte Aulenbacher: So is this your empirical focus now, and does it mean a new theoretical direction?

Ariel Salleh: I have always used my bread and butter university job to serve my political praxis. Thus, public interrogations of genetic engineering or climate change led to ecofeminist readings of science policy.[9] Then again, economic and sociological constructs are sex-gendered too, as demonstrated in our 2009 reader *Eco-Sufficiency and Global Justice*.[10] An embodied materialism will specify 'five dimensions' of capitalist exploitation: a social debt owed to workers for surplus value; an embodied debt owed to women for reproductive activities; a postcolonial debt owed to peasants and indigenes for natural resource preservation; an intergenerational debt to youth for loss of future habitat; and an ecological debt owed to the living organism of non-human nature. The androcentric lens of Marxist theory recognizes only the first, and expresses it in economic terms. But moving to an eco-centric lens, all debts appear as thermodynamic extractions from bioenergetic processes; never fully accountable by economics. Recently, I have looked into the 'green economy' proposition put up by business and the UN for saving capital and the planet simultaneously. It relies on an ecological modernist assumption that technological innovation can sustain growth while minimizing resource throughput and pollution. But 'dematerialization' does not hold up on thermodynamic grounds.[11] Earth System Governance is another establishment idea. Exposing these hegemonic moves may help people better understand neoliberalism and find strategies for countering it.

Brigitte Aulenbacher: What else is happening with ecofeminism in the new millennium?

---

9 Salleh 2006b, 2011.

10 Mellor 2009; Salleh/Mellor/Farrell with Shiva 2013.

11 Salleh 2012b.

Ariel Salleh: In a time when there are daily protests over ruling class corruption and public austerity, people are open to ideas like ecofeminism. It is blogged by bioregionalists, LGBT activists, vegans, Islamic women, men's groups, animal liberationists, and eco-socialists. Courses are available in universities from Canada to South Africa to Hong Kong and doctoral theses proliferate. In the last year or so, ecofeminist conferences were held in Belgrade, New York, Oklahoma City, Eugene, and Sydney. Professional societies for applied philosophy, political science, geography, and political ecology host workshops and publish journal articles. Routledge calls for new writing in the area. The fashionable postmodern ecofeminism that came out of US academia in the 1990s is giving way to more grounded materialist theorizations. What the global North can learn from the global South – and from its own domestic periphery – is that meta-industrial labour is a tacit 'sustainability science', an economic episteme, able to provision humans in reciprocity with nature without displacing costs on to others. Thus, in the alternative globalization movement, Andean Mujeres and the World March of Women issue declarations in defence of the conditions of life.[12] Ecofeminists fight to save communal livelihoods from capitalist development, nuclear disaster, and short-sighted climate policy. Commoning and subsistence initiatives are setting up everywhere from New Zealand to Catalonia.

12 Mujeres' Manifesto 2009; Salleh 2012a; Isla 2009; Nelson/Timmermans 2011.

B
Gerechtigkeit, Arbeit und soziale Ungleichheiten in den Gegenwartskapitalismen

5 Zwischen Umverteilung und Anerkennung: Gerechtigkeitstheorien

Birgit Riegraf

Als sich die Occupy-Wall-Street-Bewegung im September 2011 in New York unter dem Slogan „Wir sind die 99 %“ formierte und den Spekulationsgeschäften von Banken und dem Einfluss der Wirtschaft auf die Politik den Kampf ansagte, war eine gemeinsame Forderung der ansonsten heterogen zusammengesetzten Bewegung die nach mehr Gerechtigkeit und Teilhabe. Nicht unmittelbar deutlich wurde allerdings, was Gerechtigkeit und Teilhabe eigentlich genau bedeuten soll und wie dies genau erreicht werden kann. In der feministischen Sozial- und Gesellschaftskritik wiederum haben Fragen danach, wie eine gerechte Gesellschaft aussehen kann und wie Gesellschaften gerecht gestaltet werden können, eine sehr lange Tradition. Dabei sind die Debatten in der feministischen Forschung stets mit Ungleichheitsfragen im Geschlechterverhältnis verknüpft.

Auffällig ist, dass in den letzten Jahrzehnten nicht nur in den feministischen, sondern auch in anderen sozialphilosophischen Diskussionskontexten Gerechtigkeitsfragen eine bemerkenswerte und ungewöhnlich starke Konjunktur erleben. Dieser nicht zu übersehende Aufschwung wird von zwei Entwicklungen angekurbelt, die wiederum eng miteinander verknüpft sind: Zum einen führen gerade in den letzten Jahrzehnten wissenschaftstheoretische Kontroversen über das Verständnis von Gerechtigkeit zu raschen Weiterentwicklungen bisher gültiger Gerechtigkeitskonzeptionen. Zum anderen ist das wachsende Interesse an Gerechtigkeitsfragen auf eine Vielzahl politischer und sozialer Gesellschaftsentwicklungen zurückzuführen, die die Entstehung sozialer Bewegungen bedingen, wie eben die der Occupy-Wall-Street-Bewegung, deren Programme Gerechtigkeitstheorien wiederum in besonderem Maß herausfordern. Ihre Forderungen führten dazu, dass die Prämissen bis dahin dominanter Gerechtigkeitstheorien grundlegend auf den Prüfstand gestellt wurden.

Insbesondere die Transformation der Wohlfahrtsstaaten in den OECD-Ländern beziehungsweise der Um- und Abbau sozialstaatlicher Sicherungssysteme der Nachkriegszeit und die Ausweitung marktwirtschaftlicher Prinzipien in alle gesellschaftlichen Sphären hinein stellen das bis dahin vorherrschende Verständnis von Gerechtigkeit in ganz neuer Weise infrage. War der Aufbau des Wohlfahrtsstaates europäischen Zuschnitts eng mit Fragen der 'Verteilungsgerechtigkeit' und 'Chancengleichheit' verbunden, ist sein Um- beziehungsweise Abbau, wie er in den häufig zitierten Formeln von der „Krise des Wohlfahrtsstaates europäischen Zuschnitts" und des Wandels vom „fürsorgenden zum aktivierenden Wohlfahrtsstaat" (Dingeldey 2006) zum Ausdruck kommt und wie er spätestens seit den 1990er-Jahren zu beobachten ist, wiederum eng von gesellschaftspolitischen und wissenschaftlichen Debatten über das Verständnis von 'Gerechtigkeit' begleitet. In der Geschlechterforschung werden die gegenwärtigen Transformationsprozesse des Wohlfahrtsstaates und die damit einhergehenden Um- und Neudefinitionen von Gerechtigkeit mit besonderem Interesse analysiert. Dies, weil gerade die Geschlechterforschung zeigen konnte, dass das Versprechen nach mehr 'Verteilungsgerechtigkeit' und 'Chancengleichheit', das mit dem Aufbau der Wohlfahrtsstaaten der Nachkriegszeit verbunden war, für Frauen nicht in gleicher Weise wie für Männer eingelöst wurde.

Der folgende Schwerpunkt setzt bei der Konturierung gerechtigkeitstheoretischer Zugänge zum Gegenwartskapitalismus aus feministischer Perspektive zunächst an der breit zur Kenntnis genommenen Debatte zwischen Verteilungs- und Anerkennungstheorien an. In der Kontroverse, die sich entlang der Auseinandersetzung zwischen Axel Honneth und Nancy Fraser besonders deutlich herausarbeiten lässt, geht es um die Frage, ob die Umverteilung materieller Güter und die Herstellung gleicher Bildungschancen oder aber die Anerkennung der Lebenslagen differenter gesellschaftlicher Gruppen zu mehr Gerechtigkeit führen (Kap. 5.1). Anschließend wird aus einer feministischen Perspektive diskutiert, wie beim Abbau und in der Umgestaltung der Wohlfahrtsstaaten entlang ökonomischer Prinzipien bisherige Konzeptionen von Gerechtigkeit zur Disposition gestellt werden und wie diese Umgestaltungsprozesse mit einem veränderten Verständnis von gesellschaftlicher Gerechtigkeit einhergehen (Kap. 5.2). Schließlich wird mit Bezug auf den Intersektionalitätsdiskurs ein mehrdimensionaler Ansatz von Gesellschaftskritik entwickelt, in dem sowohl die Dimension der Umverteilung als auch das Prinzip der Anerkennung berücksichtigt werden können, das heißt, mit dem auf ökonomischer Ungleichheit basierende Macht, Herrschaft und Unterdrückung und ein angemessener Umgang mit gesellschaftlicher Vielfalt beziehungsweise Differenz erfasst werden können (Kap. 5.3). Ein Fazit (Kap. 5.4) rundet die Überlegungen zu den gerechtigkeitstheoretischen Zugängen zum Gegenwartskapitalismus aus feministischer Perspektive ab.

5.1 Umverteilung versus Anerkennung

Der Kern der in den letzten Jahren teilweise heftig geführten Debatten um soziale Gerechtigkeit lässt sich nach der Sozialphilosophin Nancy Fraser (1996, 2001, 2003) entlang zweier entgegengesetzter Strömungen skizzieren, die sie in eine „ökonomistische" und eine „kulturalistische" einteilt: Eine und, so Nancy Fraser, auch die mehrheitliche Seite stellt demnach die Umverteilung von Ressourcen (und damit eine Klassenpolitik beziehungsweise soziale Demokratie) in den Mittelpunkt, die andere wiederum die Anerkennung kultureller Verschiedenheit (und damit eine Identitätspolitik). In dieser Kontroverse über Umverteilung versus Anerkennung geht es also darum, ob die Verwirklichung von ökonomischer 'Verteilungsgerechtigkeit' und sozialer Gleichheit oder/und der Kampf um öffentliche und institutionelle 'Anerkennung' divergenter Lebensformen und ihrer alltäglichen Ausdrucksweisen, Normen, Lebensmuster etc. zu mehr Gerechtigkeit führen. Im Zentrum der Theorien der Verteilungsgerechtigkeit steht die Annahme, dass über eine möglichst gleiche Verteilung von materiellen Gütern die dauerhaften Einschränkungen der Lebenschancen von Individuen, Gruppen oder Gesellschaften aufgehoben werden können. Über diesen Weg könnten die ungleichen Macht- und/oder Interaktionsmöglichkeiten beim Zugang zu allgemein verfügbaren und erstrebenswerten sozialen Gütern und/oder sozialen Positionen abgebaut werden (Kreckel 1992: 17). Im Gegensatz zu den Ansätzen der Verteilungsgerechtigkeit gehen die Anerkennungstheorien davon aus, dass eine weitgehend gleiche Verteilung von Gütern nicht oder zumindest nicht alleine zu einer gerechten Gesellschaft führt. Dem anerkennungstheoretischen Zugang zu Gerechtigkeitsfragen liegt die Annahme zugrunde, dass die gegenwärtig zu beobachtende 'Pluralisierung' von Lebenslagen, Lebenskontexten und Lebensformen eine Änderung der Parameter von 'Sozialer Ungleichheit' nach sich zieht und die Entwicklung zu einer Pluralisierung von Konfliktlinien innerhalb und zwischen Gesellschaften führt. Vertreter_innen der Anerkennungstheorien treibt die Frage um, wie angesichts dieser Pluralisierung in modernen Gesellschaften die Grundprinzipien einer Gerechtigkeitstheorie so ausgestaltet werden können, dass sie den Lebensformen, Lebenslagen und Lebenskontexten unterschiedlicher gesellschaftlicher Gruppen gerecht werden.

Anerkennungstheoretiker_innen beschäftigen sich also damit, wie es durch die Organisation gesellschaftlicher Institutionen und durch die Funktionsweise von Öffentlichkeiten zu Ausgrenzungen aus kollektiven Kommunikations- und Entscheidungsfindungsprozessen kommt und damit zu Begrenzungen von Lebenschancen, zu Beschneidungen der Möglichkeiten, individuelle Fähigkeiten entwickeln und ausüben zu können. Ihnen geht es um den Abbau von Missachtungserfahrungen und um Teilhabemöglichkeiten von sozial oder kulturell marginalisierten Gesellschaftsmitgliedern, wie Frauen, Homosexuellen oder Migrant_innen. Beispielsweise könne die gesellschaftliche Abwertung von Frauen nicht allein durch eine Umverteilungsstrategie beseitigt werden, da die Abwertung nicht lediglich über ökonomische Prinzipien geschehe, sondern auch über andere Machtmechanismen. Um diese Diskriminierungen abzubauen, würden wiederum andere oder weitere als auf die Ökonomie bezogene Mechanismen benötigt, ansonsten seien Frauen weiterhin Abwertungen ausgesetzt – sei es durch sexuelle Übergriffe oder klischeehafte Darstellungen in der Werbung. Nach Iris Marion Young (1990, 1993, 1995, 1996, 1997) setzen bisherige universalistische Gerechtigkeitskonzeptionen das Ideal des westlichen, männlichen, weißen, heterosexuellen Bürgers als allgemein gültigen Maßstab voraus, an dem alle anderen Zugehörigkeiten, Traditionen, Lebenspraktiken oder kollektive Identitäten gemessen werden und an dem sich letztlich die Umverteilungspolitiken orientieren. Soziale Gruppen, die nicht diesem Ideal entsprechen, erlebten ständig Missachtungs- und Ausgrenzungserfahrungen und würden eine permanente Abwertung ihrer sozialen Fähigkeiten erfahren. Sie würden in der Folge, so Iris Marion Young, durch die Funktionsweise öffentlicher und kultureller Institutionen aus sozialen Lernprozessen ausgeschlossen. Die institutionellen und öffentlichen Abwertungs- und Missachtungserfahrungen führten letztlich zu den emanzipatorischen Anerkennungskämpfen von gesellschaftlichen Gruppen. Eine Gerechtigkeitskonzeption, die allein auf Umverteilungsstrategien baue, setze die bisherigen öffentlichen und institutionellen Arrangements fort und sie liefe sogar Gefahr, die Anerkennungsmängel zu verschleiern und damit das Ziel von gesellschaftlicher Gerechtigkeit nicht nur zu verfehlen, in die das Geschlechterverhältnis wesentlich eingeschlossen ist, sondern sie gar noch zu verschärfen.

Axel Honneth, einer der Hauptvertreter der Anerkennungstheorien im deutschsprachigen Raum, geht ebenfalls von der These aus, dass das Anerkennungsbedürfnis eine zentrale Triebkraft neuerer politischer Bewegungen ist, wie die der Queer-Bewegung, der Frauenbewegung, der Homosexuellenbewegung oder auch der Occupy-Wall-Street-Bewegung. Auch der Slogan der Occupy-Wall-Street-Bewegung „Wir sind die 99 %" verweise letztlich darauf, dass hier die Belange und die Bedürfnisse der Mehrheit der Gesellschaftsmitglieder verletzt würden, die sich deshalb für Mitsprache- und Teilhabemöglichkeiten einsetzten. Diese Anerkennungsforderungen treten, so Axel Honneth, zunehmend in den Vordergrund gesellschaftlicher Auseinandersetzungen und neben die Ansprüche der Aufhebung sozioökonomischer Benachteiligung, um die sich der Wohlfahrtsstaat nach dem Umverteilungsprinzip kümmern sollte, und verdrängen die Umverteilungsforderungen manchmal sogar. Axel Honneths Argumentation folgt der Überzeugung, dass soziale Gerechtigkeit in einer Gesellschaft erst dann hergestellt werden kann, wenn es gelingt, gesellschaftliche Institutionen zu entwickeln, die allen Gesellschaftsmitgliedern und sozialen Gruppen die Chancen einräumen, soziale Anerkennung zu erfahren.

Axel Honneths Argumentation basiert auf der Überzeugung, dass, um einer ökonomistisch verkürzten Vorstellung sozialer Gerechtigkeit vorzubeugen, die sich mit einer günstigeren Verteilung von materiellen Gütern und Bildungschancen zufriedengebe, das eigentliche Ziel einer gerecht eingerichteten Gesellschaft die Möglichkeit einer intakten Identität sein muss, und dies mache die „Anerkennung kultureller Differenz" und die „Anerkennung unterschiedlicher Identitäten" nötig. Eine angemessene Gerechtigkeitskonzeption könne somit nicht von der Besonderheit gesellschaftlichen Lebens abstrahieren, sondern müsse Akteure und Akteursgruppen als kontextsituiert betrachten und die 'Heterogenität gesellschaftlichen Lebens' berücksichtigen und an den Missachtungs- und Entwertungserfahrungen unterschiedlicher gesellschaftlicher Gruppen ansetzen, um Selbstbewusstsein und

Selbstvertrauen zu ermöglichen, die wiederum die Voraussetzung für politische Partizipation und Mündigkeit seien. „Es sind die moralisch motivierten Kämpfe sozialer Gruppen, ihr kollektiver Versuch, erweiterten Formen der reziproken Anerkennung institutionell und kulturell zur Durchsetzung zu verhelfen, wodurch die normativ gerichtete Veränderung von Gesellschaften praktisch von statten geht“ (Honneth 2003: 143). Axel Honneth weist dem Gedanken eines sozialen Kampfes um Anerkennung insofern einen zentralen Ort in seinem Theorieentwurf zu, als darüber insofern historischer Fortschritt erreicht werden kann, da soziale Bewegungen in pluralistischen Gesellschaften aufgrund der diesen Gesellschaften eigenen normativen Prinzipien eine soziale Dynamik entfachen können. Er geht davon aus, dass „jede soziale Integration von Gesellschaften auf geregelte Formen der wechselseitigen Anerkennung angewiesen ist, an deren Unzulänglichkeiten und Defiziten sich stets wieder Empfindungen der Missachtung festmachen, die als Antriebsquelle gesellschaftlicher Veränderungen gelten können“ (ebd.: 282) und als solche den Anknüpfungspunkt einer kritischen Gesellschaftstheorie bilden. Damit erscheine die Veränderung von Gesellschaften nicht als äußeres Moment, das zu ihnen hinzustoße, sondern als die Verwirklichung eines in ihnen selbst angelegten pluralistischen Potenzials.

Den Thesen von Axel Honneth widerspricht unter anderem Nancy Fraser. Axel Honneth und Nancy Fraser sind zwar beide Vertreter_innen der Kritischen Theorie in der Tradition von Theodor W. Adorno, sie unterscheiden sich allerdings grundlegend darin, wie sie das Spannungsfeld der „Politik der Anerkennung“ und der „Politik der Umverteilung“ bewerten (vgl. Honneth 1992; Fraser 2001, 2006; Fraser/Honneth 2003; Young 1990). Nancy Fraser stimmt Axel Honneth zwar in der Diagnose einer Akzentverschiebung der gegenwärtigen sozialen Kämpfe in Richtung einer Politisierung von Identität und Differenz zu, betont aber zugleich, dass das Problem der ungleichen Verfügung über materielle Güter gegenwärtig angesichts wirtschaftlicher Krisensituationen eher noch an Dringlichkeit zunehme, und Nancy Fraser besteht weiter darauf, dass nicht jedem Anspruch von sozialen Gruppen auf Anerkennung nachgekommen werden sollte. Sie kritisiert an der Ausrichtung seiner Gesellschaftstheorie, dass er gesellschaftliche Verhältnisse eindimensional auf Anerkennungsverhältnisse reduziere, diesen Begriff damit überlade und Verteilungsverhaltnisse und den ökonomischen Aspekt sozialer

Gerechtigkeit zu gering gewichte und ein verzerrtes Bild sozialer Konflikte entwerfe.

> Aufs Ganze gesehen überschätzt Honneth völlig die Rolle, die die Anerkennung in der kapitalistischen Gesellschaft spielt. Indem er sich ausschließlich auf wertbezogene Interaktionen versteift, kommt er zu stimmigen Einsichten in die Allgegenwärtigkeit und Eigenständigkeit von Kultur, bläht sie jedoch dann bis zur Unkenntlichkeit und weit über den Zuständigkeitsbereich der Anerkennung hinaus auf. Er geht von der zutreffenden Prämisse aus, daß Märkte stets kulturell eingebettet sind, und gelangt zu dem falschen Schluß, das Marktgeschehen sei gänzlich der Dynamik der Anerkennung unterworfen. (Fraser 2003: 107)

Demgegenüber will Nancy Fraser Anerkennung *und* Umverteilung als zwei unverzichtbare und miteinander verwobene Dimensionen gesellschaftlicher Gerechtigkeit begreifen. Während Axel Honneth und andere Anerkennungstheoretiker_innen davon ausgehen, dass auch die meisten Formen sozioökonomischer Benachteiligung, um die sich der Sozialstaat nach dem Umverteilungsprinzip kümmert, in mangelnder Anerkennung wurzeln und dass auch Verteilungsungerechtigkeiten im Kern als „ungerechtfertigte Anerkennungsverhältnisse" einer Gesellschaft zu begreifen sind, kommt Fraser zu einer grundlegend anderen Verwendung der Kategorie *Anerkennung* und fasst Anerkennung und Umverteilung als zwei unverzichtbare und miteinander verwobene Dimensionen von gesellschaftlicher Gerechtigkeit (Fraser/Honneth 2003). Die vermittelnde und verbindende Position, die Nancy Fraser letztlich einnimmt, wird allerdings von Anerkennungstheoretiker_innen wie Iris Marion Young (1997) und Axel Honneth (2003) abgelehnt. Sie betonen, dass der Dualismus von Anerkennung und Umverteilung von Nancy Fraser nicht aufgehe, da ökonomische Ungleichheiten auf sozialen Ungleichheitskonstellationen aufbauten, zum Beispiel zwischen den Geschlechtern in der Familie. In der Konsequenz plädieren Anerkennungstheoretiker_innen für eine Erweiterung des bisherigen Ökonomiebegriffs, und zwar in der Weise, dass er das gesamte Feld sozialer Beziehungen, das auch Verwandtschaften, Sexualität und Fortpflanzung umfasst, mit einschließt. Eine angemessene Gerechtigkeitskonzeption könne lediglich dann entwickelt werden, wenn auch außerökonomische Formen der Benachteiligung gesellschaftlicher Gruppen Berücksichtigung fänden.

Nancy Fraser geht in ihrer Kritik an den Anerkennungstheorien schließlich noch einen Schritt weiter, indem sie auf grundlegende Gefahren einer solchen Perspektive aufmerksam macht. Sie betont, dass vor allem dann, wenn Identitätspolitik nicht mit einer Politik der Umverteilung ergänzt werde, der emanzipatorische und progressive Impetus einer solchen Politik verloren gehe. Sie begründet dies damit, dass sich in der Gegenwart ein „unaufhaltsamer Wiederaufstieg einer statusorientierten Politik" vollziehe, der von den ehemals dominanten Kämpfen um die Verteilung materieller Güter weitgehend entkoppelt sei. Den zeitgeschichtlichen Kontext dieser Entwicklung macht Fraser unter anderem im Niedergang des fordistischen Produktionsregimes und der Entstehung der postfordistischen Gesellschaft aus; letztere sei hochsensibel für mehrdeutige Hierarchien, weshalb das aktuelle Paradigma des Kulturalismus als ebenso unzureichend bezeichnet werden müsse wie das von ihm abgelöste Paradigma des Ökonomismus in den sozialen Bewegungen. Die aktuellen Kämpfe sozialer Bewegungen um Anerkennung kultureller Differenz seien, so die Kritik von Nancy Fraser, insofern funktional für neoliberale Strategien, als dass sie der Verdrängung des Ökonomischen Vorschub leisteten:

> So haben Identitätskonflikte in exakt dem Moment paradigmatischen Status erlangt, in dem ein aggressiver Kapitalismus wirtschaftliche Ungleichheit verschärft. Im Gefolge davon hat sich die Wende zum Problem der Achtung nur zu sehr einem hegemonialen Neoliberalismus angeschmiegt [...]. In einem solchen Kontext dienen Kämpfe um Anerkennung weniger zur Ergänzung, Differenzierung und Bereicherung von Verteilungskämpfen, sondern tragen dazu bei, sie zu marginalisieren, in den Schatten zu stellen und zu verdrängen. [...] Sobald die Betonung von Kämpfen um soziale Achtung die Verteilungsprobleme verdrängt, kann de facto ökonomische Ungleichheit gefördert werden. (Fraser 2002: 3)

Anerkennungstheorien im Sinne von Axel Honneth, so die entschiedene Kritik von Nancy Fraser, unterfütterten theoretisch diese voranschreitenden Prozesse einer Verdrängung materieller Forderungen. Dessen Versuch einer Aktualisierung der Kritischen Theorie, in deren Zentrum ein weit gefasster Begriff der Anerkennung stehe, sei nicht imstande, distributive Aspekte angemessen zu integrieren. Axel Honneth setzt, so Nancy Fraser, „eine reduktive kulturalistische Auffassung von Verteilungsgerechtigkeit voraus. Indem er annimmt, daß sämtliche ökonomischen Ungleichheiten in einer kulturellen Ordnung verwurzelt seien, die einige Arten der Arbeit privilegiert, glaubt er, daß schon eine Veränderung dieser kulturellen Ordnung hinreicht, ökonomische Benachteiligung von vornherein auszuschließen" (ebd.).

Auch Ruth Lister (2006) teilt die Ansicht Nancy Frasers, dass nicht jedem Anspruch von sozialen Gruppen auf Anerkennung nachgekommen werden sollte. Sie plädiert ebenfalls für eine Abkehr von einer Politik der Identität, die kollektive Zuschreibungen oktroyiere, Grenzen zwischen sozialen Gruppen zementiere und Solidarität zwischen Gruppen erschwere. Ruth Lister verbindet ihre Perspektive mit einer dezidierten Kritik der Anerkennung, da „Identität" sich „im Herzen von Anerkennungsforderungen" befände und eher einen Spaltungs- als einen Bereicherungscharakter für soziale Kämpfe besitze:

> „However, all too often recognition politics are conflated with identity politics, which speak to collective, categorical and political identities. As the proliferation of politicized identities associated with identity politics gave rise to divisions and fragmentation in social justice politics, identity politics became increasingly discredited" (ebd.: 57).

Mit den Ergebnissen einer qualitativen Studie will Ruth Lister auf Implikationen der anerkennungstheoretischen Interpretation materieller Konflikte hinweisen (vgl. hierzu Pilarek 2007): In der Studie wurde das Selbstverständnis von Personen ermittelt, die von Armut betroffen sind. Die Ergebnisse werfen demnach die Frage auf, ob bei einer zu starken Aufladung des Anerkennungsbegriffs dieser seinen ursprünglich kritischen Gehalt verliert und keinen Beitrag mehr zu einer Stärkung emanzipatorischer Positionen leisten kann. Den befragten Personen war tatsächlich nicht nur ihre materielle Situation wichtig, sondern auch das Bedürfnis, Achtung und Anerkennung zu erfahren. Eine problematische Wendung nimmt dieses Ergebnis aber in der Aussage einer Interviewten: „Man kommt schon durch, wenn man Respekt und gute Behandlung erfährt" (ebd.: 105). Darin liegt nun ein potenzielles Problem, vor allem in Zeiten von Sozialabbau und der Betonung von Eigenverantwortung: Ist es möglich, sich durch „gute Behandlung und Respekt" mit der Armut zu arrangieren, schwindet vermutlich die Bereitschaft und die Dringlichkeit, wirtschaftliche Armut zu beseitigen; symbolische und öffentlichkeitswirksame Anerkennungsmaßnahmen ersetzen dann materielle Fortschritte und nehmen der Thematisierung ökonomischer Ungleichheit ihren skandalisierenden Effekt. Eine Theorie, die begrifflich allein um gleiche Anerkennung kreist, könnte einer solchen Verdrängung Vorschub leisten.

Zu den an ökonomischen Kriterien orientierten Kritikpunkten an Axel Honneth zählt auch, dass er recht unkritisch das Leistungsprinzip als legitimen Modus der Distribution von Anerkennung in der dritten Sphäre der Anerkennung übernehme – die drei Sphären der Anerkennung sind ihm zufolge die (1) emotionale Zuwendung, (2) die rechtliche Anerkennung und (3) die solidarische Wertschätzung: Demnach stellt Axel Honneth weder die meritokratische Ideologie infrage, derzufolge soziale Ränge nach Leistung und Verdienst vergeben werden, noch problematisiert er die Annahme einer homogenen 'Wertegemeinschaft'. Am Leistungsprinzip bemängele Axel Honneth allein dessen eingeschränkte Geltung infolge ideologischer Ressentiments oder irrationaler Marktdynamiken, also die Auslegung des Prinzips, keineswegs jedoch die Idee als solche. Zu hinterfragen bleibt freilich ebenso, ob es das Leistungsprinzip ohne Verzerrung jemals gegeben hat und jemals geben wird, wie auch, ob es sich dabei um ein normativ in jeder Hinsicht wünschenswertes Prinzip handelt. Um sich der Debatte und ihrer Bedeutung weiter anzunähern, wird im Folgenden ein Blick auf die gegenwärtigen Entwicklungen geworfen, in denen die Auseinandersetzung über Anerkennung und Umverteilung stattfindet.

5.2 Wandel von Wohlfahrtsstaaten und Gerechtigkeitskonzeptionen

In der Nachkriegszeit war der Auf- und Ausbau des Wohlfahrtsstaates europäischen Zuschnitts mit der Idee des 'geplanten Kapitalismus' verknüpft. Über staatliche Steuerungs- und Umverteilungsmechanismen sollten 'Verteilungsgerechtigkeit' und 'Chancengleichheit' (zum Beispiel beim Zugang zu Bildung) hergestellt werden. Durch die Entwicklung und Ausweitung staatlicher Steuerungs- und Umverteilungsmechanismen sollte dem 'Marktversagen' bei der gerechten Verteilung gesellschaftlicher Güter entgegengewirkt und marktbezogene Benachteiligungen abgefedert werden, zum Beispiel im Falle von Krankheit. Die Grundidee war, dass Bürger_innen zum Beispiel in unverschuldeten Notlagen und aufgrund von Nachteilen, die sich aus strukturell schwächeren Marktpositionen der Arbeitnehmer_innen, der Mieter_innen etc. ergeben, über staatliche Transferleistungen materiell abgesichert sein sollen. Die Gewährleistung der Mehrzahl der staatlichen Transferleistungen war dabei an die Partizipation am Erwerbsarbeitsmarkt gebunden, was zu erheblichen Gerechtigkeitslücken zwischen den Geschlechtern führte. Die Transferleistungen des Staates an Sach- und Dienstleistungen an private Haushalte in Form von Kindergeld, Sozialhilfe, Rente,

Kranken-, Unfall- und Erwerbslosenversicherung sowie Ausgaben für Bildungsleistungen etc. nahmen seit den 1960er-Jahren zwar zu, gleichzeitig waren aber die Leistungen mit der Herausbildung und Aufrechterhaltung des Kleinfamilienmodells verwoben und an unbezahlte Frauenarbeit in der Familie geknüpft, die wiederum über staatliche Maßnahmen abgesichert wurde. Über sozialstaatliche Gewährleistungen, Verwaltungspraxen und Programme wurden andere Formen des Zusammenlebens als die der Kleinfamilie institutionell immer wieder abgewertet. Die Übernahme von unbezahlten, gleichwohl aber gesellschaftlich notwendigen Arbeiten, wie die Versorgung von Kindern oder pflegebedürftigen Angehörigen, führte zu geringen, keinen oder keinen eigenständigen sozialstaatlichen Absicherungen, wie im Falle des Arbeitslosengeldes oder des Rentenanspruches von Hausfrauen (Riegraf 2005; Langan/Ostner 1991). Durch die in aller Regel von Frauen unbezahlt in der sogenannten privaten Sphäre erbrachten Arbeiten verwirklichte sich das Versprechen, 'Chancengleichheit' und 'Verteilungsgerechtigkeit' herzustellen, für die Geschlechter in unterschiedlicher Weise.

Die Rücknahme staatlicher Organisations- und Steuerungsmuster und die Ausweitung markt- und privatwirtschaftlicher Prinzipien in den letzten Jahrzehnten führen dazu, dass der 'Staat' als Umverteilungs- und Gerechtigkeitsinstanz allmählich durch den 'Markt' abgelöst wird. In den allmählich in alle gesellschaftlichen Bereiche übergreifenden marktorientierten Konzepten wird nun das Staatsversagen bei der Herstellung von Gerechtigkeit betont. Nicht mehr der Staat, sondern die Marktmechanismen sollen in dieser Vorstellung für eine gerechte Verteilung gesellschaftlicher Güter sorgen. In diesem Umstrukturierungsprozess erfährt das gesellschaftliche Verständnis von Gerechtigkeit selbst allmählich eine grundlegende Veränderung (Riegraf 2014). Die Forderungen danach, 'Chancengleichheit' und 'Verteilungsgerechtigkeit' durch staatlich organisierte Umverteilung herzustellen, werden nun durch Forderungen nach 'Leistungsgerechtigkeit' ersetzt. Gesellschaftliche Leistung wird dabei auf Marktprozesse bezogen und auf Leistung bezogene Gerechtigkeit soll über Konkurrenz- und Wettbewerbsbedingungen gemessen werden. Das Credo lautet nun, dass Gerechtigkeit nicht über staatliche Regulierungen und Transferleistungen hergestellt werden kann, weil diese negative Anreizsysteme bilden, die Einzelnen bevormunden und daran hindern, Anstrengungen zu unternehmen und ihre Leistungen unter Markt- und Wettbewerbsbedingungen zu erbringen. Staatliche Umverteilungsmechanismen werden in einigen Fällen gar als gerechtigkeitsverhindernde oder leistungsvernichtende Regulierung kritisiert. Zwar geht es in dieser Debatte immer noch um 'Chancengleichheit', die wird aber nun als gleicher Zugang zum Markt verstanden. 'Verteilungsgerechtigkeit' über staatliche Umverteilung wird zur nachgeordneten Orientierung und erhält einen nachgeordneten Wert. 'Leistungsgerechtigkeit' im Sinne des Slogans „wer mehr leistet als andere, auch mehr erhalten soll" (Leisering 2004: 33), und die Notwendigkeit eines jeden Gesellschaftsmitgliedes, sich über Erwerbsarbeit materiell abzusichern, wird zum zentralen Paradigma. Leistung wird dabei als individuelle Anstrengung und individuelle Einsatzbereitschaft in der Erwerbsarbeit definiert. Diejenigen sollen gesellschaftliche Anerkennung über gesellschaftliche Absicherung erhalten, die in dieser Definition leistungsbereit, leistungsfähig und leistungsmotiviert sind und damit vermeintlich mehr zum gesellschaftlichen Gemeinwohl beitragen als diejenigen, die weniger dazu bereit, weniger befähigt und motiviert sind. Den einzelnen Gesellschaftsmitgliedern wird per se und quasi 'aus sich heraus' eine unterschiedliche Bereitschaft und Motivation unterstellt, Leistung zu erbringen. Können Gesellschaftsmitglieder den Anforderungen an marktbezogener Leistungsbereitschaft nicht nachkommen, dann wird dies als individuelle Entscheidung gewertet und weniger als Folge von Einschränkungen, zum Beispiel aufgrund von Care-Anforderungen im häuslichen Bereich. Solche Vorstellungen von gesellschaftlicher Gerechtigkeit negieren nicht nur die verheerenden sozialen Folgen des 'Marktversagens', das durch die wohlfahrtsstaatlichen Interventionen der Nachkriegszeit aufgehoben werden sollte. Vielmehr fallen auch all jene gesellschaftlich notwendigen Leistungen aus der Definition von Gerechtigkeit heraus, die nicht marktvermittelt sind. In dieser Verknüpfung von Gerechtigkeit und Leistung und dieser Definition von gesellschaftlicher Leistung werden die nach wie vor mehrheitlich von Frauen und zunehmend differenziert nach sozialer und kultureller Herkunft erbrachten Haus- und Versorgungsarbeiten herausgerechnet. Die Bewältigung dieser Arbeiten und ihr gesellschaftlicher Stellenwert schlagen sich in einer über Marktmechanismen vermittelten Leistungsbilanz und dem damit vermittelten Gerechtigkeitsverständnis nicht nieder, was die bereits existierende Gerechtigkeitslücke zwischen den Geschlechtern angesichts der wachsenden Aufgaben in dem nicht marktvermittelten Bereich zukünftig möglicherweise noch vergrößert beziehungsweise eine qualitativ nochmals andere Gestalt verleiht. Nicht aufgenommen wird in dieser Definition, dass die nicht marktvermittelten gesellschaftlich notwendigen Aufgaben zunehmend unter Rückgriff auf Geschlecht, differenziert nach sozialer und kultureller Herkunft neu verteilt werden, zum Beispiel durch die wachsende Beschäftigung von häufig halblegal oder illegal, aber gesellschaftlich stillschweigend durchaus akzeptiert arbeitenden Migrantinnen in den privaten Haushalten. Deren Arbeiten sind zwar gesellschaftlich notwendig, werden aber in den Gerechtigkeitskonzepten der Leistungserbringung unter Markt- und Wettbewerbsbedingungen nicht veranschlagt. Dieser Vorstellung von Leistungsgerechtigkeit liegt nicht nur die Annahme zugrunde, dass sich gesellschaftliche Leistungen ohne Weiteres entlang von Marktmechanismen gerecht bestimmen lassen, sondern es liegt ihr auch das Bild eines von allen Anforderungen jenseits der Erwerbsarbeit befreiten Gesellschaftsmitglieds zugrunde, das autonom und selbstbewusst über die Leistungsbereitschaft und -motivation bestimmt. Die Gesellschaftsmitglieder werden in dieser Idee nicht nur jeweils selbst zu „Schmieden ihres Glückes" und damit für ihr Schicksal individuell verantwortlich gemacht, sondern letztlich entspricht diese Vorstellung den Lebenskontexten, den Lebensformen und Lebenslagen des westlichen, männlichen, weißen, heterosexuellen Bürgers.

5.3 Intersektionalität und Gerechtigkeit

Der Aufschwung, den die Diskussionen über angemessene politische und theoretische Gerechtigkeitskonzeptionen in den letzten Jahrzehnten in der Geschlechterforschung und darüber hinaus erfuhren und weiter erfahren, wurde zum einen durch die im letzten Abschnitt skizzierten gesellschaftlichen Veränderungen angestoßen, zum anderen aber auch wesentlich durch eine Aktualisierung der Kritik der „women of color" (vgl. Combahee River Collective 1982) am weißen Mittelstandfeminismus angekurbelt. Dreh- und Angelpunkt der Debatten unter dem Stichwort „Intersektionalität" bilden die Fragen nach den „Überkreuzungen" (Klinger/Knapp 2008) und Relationen von Geschlecht mit anderen sozialen Differenzierungen und Ungleichheitsformen. Der Intersektionalitätsdiskurs bietet einen Ansatzpunkt für ein mehrdimensionales Konzept von Gesellschaftskritik, in dem sowohl das Prinzip der Anerkennung als auch die Dimension der Umverteilung einfließen, das heißt, mit dem auf ökonomischer Ungleichheit beruhende Macht, Herrschaft und Unterdrückung und ein angemessener Umgang mit gesellschaftlicher Vielfalt beziehungsweise Differenz Berücksichtigung finden können.

Ein Anliegen der Intersektionalitätsdebatte ist es, nicht allein die Ungleichheiten zwischen Männern und Frauen zu erfassen, sondern zugleich analytisch aufzunehmen, dass auch innerhalb der jeweiligen Geschlechter erhebliche soziale Differenzen und Ungleichheiten existieren (Aulenbacher/Nickel/Riegraf 2012; Aulenbacher/Riegraf 2012; Aulenbacher 2010; Riegraf 2010, 2011). Eine Bezugnahme auf das Kollektivsubjekt 'Frau' in Theorie und Praxis der Geschlechterforschung führe dazu, dass sich in ihnen dann zwar die Erfahrungen und die Lebensrealitäten des weiblichen, weißen, heterosexuellen Mittelstandes wiederfänden, aber andere, davon abweichende Lebenskontexte würden systematisch ausgeschlossen werden. Damit beziehe sich die Geschlechterforschung auf ein Konzept von 'Frau', das entgegen der ursprünglich herrschaftskritischen Absicht einen hegemonialen Diskurs aufnehme und darüber Macht- und Herrschaftsverhältnisse unreflektiert erneut verfestige. Dieser Diskurs spiegele die Erfahrungen einiger weniger privilegierter Gesellschaftsmitglieder wider, aber er schließe beispielsweise die gesellschaftliche Realität von schwarzen Frauen oder Migrantinnen aus. Neu an der Intersektionalitätsdebatte ist dabei, dass die Wechselwirkungen sozialer Ungleichheiten und Differenzen, wie Geschlecht, Race/Ethnizität und Klasse, aber auch Alter, Religion oder Gesundheit, nicht im Sinne der Mehrfachunterdrückungsthese analysiert werden sollen, die besagt, dass zu Geschlecht noch weitere Ungleichheitslagen wie Klasse oder ethnische Herkunft einfach hinzuzuaddieren sind (Anthias/Yuval-Davis 1983: 62ff.; Glenn 1999; Degele/Winker 2008, 2009). Demnach lassen sich gesellschaftliche Ungleichheitslagen nicht angemessen erfassen, solange jeweils eine Dimension isoliert betrachtet wird oder einfach additiv Aufschichtungen von Ungleichheiten und sozialen Differenzierungen vorgenommen werden. Vielmehr kreuzen, überlagern und überschneiden sich Macht- und Herrschaftswege gegenseitig und Ungleichheiten und Differenzen können sich wechselseitig verstärken, abschwächen oder auch verändern (Crenshaw 1989). In den 1980er-Jahren verdeutlichte die US-amerikanische Rechtswissenschaftlerin Kimberlé Crenshaw mit der Metapher der Verkehrskreuzung, dass es nicht darum geht, die Wirkung von zwei, drei oder mehr Unterdrückungsdimensionen zu addieren. Solange die Wechselwirkungen von Ungleichheiten und Differenzen konzeptionell nicht adäquat berücksichtigt werden, dominiert auch der „weiße Mittelstandsfeminismus", so die Argumentation von Crenshaw. Mit dieser veränderten Perspektive ist allerdings noch nicht geklärt, wie die Wechselwirkungen jenseits des Bildes der Straßenkreuzung zu denken sind, ob sich diese kontextspezifisch unterschiedlich darstellen und ob alle Kategorien in jeder gesellschaftlichen Situation und immer auch in gleicher Weise wirksam werden.

Cornelia Klinger nimmt die Verwobenheit der Ungleichheitsverhältnisse nach Geschlecht, sozialer und kultureller Herkunft in theoretischer Hinsicht auf und bietet zugleich einen Ansatz für einen mehrdimensionalen Zugang zur Gesellschaftskritik, in dem sowohl umverteilungs- als auch anerkennungstheoretische Zugänge zu Gerechtigkeit eingeschlossen werden können. Sie geht zunächst davon aus, dass jede Gesellschaft vor der Herausforderung steht, die Anforderungen des menschlichen Daseins, die durch Zufälligkeiten und Hinfälligkeiten, Prekaritäten und Voluntaritäten, die Endlichkeit und Verletzlichkeit des menschlichen Lebens gekennzeichnet sind, zu bearbeiten, um ihren Bestand zu erhalten. Cornelia Klinger nimmt für die kapitalistische Gesellschaft ein Dilemma an, nämlich, dass sie bei der Bewältigung dieser Anforderungen auf Voraussetzungen angewiesen sind, die sie „von sich heraus" nicht erschaffen können. So benötigen Fürsorgetätigkeiten emotionale Zuwendungen, langfristige, zeitweise asymmetrische, vertrauensvolle und verlässliche Reziprozitätsbeziehungen, die nicht oder zumindest nicht ohne Weiteres in Markt- und Wettbewerbsprinzipien aufgehen. Diese Anforderungen werden, so Cornelia Klinger, in der modernen kapitalistischen Gesellschaft dadurch bewältigt, dass der marktwirtschaftlich organisierte Sektor auf die Zuarbeit von anders organisierten Bereichen angewiesen ist, die aber zugleich nicht die gesellschaftliche Anerkennung erfahren und in die sozial ungleiche Verhältnisse und Beziehungen eingelassen sind. Die Bewältigung dieser gesellschaftlichen Anforderungen gelingt historisch gesehen durch ein asymmetrisches Geschlechterverhältnis, in dem Frauen zum Beispiel unbezahlte Care-Arbeiten übernehmen, und sie geht mit weiteren Ungleichheiten, wie denjenigen nach Race/Ethnizität und Klasse, und Differenzierungen einher.

Cornelia Klinger geht in ihren Arbeiten weiter davon aus, dass Geschlecht, Klasse/Schicht und Race/Ethnizität in den modernen Gesellschaften die drei großen „systems of oppression" bilden (Klinger 2008: 55), die in Wechselwirkung zueinander stehen und auf die drei grundlegenden gesellschaftlichen Strukturierungssysteme zurückgehen. Sie verweisen aber zugleich auf unterschiedliche sozialhistorische Entstehungs- und Entwicklungslinien und auf unterschiedliche Ausschlusspraxen. In diesem Sinne werden die Kategorien Race/Ethnizität, Klasse und Geschlecht als zentrale Faktoren gesellschaftlicher Positionierungen angenommen; es sind die drei strukturbildenden Ungleichheitskategorien moderner Gesellschaften. Diese drei großen „systems of oppression" sind, so Cornelia Klinger, wiederum von 'spielerischen' Differenzierungen, wie Sexualität, Alter oder Religion zu unterscheiden (Klinger 2003: 26), die auf der Ebene der individuellen Wahrnehmung, auf der Ebene der Subjekte und auf der Ebene der Zugehörigkeit von differenten Gruppen auszumachen sind und die mit vielfältigen Diskriminierungen, Ausschlüssen und Benachteiligungen einhergehen können. Damit lassen sich in der Verbindung der Analyse von Cornelia Klinger mit der skizzierten Gerechtigkeitsdebatte folgende Anschlüsse zeigen: Während die 'spielerischen' Formen der Differenzierungen und die damit einhergehenden Diskriminierungen, Ausschlüsse und Benachteiligungen eher über Anerkennungs- und Identitätspolitiken angegangen werden können, müssen die drei großen „systems of oppression" mit den Forderungen nach einer grundlegenden Umverteilungspolitik verbunden werden. Demnach nehmen Umverteilungs- und Anerkennungsforderungen jeweils unterschiedliche Dimensionen von Macht- und Herrschaftssystemen in den Blick.

Cornelia Klinger schließt in ihrer Arbeit an die terminologische Differenzierung von Patricia Hill Collins an. Patricia Hill Collins (1995: 492) nimmt eine Unterscheidung zwischen „interlocking structures of oppression" und „the metaphor of intersectionality" vor und führt dies folgendermaßen aus:

> First, the notion of interlocking oppressions refers to the macro level connections linking systems of oppression such as race, class, and gender. This is the model describing the social structures that create social positions. Second, the notion of intersectionality describes micro level processes – namely, how each individual and group occupies a social position within interlocking structures of oppression described by the metaphor of intersectionality. Together they shape oppression. (ebd.)

In diesem Sinne werden die Kategorien Race/Ethnizität, Klasse und Geschlecht als zentrale Faktoren gesellschaftlicher Positionierung angenommen. Auf wesentlich älteren Grundlagen aufbauend als andere soziale Differenzierungskategorien entstehen sie, nach Cornelia Klinger, in der sogenannten „Sattelzeit der Moderne", es sind dies Herrschaftsformen von Kapitalismus, (häuslichem) Patriarchat und Nationalismus, mit den Facetten des Kolonialismus/Imperialismus, Sexismus und Ethnozentrismus. Auf diese drei Herrschaftsformen und Funktionssysteme beziehen sich die drei personalen Kategorien von Klasse, Geschlecht und Race/Ethnizität. Eine umfassende Analyse der Zusammenhänge der drei großen „systems of oppression" stehe noch aus, so Cornelia Klinger, und insofern verweise die Intersektionalitätsdebatte auf noch zu leistende Aufgaben bei der Entwicklung von Gerechtigkeitskonzeptionen.

5.4 Fazit

Deutlich wurde in diesem Kapitel, dass ein zentraler Fokus der gegenwärtigen gerechtigkeitstheoretischen Zugänge zum Gegenwartskapitalismus auf der Frage liegt, ob das Prinzip der Umverteilung oder das Prinzip der Anerkennung zum Ausgangspunkt von Gerechtigkeitskonzeptionen gewählt werden soll. Oder anders formuliert: Führt mehr Umverteilung von materiellen Gütern oder aber mehr Anerkennung von unterschiedlichen Lebensformen, Lebenslagen und Lebenskontexten zu mehr gesellschaftlicher Gerechtigkeit? Mithilfe der Intersektionalitätsdebatte wurde ein Ansatzpunkt entwickelt und vorgestellt, der über die bisherigen Kontroversen hinaus einen mehrdimensionalen Zugang zu diesem Thema anbietet und mit dem genauer benannt werden kann, welche Dimensionen von Ungleichheit und sozialer Differenz über Umverteilung und welche über Anerkennung von Differenz angegangen werden können. Deutlich wurde in den bisherigen Ausführungen auch, dass die zeitgenössische Relevanz der Diskussion darin liegt, dass es gegenwärtig zu einer grundlegenden Umgestaltung des Wohlfahrtsstaates kommt, in dem auch das Verständnis von gesellschaftlicher Gerechtigkeit neu ausgehandelt wird.

6 Kapitalismus als Lebensweise: Arbeits- und Geschlechterarrangements und Männlichkeiten im Wandel

Brigitte Aulenbacher / Birgit Riegraf

In den letzten Jahrzehnten ist ausgehend zunächst von der Arbeits- und Industriesoziologie, dann von der Geschlechterforschung nicht minder intensiv weiterverfolgt ein krisenhafter Umgestaltungsprozess der modernen, kapitalistisch organisierten Gesellschaftsformationen konstatiert worden. Im Zuge dieser Umorganisation der Marktwirtschaft, der Neustrukturierung von Arbeit und der weiteren Ökonomisierung des Sozialen sind auch die mit der Moderne hervorgebrachten, bis dato stabilen Trennlinien, insbesondere diejenige zwischen Öffentlichkeit und Privatheit, in Bewegung geraten und mit ihnen das Geschlechterverhältnis, die Geschlechterordnung und die Geschlechterarrangements,[1] die die Separierung, Anordnung und Ausgestaltung der beiden Sphären geprägt hatten. Insbesondere mit den ursprünglich arbeits- und industriesoziologischen Topoi Entgrenzung und Subjektivierung von Arbeit wurde darauf hingewiesen, dass die im Fordismus vergleichsweise stabil regulierte Trennung von Arbeit und Leben brüchig geworden ist und einer neuen „Verschränkung" der Bereiche Platz gemacht hat; Erwerbsarbeit, obgleich angesichts von Arbeitslosigkeit und prekären Beschäftigungsverhältnissen zum knapp(er)en Gut geworden, habe dabei, was die subjektive Seite der Identifikation mit ihren Inhalten angehe, an Stellenwert gewonnen (Kratzer/Sauer 2007: 241, 235ff.).

1 Unter Geschlechterverhältnis verstehen wir ein soziales Verhältnis, das auf der Ebene der gesellschaftlichen Strukturen und damit eingelassen in das Sozialgefüge zu thematisieren ist. Die Geschlechterordnung bezieht sich auf die symbolische Ordnung und ist Teil der Sozialordnung. Geschlechterarrangements sind auf der meso- und mikrosoziologischen Ebene aufspürbar, im Rahmen von Normen und Institutionen wie historisch besonderen Weisen, sich als Frauen und Männer wahrzunehmen, darzustellen und zu klassifizieren. Letzteres wird im Weiteren auch als Geschlechterkonstruktion angesprochen. Als Geschlechterregime bezeichnen wir die mehr oder minder institutionalisierte und stabile Fügung von Geschlechterarrangements.

Zunächst einmal haben die Topoi Entgrenzung und Subjektivierung von Arbeit dabei Umbrüche in der Arbeitswelt markiert, die sich in Segmenten abgezeichnet haben (vgl. Kleemann/Matuschek/Voß 2002), in denen diejenigen Angestellten und Arbeiter_innen zu finden gewesen sind, „die sich im Fordismus und auch darüber hinaus einigermaßen hatten einrichten können und denen es gelungen war, eine gewisse Planungssicherheit für ihr Leben zu erreichen" (Thien 2014: 177). Inzwischen sind zahlreiche Erweiterungen der Diskussion zu verzeichnen zugunsten einer umfassenderen Betrachtung des Verhältnisses von „Arbeit und Subjekt" (vgl. Kleemann/Voß 2010: 415), durch Einbeziehung der Prekarisierungsforschung (vgl. Dörre 2007; vgl. auch Kap. 8), in der Betrachtung alltäglicher und biografischer Arbeitsarrangements (vgl. Aulenbacher/Riegraf 2011; Becker-Schmidt 2003) sowie in der Analyse des Stellenwerts von Arbeit und Leben in Partnerschaften und Familie (vgl. König 2012; Wimbauer 2012).

In diesem Zusammenhang hat sich die Unterscheidung von Arbeit und Leben, wie traditionsreich sie der kapitalismuskritischen Arbeiter_innenbewegung und Arbeitsforschung auch verbunden sein mag, als problematisch erwiesen. In der Arbeit, genauer in der Erwerbsarbeit, findet immer auch Leben statt; das Leben jenseits der Erwerbsarbeit umfasst nicht nur Freizeit, sondern auch Haus-, Eigen- und Subsistenzarbeit; und beide Bereiche sind Orte zivilgesellschaftlichen Engagements (vgl. Becker-Schmidt 2007). Wenngleich dies grundsätzlich für alle Gesellschaftsmitglieder gesagt werden kann, so sind die Geschlechter historisch betrachtet von Beginn des Kapitalismus bis heute jedoch in alle Arbeitsformen verschieden und ungleich eingebunden. Das schließt, da wir es in dieser Gesellschaftsformation zwar mit einer ökonomischen Ungleichheits-, aber auch mit einer bürgerlichen Gleichheitsordnung zu tun haben, die sukzessive Durchsetzung ihrer Gleichstellung in vielerlei Hinsicht und manchen Bereichen nicht aus (vgl. Dölling 2003; Klinger 2003; Sauer 2013a).

In feministischen Lesarten kapitalismus-, beispielsweise regulationstheoretischer Ansätze werden Phänomene wie die Entgrenzung und Subjektivierung von Arbeit als Anzeichen für Veränderungen hinsichtlich der Art und Weise interpretiert, wie Beschäftigungsverhältnisse, Sozialstaat und Lebensformen, bezahlte und unbezahlte Arbeit neu zueinander in Relation gesetzt werden, wie sich die Arbeitsformen und -teilungen verändern und in welcher Weise dies mit der gesellschaftlichen Organisation des Geschlechterverhältnisses und der Geschlechterordnung in Zusammenhang steht (vgl. Aulenbacher/Riegraf 2009, 2013; Chorus 2013; Kohlmorgen 2004; vgl. auch Kap. 2, 3, 5, 9). Um diese Frage geht es auch in weiteren Arbeiten der Geschlechterforschung, die solchen Kapitalismuskritiken nahe stehen bzw. kritische Analysen der Moderne betreiben. Zuerst nehmen wir Arbeiten der feministischen Arbeitsforschung auf (Kap. 6.1), gefolgt von Studien aus der profeministischen Männlichkeitsforschung (Kap. 6.2). Eine Schlussbemerkung widmet sich dann der Frage, was damit für die feministische Kapitalismusanalyse und -kritik gewonnen ist (Kap. 6.3).

6.1 Fordismus, Postfordismus, Finanzmarktkapitalismus: Erosion und Wandel von Arbeits- und Geschlechterarrangements

In der (pro-)feministischen Kapitalismuskritik und Arbeitsforschung herrscht weitgehend Einigkeit, dass wir es seit Mitte der 1970er-Jahre mit einer weitreichenden Erosion des vorherigen Dominanz beanspruchenden fordistischen und, was die deutsche Sondersituation angeht, zudem mit einem Bruch mit dem staatssozialistischen Geschlechterregime am Ende der 1980er-Jahre zu tun haben. So ist Irene Dölling (2003: 85ff.) eine diesbezüglich weiterführende Gegenüberstellung der Geschlechterregime zu verdanken. Darin wird das fordistische Geschlechterregime wesentlich über das Male-Breadwinner-Modell in den Blick genommen, mit seinem zumindest der Norm nach für alle geltenden, institutionell vor allem die einheimischen Mittelschichten erfassenden Arrangement von im Normalarbeitsverhältnis beschäftigtem Familienernährer, der allenfalls 'dazuverdienenden', Haus- und Sorgearbeit leistenden Familienerhalterin, beide eingebunden in einen Sozialstaat, der ihre Lebensform ermöglichte und begünstigte. Als sein staatssozialistisches Pendant gilt das Doppelversorgermodell mit zwei vollzeiterwerbstätigen Ehepartner_innen eingebunden in einen Versorgungsstaat, der zuvor familial erbrachte Sorgeleistungen, wie rudimentär auch immer angesichts der Wirtschaftskraft der vormaligen Staatssozialismen, nunmehr durch die öffentliche Hand und betrieblich erbracht hatte. Diese Normen und Institutionen sind im Postfordismus und -sozialismus, wie vor allem Lars Kohlmorgen

(2004: 161ff.) gezeigt hat, aufgelöst worden und haben einer weniger festgefügten Passung aus flexibilisierter Beschäftigung, pluralisierten Lebensformen und wettbewerbsorientiertem Sozialstaat Platz gemacht. Das Adult-Worker-Modell, das sich mit diesem Wandel verbindet, sieht zwei Vollzeiterwerbstätige vor und zugleich normativ wie institutionell davon ab, dass unbenommen steigender Erwerbsquoten weite Teile der Haus- und Sorgearbeit nach wie vor familial geleistet werden, was diejenigen latent bis manifest diskriminiert, die sie erbringen. Für sie sind weder staatlicherseits noch in der Ausgestaltung von Erwerbsarbeit Rücksichtnahmen vorgesehen – anders als im Male-Breadwinner-Modell, wo diese Arbeitsformen, die zugunsten von Männern und zulasten von Frauen organisiert waren und weshalb die Arbeitsteilungen und -arrangements nicht zu beschönigen sind, sichtbar gehalten worden waren. Die im Adult-Worker-Modell implizierte Sorgelücke wird nicht zuletzt über die migrations- und geschlechtsbasierte Umverteilung von privater Haus- und Sorgearbeit überbrückt (vgl. Aulenbacher/Riegraf 2009; Kohlmorgen 2004; Lutz 2010; vgl. Kap. 3).

Die drei Säulen, zwischen denen die Arbeits- und Geschlechterarrangements im hiesigen Sozialraum bis dato aufgespannt waren, das Beschäftigungsverhältnis, die Lebensformen und der Sozialstaat, sind aber nicht nur in Bewegung geraten, sondern es lässt sich auch ein gemeinsamer Fluchtpunkt der Erosions- und Umbauprozesse ausmachen (vgl. Jürgens 2010; Lessenich 2009; Negt 2001): Widersprüche und Unvereinbarkeiten zwischen Erwerbsarbeit und weiteren Belangen des Lebens haben sich insbesondere seit den 1990er-Jahren und somit unter finanzmarktkapitalistischen Vorzeichen zugespitzt, während ihre vormals familiale, staatliche, politische und tarifliche Bearbeitung nicht mehr ohne Weiteres veranschlagt werden kann. Dadurch werden Belange, Anforderungen und Risiken zusehends den Einzelnen, ihren individuellen Bearbeitungsweisen, überantwortet. So sind, um nur ein einziges Beispiel anzuführen, im Rahmen der alltäglichen Lebensführung nicht mehr nur Erwerbs-, Haus-, Eigen-, Subsistenzarbeit und zivilgesellschaftliches Engagement zu vereinbaren (vgl. Jurczyk/Rerrich 1993), sondern angesichts der Entgrenzung von Arbeit und Leben wird das „Doing Boundary" zu einer Aufgabe eigener Art, um unter gegebenen Verhältnissen arbeiten und leben zu können (Jurczyk 2014: 171, 174).

Was dieser normative und institutionelle Wandel für die Arbeits- und Geschlechterarrangements bedeutet, ist eine letztlich nur empirisch zu beantwortende Frage. Kontrovers wird, worauf wir uns konzentrieren wollen, jedoch diskutiert, wie die Ökonomisierung des Sozialen angemessen in den Blick genommen werden kann. Hinter dieser Kontroverse steht unter anderem die für die Geschlechterforschung, aber auch geschlechterpolitisch relevante Frage, ob sich in der Erosion des fordistischen Male-Breadwinner-Modells und der ihm unterlegten Geschlechterungleichheiten eine tiefer gehende Krise des bislang hierarchisch organisierten Geschlechterverhältnisses abzeichnet. Das ist unter dem Aspekt interessant, dass sich ja möglicherweise noch mehr Veränderungspotenzial abzeichnen könnte als die bereits durchgesetzte, gewiss nicht zu unterschätzende formal-rechtliche Gleichheit der Geschlechter, die Risse in der heteronormativen Ordnung (vgl. Hark/Laufenberg 2013) und die sukzessiv erfolgende Ausdehnung von Bürger_innenrechten auf diejenigen, die wie Migrant_innen und andere mehr über lange Zeit davon eher ausgeschlossen waren und es teilweise immer noch sind (vgl. Sauer 2013a). Noch grundsätzlicher formuliert geht es letztlich um die Frage nach dem Zusammenhang zwischen Finanzmarktkapitalismus und der Organisation des Geschlechterverhältnisses. Einige Betrachtungsweisen seien herausgestellt, weil sie einen guten ersten Einblick in die Art und Weise gewähren, wie die gegenwärtige Entwicklung in der feministischen Kapitalismuskritik verhandelt wird.

In der ersten hier skizzierten Betrachtungsweise wird die Analyse des Wandels von Arbeitsteilungen und Arbeitsarrangements mit der Geschichte des Feminismus in Verbindung gebracht und wird seine Vereinnahmung bzw. sein Scheitern diagnostiziert. Nancy Fraser (2009) beispielsweise rekonstruiert die weitere Durchsetzung der kapitalismustypischen erwerbsbasierten Lebensweise im Kontext der von feministischer Seite geforderten gleichberechtigten Teilhabe von Frauen an Erwerbsarbeit, denen gegenüber weitere Belange des Lebens in den Hintergrund getreten seien.

> So strömten rund um den Globus Frauen auf die Arbeitsmärkte, wodurch dem Familienlohnideal des staatlich organisierten Kapitalismus ein für allemal der Boden entzogen wurde. Im 'desorganisierten' neoliberalen Kapitalismus trat an die Stelle dieses Ideals die Norm der Doppelverdienerfamilie. Was macht es schon, dass die hinter dem neuen Leitbild verborgene Realität in abgesenkten Entlohnungsniveaus besteht, in verminderter Arbeitsplatzsicherheit, sinkenden Lebensstandards, einem steilen Anstieg der pro Haushalt geleisteten Lohnarbeitsstunden, verschärften Doppelschichten – jetzt oft schon dritte und vierte Schichten – und einer Zunahme der Zahl weiblicher Haushaltsvorstände? Der desorganisierte Kapitalismus macht aus Scheiße Gold, indem er über die neue Geschlech-

tergerechtigkeit fabuliert und darüber, wie herrlich weit die Frauen es doch gebracht hätten. (ebd.: 52)

Was von feministischer Seite als Befreiung aus den fordistischen Ungleichheits- und Abhängigkeitsverhältnissen angestrebt worden war, habe sich in den gegenwärtigen Kapitalismus vergleichsweise nahtlos einreihen lassen; ähnlich argumentiert sie für den Übergang vom fordistischen zum postfordistischen Sozialstaat in Verbindung mit der feministischen Staatskritik. Damit zielt sie auf das Phänomen, dass Frauen in der historischen Perspektive gesehen nun zwar in der Erwerbsarbeit in neuem Ausmaß Fuß fassen konnten, die Bedingungen, zu denen sie arbeiten, aber keineswegs denjenigen vergleichbar sind, unter denen der *male breadwinner* zuvor in die Erwerbsarbeit einbezogen war.

Angelika Wetterer (2013: 256) spricht zudem nicht nur von einer Vereinnahmung des Feminismus, sondern von einem „Scheitern" dahingehend, dass die verbreitete Gleichstellungsrhetorik, sei es im Beruf, sei es in den Partnerschaften, dazu führe, dass die Ungleichheiten, die sich in den praktizierten Arbeits- und Geschlechterarrangements finden, nicht mehr als Geschlechterungleichheiten thematisiert und thematisierbar sind, aber gerade dadurch, dass sie ihrer bewussten Wahrnehmung entzogen sind, umso wirkmächtiger werden. Diesen Betrachtungsweisen nach konnten Teile feministischer Kritik, ähnlich wie Luc Boltanski und Ève Chiapello (2003) es für die Kapitalismuskritik schon festgestellt hatten, in einer Weise gesellschaftlich aufgenommen und gewendet werden, die letztlich herrschaftsstabilisierend wirkt (vgl. Fraser 2009: 49ff.). Die Verfestigung des Kapitalismus als Lebensweise basiert demnach mit auf einem Geschlechterverhältnis, in dem sie, sei es durch den Vorrang der Erwerbsarbeit, sei es durch die rhetorische Verdeckung von Geschlechterungleichheit, affirmiert wird.

In der gesellschaftstheoretisch orientierten feministischen Arbeits- und Geschlechterforschung wie Kapitalismuskritik ist ferner umstritten, wie das spannungsreiche Zusammenspiel von ökonomischer Ungleichheits- und bürgerlicher Gleichheitsordnung in den Blick zu nehmen ist. Es lassen sich mehrere Betrachtungsweisen ausmachen.

In der einen Sichtweise, auf die hier nur verwiesen werden soll und zu der auch unsere eigenen Arbeiten gehören (vgl. auch Kap. 2, 3, 5), sind die Grundstrukturen des Kapitalismus wie der Vorrang der Marktökonomie, die Absehung von Sorgebelangen zugunsten einer erwerbsbasierten Lebensweise und anderes mehr, werden sie von ihrer historischen Herausbildung und von den damit verbundenen Herrschaftsverhältnissen ausgehend betrachtet, als unhintergehbar andro- und eurozentrisch zu begreifen, da das Rad der Geschichte nicht zurückgedreht werden kann. Das heißt aber nicht, dass sie in die Zukunft gerichtet nicht verändert würden – in welche Richtung auch immer: herrschaftskonsolidierend oder -erodierend. In einer solchen Lesart ist beispielsweise die Verallgemeinerung der kapitalistischen erwerbsbasierten Lebensweise auch als Verallgemeinerung eines von seiner Entstehung her andro- und eurozentrischen Lebensentwurfs und damit verbunden als ein Prozess zu sehen, in dem sich Herrschaftsverflechtungen in neuer Weise geltend machen. Solche Entwicklungen können im Rahmen sozialer Auseinandersetzungen freilich umstritten sein, sind es in der Regel auch und ihr Ausgang ist somit ungewiss. Gesellschaft kann hier erhebliche Veränderungen erfahren, was tief greifende Erosionen der bislang gelebten Arbeits- und Geschlechterarrangements einschließt (vgl. Aulenbacher/Riegraf 2009, 2013).

Dieser Sicht steht, etwa von Hildegard M. Nickel (2014: 29f.) vertreten, eine Betrachtungsweise gegenüber, wonach

> [...] eine männliche Suprematie erzeugende Herrschaftsordnung und deren androzentrische Wirkungslogiken nicht einfach vorausgesetzt werden dürfen [...]. Vielmehr ist zu prüfen, welche Optionen sich beispielsweise dadurch eröffnen, dass die westlichen Gegenwartsgesellschaften zugleich auch demokratisch verfasste Gesellschaften sind, die nicht vollständig in Verwertungs- und Herrschaftslogiken aufgehen. Gerade bezogen auf das Geschlechterverhältnis, das längst nicht mehr als ein monolithisches Verhältnis zu begreifen ist, scheint es notwendig zu sein, diese widersprüchliche und spannungsreiche Konfiguration von kapitalistisch-patriarchalen und demokratisch-emanzipativen Strukturen, die Basis für ambivalente Handlungskonstellationen und Akteurslogiken ist, deutlicher herauszuarbeiten.

Entsprechend werden hier in den neuen Formen von Erwerbsarbeit, wie sie beispielsweise mit den Topoi der Entgrenzung und Subjektivierung von Arbeit angesprochen werden und in denen unter den Vorzeichen der postfordistischen im Vergleich zur fordistischen Rationalisierung Handlungsspielräume der Beschäftigten durchaus auch wachsen können, „riskante Chancen“ gesehen (vgl. Lohr/Nickel 2005), verbunden mit bedingten Emanzipationsgewinnen im Rahmen der Ökonomisierung des Sozialen bzw. sie auch hinterfragend (vgl. Nickel 2013).

Es würde zu kurz greifen, die eine Betrachtungsweise als kritisch oder pessimistisch, die andere als affirmativ oder optimistisch anzusehen oder beide dahingehend abzutun, dass das Glas eben als halb leer oder halb voll betrachtet werden kann, was Herrschaftswandel und emanzipatorische Perspektiven angeht. Dahinter stehen vielmehr verschiedene Geschichtsauffassungen und gesellschaftstheoretische Zugriffe, die sich, zugespitzt formuliert, dahingehend unterscheiden, wie Herrschaftslogiken und -verhältnisse, Herrschaftsvermittlungen und die Kontingenz der gesellschaftlichen Entwicklung und schließlich die Kräfteverhältnisse angemessen in den Blick zu nehmen sind.

Eine weitere Betrachtungsweise richtet sich noch anders auf das Spannungsverhältnis von ökonomischer Ungleichheits- und bürgerlicher Gleichheitsordnung, indem sie danach fragt, inwieweit sie in Verbindung miteinander in Bewegung sind. Diesbezüglich machen neuere Forschungen Verschiebungen im Verhältnis von Markt und Demokratie zugunsten des ersten und zulasten des zweiten Pols aus. Phänomene wie die steigende Erwerbsintegration von Frauen, Migrant_innen und anderen mehr werden als vergleichsweise exklusiver Prozess sichtbar, in dem vor allem diejenigen Chancen haben, die dem Adult-Worker-Modell in all seiner impliziten Orientierung an den (Arbeits-)Markterfordernissen und neuen Leistungsvorstellungen entgegenkommen. Demokratie, Bürger_innenrechte und anderes mehr, was gegen die (finanzmarkt-)kapitalistische Lebensweise und die ihr innewohnenden weiteren Herrschaftslogiken und -verhältnisse mobilisiert werden könnte, werden demnach selbst in ihrer Geltungskraft beschnitten und den Markterfordernissen angepasst (vgl. Sauer 2013a).

Schließlich sind noch praxeologische Perspektiven, wie sie nicht zuletzt von Susanne Völker (2010; vgl. ausführlich Kap. 8) vertreten werden, anzusprechen. Im uns interessierenden Kontext der Reflexion auf bestehende und sich wandelnde Herrschaftsverhältnisse schreibt sie:

> Soziologie als soziale Praxis zu begreifen heißt nicht zuletzt, dass die Soziologie 'Realität' nicht beschreibt, sondern als ein mächtiger Akteur selbst (mit)hervorbringt […]. Vor diesem Hintergrund besteht mit und durch die Soziologie als sozialer Praxis die Chance, Neues, neu Kontextualisiertes aufschließbar und sichtbar zu machen. Dazu bedarf es einer Perspektive, die soziale Prozesse weniger unter dem Aspekt der Reproduktion in den Blick nimmt, sondern auch (und dies muss kein Gegensatz sein) jene Phänomene wahrnimmt, bei denen die Reproduktion in eine Krise gerät, scheitert und sich so erzwungenermaßen 'Anderes' ereignet. Für die Soziologie besteht damit die Möglichkeit, nicht allein die Reproduktion der Herrschaftsstrukturen und als legitim anerkannten Klassifikationen offenzulegen, sondern beständig und immer wieder auch den (noch) nicht

> eindeutig klassifizierbaren Praktiken in ihren Strebungen zu sozialer Erkennbarkeit zu verhelfen. (Völker 2010: 300)

In diesem Sinne spricht die Autorin von den fordistischen Arbeits- und Geschlechterarrangements und den ihnen zugrunde liegenden Normen und Institutionen von „erschöpften Formaten" (ebd.; vgl. auch Kap. 8, 9), die angesichts des Wandels der Lebensverhältnisse nicht mehr greifen und daher auch nicht wiederbelebbar sind, weshalb „'Anderes'" (Völker 2010: 300) folgen muss. Damit tritt die Kontingenz der Entwicklung in den Vordergrund und mit ihr zugleich der Blick auf „'nicht-intendierte Folgen'" (ebd.: 307). Deren Existenz und Relevanz bestreiten auch die zuvor skizzierten Betrachtungsweisen nicht, aber die Akzentsetzung verschiebt sich und mit ihr die Analyseperspektive wie der Stellenwert, der Herrschaftsvermittlungen und Kontingenz in der Gesellschaftsanalyse und Kapitalismuskritik eingeräumt wird.

Unstrittig ist also, dass die Arbeits- und Geschlechterarrangements seit Mitte der 1970er-Jahre, mit dem Zusammenbruch des Staatssozialismus am Ende der 1980er- und verbunden mit der Herausbildung des Finanzmarktkapitalismus in den 1990er-Jahren einem erheblichen Wandel unterliegen, der an die Grundstrukturen heranreicht, in denen Kapitalismus als Lebensweise entfaltet wird. Es ist strittig, wie dies soziologisch angemessen einzufangen und abzubilden ist.

6.2 In und zwischen Öffentlichkeiten und Privatheit: Männlichkeiten im Wandel

Mit der Aushöhlung des Normalarbeitsverhältnisses brechen Helga Krüger (2005: 196) zufolge „seit den 90er Jahren die 'Korsettstangen' des männlichen Lebenslaufs, das heißt die sichere Erwerbskarriere auf der Basis des gelernten Berufs" weg und damit auch der zentrale Stützpfeiler der Männlichkeitskonstruktionen in der fordistischen Gesellschaftsformation. Umgekehrt stellt die unübersehbare Präsenz von Frauen in machtvollen Positionen die geltenden Weiblichkeitskonzeptionen infrage, mit denen sie bis dato auf den Reproduktionsbereich und auf die Privatsphäre verwiesen wurden. Während Frauen sich verstärkt die Erwerbsarbeit erschließen und sich die Geschlechter damit auf dem Erwerbsarbeitsmarkt in historisch neuartiger Weise in einer Konkurrenzsituation befinden, wird eine allein auf den Beruf fixierte Lebensplanung für Männer zunehmend riskant, zumal sie in einem für sie historisch neuen Ausmaß von der Prekarisierung der Beschäftigungsverhältnisse betroffen sind (vgl. Dörre 2007; Lengersdorf/Meuser 2010; Meuser 2010; Scholz 2009). Männlichkeits- und Weiblichkeitskonstruktionen, Arbeits- und Geschlechterarrangements geraten im Zuge dieser Entwicklungen in Bewegung. Und auch hier gilt, dass die Frage danach, wie und mit welchen Ergebnissen dies geschieht, letztlich nur empirisch beantwortet werden kann. In den Blick nehmen wollen wir Analysezugänge, die für die Kapitalismuskritik der (pro-)feministischen Männlichkeitsforschung charakteristisch sind (vgl. auch Kap. 2, zu Nicht-Männlichkeit Kap. 10).

Im Zentrum der Männlichkeitsforschung steht seit Ende der 1980er-Jahre das von Raewyn Connell (1987) entwickelte Konzept der „hegemonialen Männlichkeit". Darin wird Männlichkeit als ein doppeltes, hetero- wie homosoziale Verhältnisse umfassendes Distinktions- und Dominanzverhältnis begriffen. Hegemoniale Männlichkeit ist, so die Autorin, eine Erscheinung der okzidentalen Moderne und gleichursprünglich mit der Entwicklung der modernen kapitalistischen Ökonomie (Connell 1995: 185ff.). In der homosozialen Dimension wird die hegemoniale Männlichkeit als gesellschaftliche Leitkultur verstanden, die in Relation zu weiteren Männlichkeiten konstruiert ist: zur „untergeordneten", „marginalisierten" und „komplizenhaften" Männlichkeit (Connell 1999: 98ff.), die in der überkommenen Geschlechterhierarchie zwar von der Unterdrückung von Frauen und den damit verbundenen Arbeitsteilungen profitieren, aber in der Geschlechter- und Sozialordnung insgesamt keine kulturelle Hegemonie erlangen können. Wie und welche Männlichkeit hegemonial wird, ist nach Raewyn Connell (1995: 76) zum einen historisch eingebettet, zum anderen eine ständig anfechtbare, umkämpfte Position („position always contestable").

An diesen Gedanken schließt Sylka Scholz (2009: 83) an, wenn sie eine „globale Neuaufforderung von Männlichkeit" unter finanzmarktkapitalistischen Vorzeichen anspricht. Dieser Prozess lässt keine der genannten Männlichkeiten außen vor und ist außerdem mit Bewegungen im Verhältnis von Öffentlichkeiten und Privatheit verbunden (vgl. Aulenbacher/Meuser/Riegraf 2013; Wedgwood/Connell 2008). Anders gesagt, mit dem gesellschaftlichen Wandel sind auch die Relationen zwischen Männlichkeiten und zwischen Männlichkeiten und Weiblichkeiten in neuer Weise in Bewegung geraten. Zwei Phänomene wollen wir näher betrachten.

Das erste Phänomen ist die zuvor bereits angesprochene Dominanz von Männern in der Finanzökonomie, in der der Kapitalismus als Lebensweise und der genuin andro- und eurozentrische erwerbsarbeitsorientierte Lebensentwurf eine besonders hohe Affinität aufzuweisen scheinen (vgl. Kap. 2; Connell 2010a, 2010b); hier interessiert uns die homosoziale Dimension. Die „transnational business masculinity" (Connell/Wood 2005) in diesem Bereich lässt sich als eine historisch besondere Form und Ausprägung hegemonialer Männlichkeit fassen, deren Potenzial als Leitkultur umstritten ist. Zu Recht wird eingewandt, dass sie nur noch bedingt an die Erfahrung zusehends prekärerer Arbeits- und Lebensverhältnisse anschlussfähig ist (vgl. Dörre 2010: 349). Unter dem Aspekt, dass die Konstruktion von Männlichkeiten im Sinne von Raewyn Connell (1995) und Michael Meuser (2010) als umkämpftes Terrain zu begreifen ist, erscheint es uns gleichwohl interessant, sie im Rahmen der „Pluralisierung hegemonialer Verhältnisse" (Aulenbacher/Meuser/Riegraf 2013) als *eine* von möglicherweise mehreren Formen hegemonialer Männlichkeit zu fassen.

Sylka Scholz (2009: 87) beschreibt diese Form hegemonialer Männlichkeit folgendermaßen:

> Als weitgehend übergreifende Merkmale lassen sich festhalten: eine begrenzte technische Rationalität, ein gesteigerter Egoismus, relativierte Loyalitäten gegenüber der eigenen Firma, ein sinkendes Verantwortungsgefühl gegenüber anderen außer zur Imagepflege sowie eine libertine Sexualität mit einer Tendenz zu käuflichen Beziehungen zu Frauen. Diese Männlichkeit muss jedoch nicht von Managern selbst verkörpert werden. [...] Der Fußballsport schreibt zugleich Männlichkeitsstereotype fort, die auf Kampf und Wettbewerb beruhen und damit auch der globalen ökonomischen Wettbewerbslogik entsprechen [...]

Die „transnational business masculinity" (Connell/Wood 2005) steht, wie Diana Lengersdorf und Michael Meuser (2010: 96) ausführen, in der Männlichkeitsforschung in gewisser Weise für den „neuen Geist des Kapitalismus" (Boltanski/Chiapello 2003). Ihr ist dann hegemoniale Bedeutung zuzusprechen, wenn sie normative Geltung erlangen kann. Diesbezüglich führt – neben dem bereits gegebenen Hinweis auf ihre ganz andere, etwa über den Sport erfolgende Darstellung – folgende Betrachtung der Autor_innen weiter: Aus ihrer Sicht bemisst sich der Erfolg im *transnational business* nicht zuletzt daran, ob es gelingt, die finanzmarktkapitalistische Unbeständigkeit in bearbeitbare Projekte zu verwandeln und so 'auf dem Markt' zu bestehen bzw. ihn zu beherrschen. Die Bearbeitung von Unsicherheit werde auf diese Weise zu einem anerkannten Merkmal von Männlichkeit (vgl. Lengersdorf/Meuser 2010: 96ff.).

Wird dies an die Bewegungen im Sozialgefüge und der Sozialordnung insgesamt zurückgebunden, so lässt sich dieser Form hegemonialer Männlichkeit durchaus Leitkulturpotenzial zusprechen. Bei der Bewältigung von Unsicherheit handelt es sich – in freilich ganz verschiedenen Formen – um eine Anforderung, die sich durch finanzmarktkapitalistisches Wirtschaften, und sei es auch nur hinsichtlich seiner Folgen, etwa der Prekarisierung der Arbeits- und Lebensverhältnisse, letztlich gesamtgesellschaftlich stellt. Die Fähigkeit zur individuellen Unsicherheitsbewältigung kann durchaus als Norm auch für diejenigen interpretiert werden, die sich – beispielsweise durch Arbeitslosigkeit oder Prekarität und angesichts der bislang engen Kopplung von beruflicher und männlicher Identität nunmehr unter Umständen doppelt, als Erwerbstätige und Männer (vgl. Dörre 2007; Meuser 2010; Scholz 2009) – verunsichert und entwertet sehen. Damit ist diese Form hegemonialer Männlichkeit aus unserer Sicht zugleich anschlussfähig an das Leistungsverständnis und die Politiken des aktivierenden Sozialstaates, wie sie von Klaus Dörre (2014), Stephan Lessenich (2009) und Birgit Riegraf (2014) als Indienstnahme der Einzelnen dort analysiert werden, wo vormals gesellschaftliche Verantwortung erkannt und wahrgenommen worden war.

Das zweite Phänomen spielt stärker die heterosoziale Dimension der Männlichkeitskonstruktion an und ist von Interesse, weil es für Brüche im erwerbsbasierten Lebensentwurf steht; es handelt sich um das gestiegene Engagement von Vätern in der Kinderbetreuung und -erziehung. Von Michael Meuser (2014) wird es unter dem Begriff der „involvierten Vaterschaft" mit Blick auf die Bewegungen im Geschlechterverhältnis und in den Geschlechterarrangements in den Blick genommen. Während der zuvor angesprochenen Form finanzmarktkapitalistischer hegemonialer Männlichkeit die homologe gesellschaftlich hohe Bewertung von Öffentlichkeit, Beruf und Männlichkeit in der kapitalistischen, andro- und eurozentrischen Sozialordnung eingeschrieben ist, ist nun die Frage, was passiert, wenn Männer als Väter die in Relation hierzu gesellschaftlich nachrangige Privatsphäre als Betätigungsfeld dort 'entdecken', wo bislang vorrangig Frauen als Mütter engagiert sind.

Michael Meuser (2014: 169) kommt diesbezüglich zu einer ersten Bilanz:

> Solange [...] die Väter die zweite Position als für sich angemessen akzeptieren – was nach Lage der vorliegenden Studien der Regelfall zu sein scheint –, kann die kulturelle Feminisierung von Care auch unter den Bedingungen einer väterlichen Beteiligung fortgeschrieben werden. In dem Maße aber, in dem Väter Definitionsmacht hinsichtlich der Kriterien gut verrichteter Care-Arbeit auch für sich beanspruchen, wird die weibliche Codierung von Care infrage gestellt. In diesem Fall kann die Familie zu einem Ort von Geschlechterkonflikten werden, die es in dieser Form im Rahmen der traditionellen geschlechtlichen Arbeitsteilung nicht gegeben hat.

Interessant ist daran zum einen, dass mit der Familie, wobei der Autor ausschließlich heterosexuelle Partnerschaften untersucht hat, ähnlich der Erwerbsarbeit und Öffentlichkeit nun die Sphäre des Privaten als ein im Geschlechterverhältnis neu umkämpfter Bereich in Betracht zu ziehen ist. Damit stellt sich dann aber auch die Frage, inwieweit nicht nur bisherige Konstruktionen von Väterlichkeit und Mütterlichkeit, Vaterschaft und Mutterschaft, Männlichkeit und Weiblichkeit zur Diskussion und Disposition stehen, sondern auch das Zusammengehen – oder Nicht-Zusammengehen – von Väterlichkeit, Vaterschaft und Männlichkeit und, falls ja, welcher Männlichkeiten.

Während sich mit Blick auf die Positionierung von Frauen in Öffentlichkeiten durchaus von hegemonialen Weiblichkeiten sprechen lässt (vgl. Scholz 2010), legen neue Formen von Vaterschaft die Frage nahe, ob und in welcher Weise die Sphäre des Privaten sich mit Männlichkeitskonstruktionen verbinden lässt, die sich nicht mehr wie die Position des *male breadwinner* primär oder überhaupt aus Erwerbsarbeit speisen (vgl. Aulenbacher/Meuser/Riegraf 2013). Ferner ist zu fragen, wie sich die steigende Beteiligung von Männern an der Kinderbetreuung und -erziehung im Vergleich zu der von Nancy Fraser (2009) angesprochenen homologen Feminisierung und Abwertung von Erwerbsarbeit verhält. Wird die Arbeit von Männern im Privaten oder wird mit ihr der Privathaushalt aufgewertet? Und schließlich ist zu fragen, wie sich diese Bewegungen in und zwischen Öffentlichkeiten und Privatheit zu den finanzmarktökonomischen Orientierungen verhalten, die nur bedingt lebenstauglich sind. Das ist umso interessanter, als Privatheit, wie Cornelia Klinger (2012, 2013) zeigt, bislang in Verbindung mit Weiblichkeit gesellschaftlich immer auch als Kompensation der Zumutungen konzipiert worden ist, die der Kapitalismus als Lebensweise hervorgebracht hat.

Zwischen diesen beiden hier beispielhaft für den Forschungsstand der Männlichkeitsforschung angesprochenen Polen Finanzmarktökonomie und Privathaushalt lassen sich weitere vielfältige Arbeits- und Geschlechterarrangements und Geschlechterkonstruktionen ausfindig machen, die sich in ganz verschiedener Weise mit veränderten Lebensentwürfen verbinden (vgl. beispielsweise Scholz 2009; Heilmann 2013; König 2012). Die Frage, die der Stand der Forschung für die (pro-)feministische Kapitalismuskritik aufwirft, lautet letztlich aber immer auch, ob die Homologien zwischen Öffentlichkeit und Männlichkeit, Privatheit und Weiblichkeit brüchig geworden sind und was dies für die Fundamente bedeutet, auf denen die kapitalistische Lebensweise fußt, ob diese Bewegungen im Sozialgefüge und in der Sozialordnung der finanzmarktkapitalistischen Entwicklung zuarbeiten, für Friktionen sorgen, den Boden für Alternativen bereiten und vieles mehr.

6.3 Gesellschaftlicher Wandel und Wandel im Geschlechterverhältnis

Indem sowohl die feministische Arbeits- und Geschlechterforschung als auch die (pro-)feministische Männlichkeitsforschung das Geschlechterverhältnis, die Geschlechterordnung und die Geschlechterregime mit Blick auf ihre Verankerung in Öffentlichkeiten und Privatheit und im Kontext von Beschäftigungsverhältnissen, Lebensformen und Sozialstaatlichkeit betrachten, gehen sie in gewisser Weise aufs Ganze. Der Vorzug der Betrachtungsweisen besteht darin, die Zusammenhänge ins Blickfeld zu holen, in denen sich die entsprechende Lebensweise entfalten kann. Wie dies gelingen kann, darin liegen die Ansätze nicht nur weit auseinander, sondern widersprechen einander auch bzw. sind schlichtweg als Gegenpositionen formuliert. In diesem Sinne gibt es nicht eine, sondern zahlreiche Antworten auf die Frage, wie der Finanzmarktkapitalismus mit der Organisation des Geschlechterverhältnisses in Zusammenhang steht und wo sich Tendenzen der Herrschaftskonsolidierung und Brüche zeigen. Es ist zwar nicht alles nur eine Frage der Perspektive, aber es gehört zur feministischen Kapitalismuskritik dazu, den Wandel dieser Gesellschaftsformation aus ganz verschiedenen Perspektiven zu vermessen, die Aufschluss über die Konstruktion von Männlichkeiten und Weiblichkeiten, Veränderungen von Arbeitsteilung und Bewegungen im Verhältnis von ökonomischer Ungleichheits- und bürgerlicher Gleichheitsordnung und damit Antworten auf Fragen geben, die in anderen Forschungssträngen weit weniger Beachtung finden.

7 Soziale Ungleichheit und Gerechtigkeit in globaler Perspektive

Birgit Riegraf

Fragen über den Zusammenhang zwischen sozialer Ungleichheit und Gerechtigkeit, Umverteilung und Anerkennung im Geschlechterverhältnis können angesichts beschleunigter globaler Verflechtungsbeziehungen schon lange nicht mehr im Rahmen nationalstaatlicher Grenzen diskutiert werden, sondern lassen sich nur noch unter Berücksichtigung der globalen Ebene analysieren und beantworten (Fraser 2008/2005). Einleitend soll entlang von einigen Entwicklungen und mit Blick auf soziale Ungleichheiten im Geschlechterverhältnis skizzenhaft aufgezeigt werden, wie sich wachsende politische, soziale und wirtschaftliche Globalisierungsprozesse beschreiben lassen:

Laut Angaben des Wirtschafts- und Sozialrates (ECOSOC) der UNO werden zwei Drittel der Arbeiten auf der Welt von Frauen erledigt und Frauen produzieren die Hälfte der Lebensmittel. Trotzdem verdienen sie nur zehn Prozent des weltweiten Einkommens und besitzen nur ein Prozent des Eigentums (vgl. z.B. Die Welt 2010). Auf weitere „Achsen sozialer Ungleichheiten" (Klinger/Knapp/Sauer 2007) im Zuge weltweiter Verflechtungen verweisen ansteigende Arbeitsmigrationen zwischen den Ländern, in die die Geschlechter in unterschiedlicher Weise eingebunden sind, und diese werden künftig zunehmen, folgt man den Berechnungen des *World Migration Report 2010* (IOM 2010). Anhand zahlreicher weiterer Daten, vielfältiger Entwicklungen und Bewegungen könnten sehr drastisch die ungleichen Verteilungen von Eigentum, (Erwerbs-)Arbeit und Einkommen im Geschlechterverhältnis und im weltweiten Kontext nahezu endlos weiter ausgeführt werden. Diesen sozialen Ungleichheiten stehen auf der anderen Seite sich ausweitende Internationalisierungsbewegungen von Wirtschafts- und Finanzmärkten gegenüber. So lässt sich seit Ende der 1960er-Jahre eine deutliche Zunahme der Anzahl international agierender Unternehmen beobachten, die zugleich ein kontinuierliches wirtschaftliches Wachstum verzeichnen können. Diese ökonomischen

Globalisierungsbewegungen und das wirtschaftliche Wachstum über nationale Grenzen hinweg werden durch wirtschaftspolitische Liberalisierungen in den 1970er-Jahren, wie Abbau von Zöllen und Einfuhrbeschränkungen, Öffnungen der Aktienmärkte und des Wertpapierhandels, erst ermöglicht oder zumindest gefördert (vgl. hierzu Altvater/Mahnkopf 2004; UNCTAD 2009). Die weltweiten Wirtschafts- und Finanzmärkte sind dabei hochgradig instabil, was sich beispielsweise an den Finanzkrisen von 2008 deutlich zeigt, die dazu führten, dass nicht nur die Märkte, sondern ganze Gesellschaften ins Wanken gerieten. Dass diese wirtschaftspolitischen Liberalisierungen, die zunehmend enger werdenden Verflechtungen der internationalen Wirtschafts- und Finanzmärkte und ihre Auswirkungen nicht unwidersprochen bleiben, zeigen vor allem die politischen Bewegungen, wie die Occupy-Wall-Street-Bewegung, die im Mai 2011 beginnenden Proteste in Spanien oder die Demonstrationen, die spätestens seit 2014 in Griechenland als Reaktion auf die dortige Finanz- und Beschäftigungskrise zu beobachten sind. Alle diese Bewegungen haben sich jenseits und größtenteils explizit als Protest gegen die sich im nationalen und internationalen Kontext etablierten und institutionalisierten politischen Entscheidungsverfahren herausgebildet, denen sie offensichtlich nicht oder zumindest nicht mehr zutrauen, für eine 'gerechte' Politik einzustehen.

In diesem Kapitel wird den Fragen nach dem Zusammenhang zwischen sozialer Ungleichheit, Geschlecht und Gerechtigkeit aus einer globalen Perspektive weiter nachgegangen. Im ersten Schritt (Kap. 7.1) werden kapitalismuskritische Ansätze aufgenommen, die sich mit der Verbindung zwischen globalisiertem Kapitalismus und dem Geschlechterverhältnis beschäftigen. Die Geschlechterforschung kann diesbezüglich inzwischen eine längere Tradition vorweisen. Im zweiten Schritt (Kap. 7.2) wird der Fokus der Diskussion auf den Stellenwert des Nationalstaates im globalen Reorganisierungsprozess gerichtet, der zunächst am Beispiel der Care-Arbeiterinnen erläutert wird. Im dritten Schritt (Kap. 7.3) wird diese Perspektive theoretisch erneut aufgenommen und es werden verschiedene Ebenen der Globalisierung unterschieden. Im vierten und letzten Schritt (Kap. 7.4) wird die Frage gestellt, welche Herausforderungen darin für die gegenwärtigen politischen Debatten zur Gerechtigkeit und für eine Gerechtigkeitstheorie liegen.

7.1 Globalisierter Kapitalismus und das Geschlechterverhältnis

Bereits Ende der 1970er-Jahre nahmen Claudia von Werlhof, Maria Mies und Veronika Bennholdt-Thomsen (1978, 1983) im sogenannten Bielefelder Ansatz die weltweiten geschlechtlichen Arbeitsteilungen zum analytischen Ausgangspunkt ihrer Patriarchats- und Kapitalismuskritik. In Anknüpfung und Erweiterung des Weltsystemansatzes von Immanuel Wallerstein (1986) gehen sie in ihren Arbeiten davon aus, dass die Unterentwicklungen der Länder im globalen Süden keineswegs auf krisenhafte Prozesse in ihnen selbst zurückzuführen sind, sondern dass diese Unterentwicklungen als immanenter Bestandteil eines Kapitalismus zu betrachten sind, der von Anbeginn als Weltökonomie entstand und der sich nicht ohne den Kolonialismus ab dem 16. Jahrhundert hätte entfalten können. Die damit verbundenen Machtverhältnisse sind demnach bis heute wirksam, was die Ausgestaltung der industriekapitalistischen Gesellschaftsformation und die darin eingelassenen Geschlechterverhältnisse angeht (vgl. zur aktuellen Debatte u.a. Castro Varela/Dhawan 2014). Indem Claudia von Werlhof, Maria Mies und Veronika Bennholdt-Thomsen betonen, dass kapitalistische Entwicklung nicht allein mit Blick auf eine internationale Arbeitsteilung, sondern immer als eine Kombination zwischen internationaler und geschlechtlicher Arbeitsteilung zu begreifen ist, gehen sie einen entscheidenden Schritt über den Ansatz von Immanuel Wallerstein hinaus, und auf diese Weise gelingt es ihnen, Geschlecht als zentrale Strukturkategorie in die Diskussion des Weltsystemansatzes und in die Globalisierungsdiskussion insgesamt mit einzuspeisen. Der Ausgangspunkt ihrer Gesellschaftsanalyse bildet die von ihnen konstatierte strukturelle Ähnlichkeit zwischen der Arbeit der Hausfrauen in den Industrieländern und den Arbeiten von Kleinbauern etc. in den Ländern des globalen Südens. Demnach verläuft die Aneignung dieser Subsistenzarbeit, also die gebrauchswertorientierte, unmittelbar auf die Herstellung und Erhaltung des Lebens gerichtete Arbeit, in der 'Ersten' wie der 'Dritten' Welt nach einem ähnlichen Muster und weist zudem Analogien zum gesellschaftlichen Naturverhältnis auf (vgl. hierzu auch Kap. 3):

> Aus der Sicht der Herrschenden [...] ist banalerweise jeweils alles das 'Natur', wofür sie nicht bezahlen oder bezahlen wollen, was sie nichts (oder möglichst wenig) kosten soll. Das ist alles, was sie sich durch Raub (anstatt Tausch) aneignen können, und darüber hinaus alles, was sie nicht

> erneuern und erhalten wollen. Dieses 'Was' ist tendenziell alles, nämlich der ganze Erdball samt seinen Produkten, Waren und Menschen. (Werlhof 1983: 141)

Bei der Analyse dieser weltumspannenden Prozesse lehnen sich Claudia von Werlhof, Maria Mies und Veronika Bennholdt-Thomsen theoretisch zunächst an die Kolonialisierungstheorie von Rosa Luxemburg an, wonach der Kapitalismus immer auf gesellschaftliche Sphären jenseits der Marktwirtschaft und auf Ausbeutungsverhältnisse jenseits der Lohnarbeit zurückgreifen muss, um fortbestehen zu können (vgl. hierzu auch Dörre/Ehrlich/Haubner 2014). Sie wenden die These von Rosa Luxemburg auf die in aller Regel von Frauen geleisteten Reproduktions- und damit zum Beispiel auf Hausarbeiten an, was ihnen nur deshalb gelingt, weil sie den bei Rosa Luxemburg angelegten Arbeitsbegriff so ausweiten, dass er über die Marktökonomie hinaus Gültigkeit erhält: Der Kapitalismus besteht demnach notwendigerweise aus einer Kombination von Waren- und Subsistenzproduktion, von bezahlter Produktions- und un- beziehungsweise gering bezahlter Reproduktionsarbeit, wobei die Reproduktionsarbeit bei Claudia von Werlhof, Maria Mies und Veronika Bennholdt-Thomsen ein sehr weites Spektrum jenseits der nach Marktprinzipien organisierten Tätigkeiten umfasst, wie Pflegen, Gebären, Kinderziehung, etc. Folgerichtig ist die Haus- und Subsistenzproduktion aus dieser Perspektive nicht nur auch als Bestandteil der kapitalistischen Entwicklung zu betrachten, sondern die Subsistenzproduktion und die darin geleistete Arbeit und nicht die Warenproduktion ist die eigentliche Grundlage der Wertschöpfung, was aber zu einer fortgesetzten Zerstörung der als *nicht kapitalistischen Formationen* bezeichneten Naturalwirtschaften führt. Demnach bedeutet kapitalistische Durchdringung von gesellschaftlichen Sphären sowohl die Zerstörung als auch die Erhaltung der Subsistenzwirtschaft, denn der größte Teil des vom Kapitalismus erzielten Mehrwertes werde in nichtkapitalistischen Bereichen realisiert. „Das Kapital-Lohnarbeitsverhältnis ist nur die Spitze des Eisbergs, die aus dem Wasser hervorragt. Diese Spitze hat aber als Fundament alle jene Nicht-Lohnarbeitsverhältnisse und eben auch das räuberische Verhältnis zur Natur" (Werlhof/Mies/Bennholdt-Thomsen 1983: 3). Subsistenzproduzenten und -produzentinnen sind demnach die weltweiten „Hausfrauenarbeiterinnen". Sexismus und Patriarchalismus sind also „nicht Zeichen von Rückständigkeit", sondern

„notwendige, tragende ideologische und institutionelle Bestandteile des Industriesystems und seines Akkumulationsmodells“ (ebd.). Ebenfalls in Anlehnung an Rosa Luxemburg und in Erweiterung ihres Ansatzes bedeutet Kolonialisierung nach Claudia von Werlhof, Maria Mies und Veronika Bennholdt-Thomsen dreierlei: Zum Ersten sind kapitalistische Gesellschaften auf die Kolonialisierung von nicht nach kapitalistischen Prinzipien organisierten Ländern angewiesen, zum Zweiten auf die Kolonialisierung von nicht marktwirtschaftlichen Bereichen innerhalb industriekapitalistischer Gesellschaften und zum Dritten auf die Ausbeutung von Natur, wobei Frauen nicht nur in industriekapitalistischen Gesellschaften mit Natur gleichgesetzt werden.

Auf die gegenwärtigen Globalisierungsentwicklungen angewandt, macht die Annahme, wonach sich der Kapitalismus als Weltsystem im „nicht kapitalistischen Milieu“ (Dörre/Ehrlich/Haubner 2014) und unter Rückgriff auf unbezahlte oder schlecht bezahlte weibliche Arbeitskraft und über die Ausbeutung von Naturverhältnissen entfaltet, nach wie vor Sinn, wie die Ausarbeitung von Klaus Dörre, Martin Ehrlich und Tine Haubner (2014) zur finanzmarktgetriebenen „Landnahme“ und die Anwendung auf das Feld der Sorge beispielhaft zeigt, die sich ebenfalls auf die Arbeiten von Rosa Luxemburg beziehen. Die Gestalt dieser Ausbeutungsform stellt sich aber anders als noch in den 1970er- und 1980er-Jahren dar, was wiederum zu Veränderungen beziehungsweise zu Anpassungen im Nexus zwischen sozialer Ungleichheit, Geschlecht und Ethnie führt. Der Ansatz von Claudia von Werlhof, Maria Mies und Veronika Bennholdt-Thomsen hat die Diskussion über die weltweiten Verknüpfungen zwischen Kapitalismus und Patriarchat in vielerlei Hinsicht entscheidend vorangetrieben. Er ist allerdings theoretisch an einer Reihe von Stellen undifferenziert geblieben, muss noch weiter ausgearbeitet werden und ist somit zur Analyse der gegenwärtigen Entwicklung nur begrenzt hilfreich. Eine zentrale Lücke in der Konzeption, die der Übertragung des Ansatzes auf die aktuelle Situation deutlich Grenzen setzt, ist, dass die nationalstaatliche Ausformung des Geschlechterverhältnisses nicht in die Konzeption aufgenommen wurde, was aber gerade für die Herausbildung industriekapitalistischer Gesellschaften, der Gesellschaftsformationen der Nachkriegszeit und für das Verständnis der Neukonstitution von Ungleichheitsverhältnissen nach Klasse, Geschlecht und Ethnizität in den gegenwärtigen Globalisierungsprozessen von zentraler

Bedeutung ist, wie in den folgenden Überlegungen am Beispiel der Global Care-Chains deutlich werden soll.

7.2 Globalisierter Kapitalismus und Nationalstaaten: Das Beispiel der Care-Chains

Während als Ertrag der staatlich geförderten Bildungsexpansion, gerahmt durch nationalstaatliche gleichstellungspolitische Programme und nicht zuletzt als Auswirkungen der europäischen Politik des Adult-Worker-Modells durchaus Egalisierungstendenzen zwischen den Geschlechtern und Gleichstellungsgewinne von Frauen in einigen industrialisierten Ländern in den letzten Jahrzehnten zu verzeichnen sind, entwickelt sich gleichzeitig ein neu nach Geschlecht, Ethnie und Schicht stratifiziertes Gefüge in einem globalisierten Kontext heraus. Dies lässt sich beispielhaft an dem Prozess verdeutlichen, den Arlie Hochschild (2000) mit dem Begriff der Care-Chains markiert (vgl. dazu auch Lutz/Palenga-Möllenbeck 2011). Helma Lutz und Ewa Palenga-Möllenbeck (2014) arbeiten eine solche Perspektive für die Migrationsprozesse zwischen Deutschland, Polen und der Ukraine weiter aus. Deutlich wird in der Analyse dieser Bewegungen, wie die Nationalstaaten in diese Prozesse hineinwirken, in denen über staatliche Regelungen einerseits Gleichstellungsgewinne erzielt oder ihr Erreichen erschwert, über die andererseits aber Ungleichheitsverhältnisse im globalen Kontext (re-)produziert oder abgemildert werden können. Im Rahmen des Nationalstaats werden zum Beispiel rechtliche Bedingungen gesetzt, die nicht nur wesentlich die Arbeitssituation und die demokratischen Teilhabemöglichkeiten der Migranten wesentlich mitbestimmen, sondern auch die Wanderungsbewegungen zentral mit beeinflussen können, indem Gesetze zum Beispiel mehr oder weniger rigide für unterschiedliche soziale Gruppen formuliert oder mehr oder weniger konsequent angewandt werden. Nationalstaatliche Regulierungen nehmen damit in der Verknüpfung des Verhältnisses von sozialer Ungleichheit, Geschlecht und Ethnizität eine zentrale Stellung ein. Egalisierungstendenzen und Gleichstellungsgewinne einer spezifischen Gruppe von Frauen in einigen industrialisierten Ländern gehen also damit einher, dass Reproduktionsarbeit, wie alle Formen der Hausarbeit, nahezu unverändert geschlechterungleich verteilt wird, was unter Rückgriff auf Klasse, Geschlecht und Ethnie gelingt und was über nationalstaatliche Rahmungen zentral mit hergestellt wird. Demnach schließen häufig Migrantinnen die entstandenen Versorgungslücken in hoch industrialisierten Ländern, indem sie die Sorgearbeit für Kinder und alte Menschen übernehmen, was aber zugleich bedeutet, dass eine Versorgungslücke in ihrer eigenen Familie in den jeweiligen Ländern entsteht. Und Versorgtsein ist wiederum die Voraussetzung für jede Form von gesellschaftlicher und demokratischer Teilhabe, was Joan Tronto (2014) in ihren Arbeiten zu Care, Demokratie und sozialer Ungleichheit ausarbeitet, womit auch deutlich wird, dass gesellschaftliche und demokratische Teilhabe in neuer Weise und über die nationalstaatlichen Grenzen hinweg sehr unterschiedlich möglich und neu verteilt wird. Hoch qualifizierte weiße Mittelschichtfrauen erlangen also Zugang zu Beschäftigungssegmenten in der Erwerbsarbeit, die ihnen eine eigenständige soziale Absicherung im nationalstaatlichen Rahmen in Aussicht stellt und die es ihnen gleichzeitig erlaubt, Reproduktionsarbeiten, wie Haushalts-, Kinderbetreuungs- und Altenpflegehilfe, auszulagern, was ihnen zugleich – zumindest potenziell – mehr Spielräume in der demokratischen Teilhabe eröffnet (vgl. Kap. 2). Nur unter der Bedingung der Umverteilung der Reproduktionsarbeit zwischen Frauen unterschiedlicher sozialer und kultureller Herkunft können Emanzipationsgewinne erzielt werden und so kann es gelingen, dass das Versprechen nach Teilhabe an Erwerbsarbeit unter Einhaltung des Kriteriums einer vollen Verfügbarkeit für Erwerbsarbeit auch von diesen weiblichen Beschäftigten zumindest in mittleren und höheren Positionen eingelöst wird (Aulenbacher/Riegraf 2009). Es gibt eine Reihe von Hinweisen darauf, dass diese Umverteilungsbewegungen nicht nur anhalten werden, sondern zukünftig weiter voranschreiten.

In der einzigen groß angelegten und umfangreichen Untersuchung zu mittel- und osteuropäischen Haushaltshilfen in deutschen Privathaushalten von Andrea Neuhaus, Michael Isfort und Frank Weidner (2009), die bereits von 2008 stammt, wird prognostiziert, dass eine steigende Anzahl von Privathaushalten auf solche Kräfte zurückgreifen wird, um die wachsende Lücke bei der Versorgung von kranken, pflegebedürftigen und/oder hilfsbedürftigen Menschen auffangen zu können, die auch dadurch entsteht, dass eine Versorgung im Rahmen der bisherigen Familienarrangements nicht mehr gewährleistet ist, aber auch keine wohlfahrtsstaatlichen Arrangements die sich abzeichnende Care-Lücke ausfüllen. Die Studie kommt weiter zu dem Ergebnis, dass sich die Anzahl von Privathaushalten, in denen die Haushaltshilfen in der Regel zur Pflege von Angehörigen beschäftigt sind, 2008 auf ca. 145.000 beläuft, mit wachsender Tendenz. Die nahezu ausnahmslos weiblichen Haushaltshilfen aus Mittel- und Osteuropa sind in aller Regel halblegal oder illegal tätig, und selbst wenn sie legal arbeiten, befinden sie sich in jedem Fall in sozial nicht oder kaum abgesicherten Beschäftigungsverhältnissen, was wiederum angesichts der sich auftuenden Care-Krise politisch mehr oder weniger stillschweigend geduldet wird (vgl. hierzu Aulenbacher/Riegraf/Theobald 2014; Metz-Göckel/Riegraf/Theobald 2011; Riegraf/Theobald 2010).

In solchen Prozessen zeichnet sich das Phänomen des 'Dienstmädchens' ab, das nun aber keineswegs neu ist. Es weist auf die patriarchalen Grundpfeiler der globalen Wirtschaftsordnung und Arbeitsteilung hin, die sich historisch verändert haben und auch gegenwärtig erneut eine veränderte Gestalt erhalten: Die Ausbeutungs- und Abhängigkeitsverhältnisse verschieben sich in den industrialisierten Ländern zunehmend vom nationalen auf das internationale Niveau; von einer Klassenfrage hat sich die Dienstmädchenfrage zu einem ethnisch und national differenzierten Phänomen entwickelt (Lutz 2007). In diesem Phänomen des „modernen Dienstmädchens", das mit den skizzierten Migrationsbewegungen verbunden ist, scheint die im Ansatz von Claudia von Werlhof, Maria Mies und Veronika Bennholdt-Thomsen theoretisch noch unzureichend ausgearbeitete Aneignung un- beziehungsweise schlecht bezahlter Arbeit im weltweiten Kontext wieder durch, die sie für das ökonomische Ausbeutungsverhältnis zwischen 'Dritter Welt' und 'Erster Welt', zwischen Produktions- und Reproduktionsarbeit aufgenommen haben, aber nicht als ein Prozess, der sich über die nationalstaatlichen Grenzen hinweg zum Beispiel in Form von grenzüberschreitenden Migrationsbewegungen zeigt.

7.3 Verschiedene Ebenen der Globalisierung

Eine Perspektive, die es erlaubt, Fragen nach Ungleichheit, Geschlecht und Gerechtigkeit im globalen Kontext in anderer Weise aufzunehmen, und die neben den ökonomischen Prozessen zugleich die nationalstaatliche Ebene berücksichtigt, bietet Ilse Lenz (1995,

2007, 2014) an, die seit den 1990er-Jahren immer wieder auf die Dringlichkeit hinweist, die Vergeschlechtlichung von Globalisierungsprozessen genauer zu beleuchten. Ilse Lenz diskutiert den Nexus zwischen vergeschlechtlichter und ethnisierter Vergesellschaftlichung auch auf den Ebenen des Nationalstaates und der Weltordnung. Sie geht zunächst davon aus, dass die Entwicklung der einzelnen Nationalstaaten eng mit der Modernisierung der geschlechtlichen Arbeitsteilung und der Geschlechterverhältnisse verbunden ist. Sie geht weiter davon aus, dass die Herausbildung des Nationalstaates untrennbar mit dem klassischen europäischen Imperialismus und dem Kolonialismus verwoben ist, was bis heute in den gesellschaftlichen Grundstrukturen fortwirkt. So wie eine 'Nationalisierung' der Arbeiterschaft existiere, so gebe es auch ein nationalisiertes Geschlecht, das in der Regel über Naturalisierungen begründet werde. Dies bedeute aber auch, dass das in der Herausbildung der industriekapitalistischen Gesellschaften nationalstaatlich konstituierte Geschlechterverhältnis durch die aktuellen Restrukturierungsprozesse im globalen Kontext ganz grundlegenden Veränderungen unterliege. Die gegenwärtigen Globalisierungsprozesse seien dabei in einer Doppelbewegung zwischen Kontinuität und einem tief greifenden Bruch zum Kolonialismus verfangen. Im Prozess der Globalisierung, der wesentlich durch den entfesselten Finanzkapitalismus vorangetrieben werde, würden durch die Entstehung supranationaler Organisationen auch die Regelungs- und Entscheidungskompetenzen der Nationalstaaten abnehmen und es komme damit zu einer grundlegenden Neuorganisation im Geschlechterverhältnis im nationalen, wie internationalen Kontext. Diese Rücknahme nationalstaatlicher politischer und wirtschaftlicher Regelungs- und Gestaltungsmöglichkeiten geschehe allerdings unter den Vorzeichen einer transnationalen männlichen Hegemonialität (Hearn 2014), die jedoch im Zuge postkolonialer Machtverschiebungen und der Entstehung neuer globaler und regionaler Mächte zunehmend brüchig geworden sind und nun auch Frauen zumindest in begrenztem Umfang inkludieren.

Ilse Lenz unterscheidet in Anlehnung an das Konzept der doppelten Vergesellschaftung von Regina Becker-Schmidt (1987) drei Ebenen der Vergesellschaftung und drei Formen der Globalisierung. Auf der Ebene der Vergesellschaftung differenziert sie nach Familie/Haushalt (Geschlecht), dem Arbeitsmarkt (Klasse und Geschlecht) und dem Nationalstaat (Ethnizität und Geschlecht). Sie unterscheidet schließlich drei verschiedene Ebenen der Globalisierung, nämlich die wirtschaftliche, die politische und die kulturelle Globalisierung, die sich ebenfalls wechselseitig beeinflussen, voneinander abhängen und zugleich „von asymmetrischen Machtbeziehungen geprägt (sind)" (Lenz 2007: 187).

Unter wirtschaftlicher Globalisierung ist aufgenommen, dass den globalen Unternehmen durch die weitere Ausweitung der kapitalistischen Produktionsweise über Ländergrenzen hinweg und durch die Entfesselung der Finanzmärkte (Lenz 2014: 32) neue Expansionsmöglichkeiten zum Beispiel durch die Entstehung weltweiter Produktionsnetzwerke geboten werden. Durch die Auslagerung von Wirtschaftszweigen im Zuge der Globalisierung, wie der Elektro- und Textilindustrie von Deutschland zum Beispiel nach Südostasien und Lateinamerika, die in Deutschland in der Wachstumsphase der 1960er- und 1970er-Jahre ebenfalls expandierten und als typisch 'weibliche' Beschäftigungsbereiche galten, entstanden neue länderübergreifende Machtkonstellationen. In anderen Teilen der Welt konnte sich internationales und regionales Organisationswissen aufbauen, das in Verbindung mit dem sozialen Kapital von Beschäftigtengruppen im von in aller Regel weißen Managern des Nordens dominierten Management wiederum Vorteile für die global agierenden Unternehmen aus den industriekapitalistischen Ländern mit sich brachte. Daraus resultierten Abhängigkeitsverhältnisse und Machtasymmetrien innerhalb der globalen Ökonomie zwischen den westlichen Industriestaaten und den meisten Ländern des Südens (ebd.: 29). In den ausgelagerten Industriezweigen wurden zwar wiederum Frauen beschäftigt, die oftmals ihren Lebensunterhalt durch den gezahlten Lohn allerdings kaum decken können (Lenz 2007: 188f.).

Mit politischer Globalisierung wird der Handlungsrahmen gefasst, durch den sich die Interaktionsmöglichkeiten für die wirtschaftliche Globalisierung erweitern, aber gleichzeitig werden darüber Handlungsbedingungen gesetzt. Gemeint sind supranationale Organisationen, wie die UN, EU, UNO, WTO etc., die auf globaler Ebene versuchen, Schließungsmechanismen über Regulierungen zu beschränken und teilweise zu verhindern, indem zum Beispiel weltweit Kernarbeitsnormen etabliert werden sollen, wozu unter anderem zählen: „Arbeitsrechte im Sinne produktiver und fair entlohnter Arbeit, Sicherheit am Arbeitsplatz und sozialer Schutz für Familien, Freiheit der Meinung und der Organisation sowie (gewisse) Mitbestimmung in der Arbeit und Geschlechtergleichheit" (ebd.: 189). Aus dieser Perspektive vollzieht sich durch die Etablierung solcher Organisationen die politische Globalisierung durchaus in einer, wenn auch brüchigen postkolonialen Konstellation (Lenz 2014: 32), da die supranationalen Bedingungen oftmals den nationalen Arbeitsbedingungen gegenüber oder sogar im Widerspruch zu ihnen stehen. Diese Institutionen haben durchaus das Potenzial, in einer solchen Weise wirksam zu werden, dass sie im Vergleich zum letzten Jahrhundert deutliche Veränderungen innerhalb eines Genderregimes zugunsten von mehr Gleichstellung erwirken können (Lenz 2007: 189ff.). In den Fällen, in denen dies gelingt, ist es nicht zuletzt den Einflüssen und erkämpften Einflussmöglichkeiten einer internationalen Frauenbewegung geschuldet, wie sie sich zum Beispiel auf der Vierten Weltfrauenkonferenz in Peking 1995 gezeigt hat.

Unter kultureller Globalisierung fasst Ilse Lenz Prozesse zusammen, die nicht in der ökonomischen und politischen Globalisierung aufgehen, in denen sich aber Interdependenzen aufgrund von enger werdenden Verständigungs- und Kommunikationsnetzwerken, vor allem zwischen Organisationen, Gewerkschaften, Verbänden und Frauenbewegungen überall auf dem Globus, Diskurse über „Menschen- und Arbeitsrechte, Demokratisierung und Freiheit von Gewalt und Ungleichheit" (ebd.: 190) etablieren und so interkulturelle Austauschformen und eigenständige Zugangsweisen von sozialen Gruppen entwickelt werden. In all diesen Prozessen sind Bündnisse entstanden, Gruppen, die sich zunehmend international organisieren, und es werden Strategien entwickelt, um ein gleiches Verhältnis der Arbeit zu schaffen, wodurch sowohl ein transnationales Bewusstsein und universal geteilte Normen und Werte hinsichtlich der Arbeit als auch internationale Diskurse und intelligente Netzwerke entstehen (ebd.: 191).

Die analytische Trennung der verschiedenen Ebenen der Globalisierungsprozesse von Ilse Lenz erlaubt es, gleichgerichtete und gegenläufige Prozesse im Verhältnis von Ungleichheit und Geschlecht in ihrem Zusammenspiel auf und zwischen den einzelnen Ebenen zu unterscheiden. Gleichzeitig wird in der Ausarbeitung auch der Stellenwert des Nationalstaates in den Globalisierungsprozessen deutlich. Was nun die Rücknahme von nationalstaatlichen Regelungs- und Einflussmöglichkeiten und die Ausweitung der supranationalen Organisationen im Zuge der Globalisierung für die

Diskussion von Gerechtigkeit bedeuten kann, soll im Folgenden gezeigt werden.

7.4 Globalisierung und Gerechtigkeit

In ihren Überlegungen zur Herstellung von Gerechtigkeit angesichts zunehmend globaler Verflechtungen wählt Nancy Fraser die Feststellung zum Ausgangspunkt, dass sich die bisherigen Gerechtigkeitsdiskurse über den Stellenwert von materieller Umverteilung und/oder nach rechtlicher und kultureller Anerkennung sowie politischer Partizipation (Kap. 4) im Wesentlichen und mehr oder weniger explizit innerhalb des Rahmens der nationalstaatlich organisierten 'keynesianischen' Wohlfahrtsstaaten der 'Ersten Welt' bewegen. Angesichts einer zunehmend globalisierten Ordnung und angesichts von gesellschaftlichen Prozessen, im Zuge derer große transnationale Kapitalflüsse dazu führen, dass die souveränen Nationalstaaten an Einfluss auf gesellschaftliche und politische Prozesse verlieren und die nationalstaatlichen Steuerungsmöglichkeiten beschnitten werden, sei dies nicht mehr zeitgemäß. In der Gerechtigkeitsdebatte ist es damit angesichts von Neufigurationen von Ungleichheiten nicht oder zumindest nur ansatzweise und noch nicht wirklich überzeugend gelungen, die „Denkweisen hervorzubringen, die eine neue transnationale Welt reflektieren" (Beck 2003: 26).

Nancy Fraser zeigt in einem nächsten Schritt die Konsequenzen auf, die es nach sich zieht, wenn der Rahmen und der dominante Diskurs über Gerechtigkeit mit der zunehmenden Globalisierung infrage gestellt wird: Die bisherigen Konzeptionen beziehen sich darauf, dass Staatsbürger und -bürgerinnen (das Wer der Gerechtigkeit) über Verteilungsungleichheit (das Was von Gerechtigkeit) entscheiden und dass diese Auseinandersetzung und die Durchsetzung ihrer Ergebnisse im Rahmen des Nationalstaates (das Wie der Gerechtigkeit) institutionalisiert sind (Fraser 2008/2005: 85). Im Zuge der sozialen, wirtschaftlichen und politischen Globalisierungen stellt sich in zunehmendem Maße aber nun die Frage danach, wer eigentlich zu der Gruppe derer gehört, unter denen Gerechtigkeit herzustellen ist (das Wer von Gerechtigkeit). Wenn nämlich nationalstaatliche Handlungsspielräume abnehmen und immer mehr Menschen über internationale Organisationen wie die UN Rechte erhalten und immer mehr Menschen von Entscheidungen betroffen sind, die jenseits nationalstaatlicher Grenzen getroffen werden, etwa von supranationalen Institutionen oder multinationalen Konzernen, so muss neu geklärt werden, wer eigentlich zu der Gruppe derjenigen gehört, unter denen Gerechtigkeit herzustellen ist, denn das bisherige Kriterium der Staatsbürgerschaft greift dann in vielen Fragen zu kurz.

Die derzeitig sich formierenden Social Justice Movements und Emanzipationsbewegungen, wie *Occupy Wall Street* oder die derzeitigen Proteste in Griechenland, die nach Nancy Fraser vehement ein Mitspracherecht einfordern (ebd.: 101f.), verweisen darüber zugleich auf eine Ungerechtigkeit, die sie als „meta-politische Fehlrepräsentation" bezeichnet:

> Zur meta-politischen Fehlrepräsentation kommt es, wenn Staaten und transnationale Eliten den Vorgang des Rahmensetzens monopolisieren, denjenigen die Stimme verweigern, die dabei zu Schaden kommen können und die Schaffung demokratischer Arenen blockieren, in denen deren Forderungen überprüft und befriedigt werden können. Sie hat zur Folge, dass die überwiegende Mehrheit der Menschen von der Teilnahme an jenen Meta-Diskursen ausgeschlossen sind, welche die verbindliche Aufteilung des politischen Raumes festlegen. (ebd.)

Durch die Forderung nach politischer Teilhabe jenseits des nationalstaatlichen Kontextes wird also die Frage virulent, wie eine solche Teilhabe zu organisieren ist. Wie und durch welche Institutionen und Prozeduren kann Gerechtigkeit in einem Weltsystem hergestellt werden? Dieses Problem ist, so Nancy Fraser, allerdings bislang noch ungelöst. Nancy Fraser zeigt aber auch, dass unter den gegenwärtigen Bedingungen Gerechtigkeit nur noch unter Einschluss der Dimension politischer Repräsentation gedacht werden kann. Sie begründet außerdem, wie eine entsprechende Theorie demokratischer Gerechtigkeit zu entwickeln sei, nämlich nicht wie bisher „monologisch" durch Gerechtigkeitstheoretiker und -theoretikerinnen allein, sondern im Dialog zwischen Theoretiker_innen und dem Demos (ebd.: 102ff.). Damit wird das Volk (Demos) an der Entwicklung der Gerechtigkeitstheorie und an der Umsetzung beteiligt. Wie dies im weltweiten Kontext aussehen kann, bleibt allerdings unklar. Vor dem Hintergrund der Analysen über den Zusammenhang von globalisiertem Kapitalismus und dem Geschlechterverhältnis in diesem Kapitel ist allerdings zu befürchten, dass Geschlecht in diese Prozesse im weltweiten Kontext in einer solchen Weise eingeflochten ist, dass zumindest nicht alle Geschlechter in gleicher Weise werden teilhaben können, weil einige mit Care-Anforderungen zu sehr belastet sind.

C
Gesellschaft in Bewegung: Gelebter Kapitalismus und umkämpfter Wandel

8 Gesellschaftliche Transformationen: Praxistheorien und Epistemologien

Susanne Völker

Der global dominierende Kapitalismus ist nicht nur ein den Einzelnen äußerlicher, gleichsam von ihm_ihr unabhängiger Strukturzusammenhang; Kapitalismus ist historisch geworden *und* wird aktuell praktiziert, er bringt Gegenwart hervor *und* wird gegenwärtig hervorgebracht in spezifischen Wirtschafts- und Sozialsystemen, in Selbst- und Weltverhältnissen und -praktiken. Kritische Auseinandersetzungen mit den Herrschaftskonstellationen und Regierungsweisen zeitgenössischer, kapitalistisch-marktwirtschaftlich organisierter Gesellschaften haben die Verflochtenheit unterschiedlicher Ordnungen wie etwa Wirtschafts-, Sozial- und Geschlechterordnungen zum Gegenstand – und zwar nicht nur als historisch gewordene und damit immer schon seiende gesellschaftliche Totalität, die auf alles und jede_n zugreift, sondern auch als emergierende Ordnung, die von Öffnungen, Mehrdeutigkeiten, Ungeschiedenem mitbestimmt und verändert wird. Die ökologisch-ökonomisch-soziale Ordnung ist also – das ist die Perspektive des folgenden Buchabschnitts – nicht allein eine Frage historisch verfestigter Gewordenheit, sondern *auch* eine der Herstellung in der Gegenwart. Was ist die Bedingung für Sozialität, für soziale Zusammenhänge und Reproduktion, wie geschieht soziale Einbindung, was ermöglicht Transformationen? In einer eher klassischen soziologischen Perspektive geht es dabei um das Verhältnis unterschiedener Dimensionen des Sozialen, die sich als Entitäten gegenüberstehen und wechselseitig bedingen: um das Verhältnis von Akteur_innen und Strukturen, von Individuen und Institutionen. Eine stärker relationale Perspektive betont dagegen gerade die Überwindung dieser dualistischen Sicht und stellt nicht die Beschaffenheit unterschiedlicher Entitäten, sondern das Prozesshafte und Unabgeschlossene von 'Sozia(bi)lität' ins Zentrum der Betrachtung. Im Zusammenhang dieser epistemologischen und methodologischen Problematisierung haben praxistheoretische Zugänge an Bedeutung gewonnen. Wenngleich umstritten ist, ob es sich bei dem *practice turn* um eine paradigmatische Zäsur (bspw.

Reckwitz 2008: 97ff.; Schmidt 2012: 28ff.) oder eher um eine veränderte Akzentuierung der Komplexität des 'Sozialen' handelt, die schon bei soziologischen Klassikern angelegt sei (Bongaerts 2007), markieren praxistheoretische Überlegungen Verschiebungen in den Sozial- und Kulturwissenschaften insbesondere seit den 1990er-Jahren. Dabei wird mit der Fokussierung der praktischen/situativen/relationalen Generierung von Sozia(bi)lität auf unterschiedliche Theoriestränge rekurriert, die großteils ebenfalls in den Gender Studies entwickelt und aufgegriffen wurden.

In der hier vorgeschlagenen Lesart einer praxeologischen Betrachtung sozialer Gefüge der Gegenwart und seiner Transformationen werden unterschiedliche Theoriestränge und disziplinäre Felder zueinander in Beziehungen gesetzt und bisweilen miteinander verknüpft. Zentraler Impulsgeber für praxistheoretische Ansätze der jüngeren Vergangenheit sind die Überlegungen des Kultursoziologen Pierre Bourdieu zu einer Theorie der Praxis seit den 1970er-Jahren. Parallel und zum Teil in kritischer Auseinandersetzung mit Bourdieu legte der Soziologe und Kulturhistoriker Michel de Certeau seine Texte zur *Kunst des Handelns* (dt. 1988) vor, die sich mit der Kreativität und der nichtautonomen Widerständigkeit von Alltagspraktiken beschäftigen. Sowohl Pierre Bourdieu als auch Michel de Certeau brechen in ihren Vorstellungen von Praxis als unbewußtem, körperlichem, mehr oder weniger gewohnheitsmäßigem Agieren mit jenen handlungstheoretischen Ansätzen, die die Intentionalität von Handeln betonen. Für Michel de Certeau geht es vor allem um den Alltag als macht- und herrschaftsdurchzogenem Austragungsort von Praktiken. Er richtet hierbei sein Interesse auf das 'Wildern', auf die Verschiebungen und das Neue in den Hervorbringungen des Alltäglichen als explizit gesellschaftskritische Forschungsperspektive. Wenige Jahre zuvor haben zudem interaktionistische (Goffman 1976, 1977, 1994, 2003/1959) und ethnomethodologische Ansätze (Garfinkel 1967) und daran anknüpfende Perspektivierungen in der Geschlechterforschung (Kessler/McKenna 1978; West/Zimmerman 1987) alltägliche Herstellungsprozesse von Geschlecht (*doing gender*) als Teil einer an sozialen Praktiken orientierten Analyse gesellschaftlichen Handelns beforscht. Deren Reichweite ist, was ihre Aussagekraft im Hinblick auf gesellschaftliche Formationen und Makrostruktur(ierung)en betrifft, umstritten (vgl. zur deutschsprachigen Rezeption Becker-Schmidt/Knapp 2000; Villa 2000; Aulenbacher/Meuser/Riegraf 2010; Reuter 2011). Während in dieser Debatte zentral die Differenzierung und wechselseitige Abgrenzung unterschiedlicher *Ebenen* des Gesellschaftlichen relevant gemacht wird, rückt die folgende Darstellung der analytischen Potenziale praxistheoretischer Ansätze stärker die *Dynamiken* des Sozialen zwischen Unbestimmtheit/Offenheit und Bestimmtheit/Differenz in den Mittelpunkt. Sie liegen quer zu Mikro/Makro-Rastern und weisen epistemologisch über disziplinär eindeutig verortete, soziologische Ansätze hinaus. So werden seit den 1990er-Jahren praxistheoretische Fragen der Verflechtung von *Sozialem* und *Materie* und einer radikal erweiterten Konzeptionierung von Handlungsfähigkeit vonseiten der *Queer Theory* (vgl. Butler 1995, 2009a, 2010a; Butler/Athanasiou 2014), des *Material Feminism* (Alaimo/Hekman 2008) und der feministischen *Science and Technology Studies* (sehr früh Haraway 1995a, engl. 1984; Barad 2007, 2012a, 2014; Bath et al. 2013b; Lykke 2013) und nicht zuletzt der *Affekttheorie* (Massumi 2010) in einem erweiterten, transdisziplinären Feld der Wissensproduktion verhandelt.

Ausgangspunkt für die hier vorgelegte praxistheoretische Positionierung ist zunächst (Kap. 8.1) die Bourdieu'sche Praxeologie, das heißt die Frage danach, was Praxis in ihrer spezifischen Logik ausmacht und was eine praxeologische Soziologie problematisiert. Im Anschluss (Kap. 8.2) wird der Blick daraufhin geweitet, wie durch die Hervorbringung des Alltäglichen und Körperlichen 'Gesellschaft' und 'Ordnung' gemacht werden und welche Konsequenzen dies für Möglichkeiten von Kritik und Widerstand hat. Abschließend (Kap. 8.3) werden in die Analyse des relationalen Ereignens von 'Welt' aktuelle inter- und transdisziplinäre, überwiegend feministische Diskurse einbezogen, die nicht nur die Grenzziehungen zwischen den wissenschaftlichen Disziplinen (zur Gesellschaftsanalyse und Kapitalismuskritik), sondern jene zwischen Menschlichem und Nicht-Menschlichem, zwischen Akteur_innen und Materie, zwischen Affekt und Politik in Zweifel ziehen und so praxistheoretische Ansätze auf unterschiedliche Weisen erweitern.

8.1 Gewohnheit, Unschärfe, Unbestimmtheit – praxeologische Perspektiven

In seinem Gesamtwerk hat Pierre Bourdieu empirisch und theoretisch eine praxeologisch orientierte reflexive Anthropologie entfaltet. Sein immer wieder entwickelter Ausgangspunkt ist die Frage nach dem praxeologischen Erkenntnisprozess und nach der Eigentümlichkeit der Praxis.

8.1.1 Die praxeologische Erkenntnisweise: Privileg versus Pluralität

Pierre Bourdieu geht es zentral darum, die gängige dualistische Gegenüberstellung von objektiven Strukturen und Subjekten und die Privilegierung der jeweils einen oder anderen Seite zu überwinden. Dagegen setzt er seine *praxeologische Forschungs- und Theoriestrategie als Erkenntnisweise.* Sie zeichnet sich durch einen zweifachen Bruch aus: einen ersten theoretisierenden, *epistemologischen Bruch* mit dem *Subjektivismus* (verstanden als „Illusion der Transparenz" [Bourdieu/Chamboredon/Passeron 1991: 17] und der *Kontinuität* zwischen Alltagshandeln und *theoretischer* Erkenntnis) und einen zweiten *praxeologischen Bruch* mit den Annahmen des *Objektivismus* (gemeint ist dessen Annahme einer schroffen, hierarchisch angeordneten Diskontinuität zwischen wissenschaftlicher und praktischer Erkenntnis) durch Wiedereinbeziehung der Primärerfahrungen der Akteur_innen auf 'objektivierter Ebene'.

Diese praxeologische Ausrichtung ist verbunden mit einer ambivalenten Position zur wissenschaftlichen Erkenntnisweise. *Zum einen* legt Pierre Bourdieu die mit den Verkennungen der „scholastischen Sicht" (vgl. etwa Bourdieu 2001: 166, 177, 182) unbeachteten epistemischen, also erkenntnistheoretischen Voreingenommenheiten offen. So drohe wissenschaftliches Denken die privilegierten Voraussetzungen der platonischen *skholè* als einer „von allen Zwängen dieser Welt befreiten Zeit, die eine freie, befreite Beziehung zu diesen Zwängen und zur Welt ermöglicht" (ebd.: 7; vgl. auch Hark 2009), zu übersehen. Die wissenschaftliche Perspektive verwechsle demnach die eigene theoretische, synoptische Außensicht-Konstruktion der Welt mit dem *praktischen* Lauf des alltäglichen Vollzugs (der Logik *in actu*, vgl. Bourdieu 2001: 182). Die Praxis der wissenschaftlichen Logik mit der Logik der Praxis kurzzuschließen, hieße entsprechend die eigene Positioniertheit (als Wissenschaftler_in) zu vernachlässigen und die damit verbundenen spezifischen Erkenntnismittel nicht zum Erkenntnisgegenstand zu machen. Dagegen tritt Pierre Bourdieu mit dem Gewärtigen unterschiedlicher Wissensproduktionen sowie möglicher intellektualistischer Verzerrungen (*scholastic fallacy*) für eine *Dezentrierung des wissenschaftlichen Subjekts als notwendig kollektiven Reflexionsakt* ein (ebd.: 263f.).

Zum anderen nimmt Pierre Bourdieu damit keineswegs konsequent Abstand vom privilegierten Status wissenschaftlicher Erkenntnis. Wolle man gesellschaftliche Prozesse verstehen, müsse man die *spezifische Logik der Praxis* der handelnden Akteur_innen rekonstruieren, denn ihr Handeln halte 'objektive' Strukturen am Leben, verändere sie, ignoriere sie oder stelle sie infrage. Diese praktische Logik gelte es mittels wissenschaftlicher Kategorien und Instrumente zu objektivieren. Pierre Bourdieu hält dabei an den Sozialwissenschaften als aufklärerischer, emanzipativer und privilegierter Wissenspraxis fest (ebd.: 264).

Ein anderes Verständnis von Situiertheit und Objektivität findet sich in der feministischen Wissenschaftskritik, wie sie etwa Donna Haraway vorgebracht hat. Wissenschaftliche Erkenntnispraxis setzt hier nicht wie bei Pierre Bourdieu auf einen Prozess der Objektivierung, der die Verortung sozialer Praktiken reflexiv an deren Bezug zum (bekannten, theoretisch konstruierten) 'Strukturzusammenhang' der kapitalistischen Gesellschaft oder eines spezifischen Feldes des gesellschaftlichen Raums ausrichtet. Damit fungiere nämlich die Epistemologie weiterhin als *Maßstab und (Ein-)Ordnungsmuster*. Die von Haraway vorgeschlagene Situierung von Wissen setzt gerade auf das *Hineinbegeben und Intensivieren von Partialität* und plädiert für ein solchermaßen situiertes und plurales Verständnis von Wissensproduktionen, das Epistemologien – also die (historisch spezifische) Produktion von als wissenschaftlich anerkanntem Wissen – von Ontologien (d.h. von den Dynamiken des Seienden, Stofflichen, Materialen) verändern lässt und umgekehrt.

> Unsere Suche nach Partialität ist kein Selbstzweck, sondern handelt von Verbindungen und unerwarteten Eröffnungen, die durch situiertes Wissen möglich werden. Einen spezifischen Ort einzunehmen, ist der einzige Weg zu einer umfangreicheren Vision. Die Wissenschaftsfrage im Feminismus zielt auf Objektivität als positionierte Rationalität. Ihre Bilder sind kein Produkt einer Flucht vor und der Transzendenz von Grenzen, das heißt eines Blicks von oben herab, sondern der Verknüpfung partialer Sichtweisen und innehaltender Stimmen zu einer kollektiven Subjektposition, die eine Vision der Möglichkeiten einer fortgesetzten, endlichen Verkörperung und von einem Leben in Grenzen und in Wi-

derspüchen verspricht, das heißt von Sichtweisen, die einen Ort haben. (Haraway 1995b: 91)

Der Begriff der Situierung bezieht sich dabei weniger darauf, die Reichweite von Wissen zu begrenzen, indem ihm die Eindeutigkeit eines Ortes zugewiesen und es solchermaßen 'transparent' gemacht wird. Vielmehr gehe es darum, die Praktiken der Wissensgenerierung auf ihre relationale, sich ereignende Partialität hin zu öffnen, für die Partialität empfänglich zu sein, diese epistem-onto-logisch generativ zu machen. (Sozial-)wissenschaftliche Wissen sind dann singuläre Praktiken neben und 'auf Augenhöhe' mit anderen pluralen (Be-)Deutungs- und Seinspraktiken.

8.1.2 Die Eigentümlichkeit der Praxis

Das Soziale – so schreibt Pierre Bourdieu angesichts der gravierenden Wandlungsprozesse in westlichen Industriegesellschaften um die Jahrtausendwende – sei doppelt ungewiss:

> *a parte obiecti*, vonseiten der Welt, deren Sinn mehrere Deutungen zulässt, weil sie offen bleibt wie die Zukunft, von der sie abhängt; *a parte subiecti*, vonseiten der Akteure, deren Sinn für das Spiel in unterschiedlicher Weise ausgedrückt werden oder sich ausdrücken oder sich in unterschiedlichen Ausdrucksweisen wieder erkennen kann. Auf diesem Freiheitsspielraum beruht die Autonomie der Kämpfe, die sich auf den Sinn der sozialen Welt beziehen, auf seine Bedeutung und Orientierung, sein Werden, seine Zukunft [...] (2001: 302, Hervorh.i.O.)

Wer und was diesen „Freiheitsspielraum" gestaltet, auf welche Arten und mittels welcher Praktiken, ist hinsichtlich der zweiten 'ungewissen Stelle' der (menschlichen) Akteur_innen wesentlich durch den *Habitus* figuriert, durch seine soziale Herkunft, seine Prägung durch Primärerfahrungen und die spezifischen biografischen Konstellationen (von denen Pierre Bourdieu allerdings weitgehend absieht, vgl. Bourdieu 1986). Der Habitus als System lebendiger Wahrnehmungs-, Deutungs- und Klassifikationsschemata steht für die nicht ableitungslogische, kreative Vermittlung zwischen den gesellschaftlichen Strukturen sozialer Ungleichheit und den praktischen Ver- und Bearbeitungen, den Hervorbringungen des Sozialen durch die Akteur_innen. Irene Dölling und Beate Krais (2007) haben auf diesen gesellschaftsanalytischen und -kritischen Gehalt der Bourdieu'schen Soziologie und insbesondere des Habitus-Raum-Konzepts für die Geschlechterforschung hingewiesen. Gerade der Habitus ermögliche, Dimensionen sozialer

Ungleichheit, wie sie in der Intersektionalitätsforschung thematisiert würden, in ihrer Verwobenheit, ihren Vermengungen und Überlagerungen, in ihrer alltäglichen Untrennbarkeit zu fassen und zu rekonstruieren. Denn: „'Intersektionalität' existiert praktisch, das heißt im Handeln der Individuen, und Bourdieus Soziologie der Praxis, die Individuum und Gesellschaft als zwei Seiten ein und derselben Medaille begreift, eröffnet hierzu einen systematischen Zugang" (ebd.: 20). Der Habitus bringt jedoch nicht einfach seine Dispositionen ausführenden Praktiken hervor, als lebendiges Generierungsprinzip schlummern in ihm ungelebte, unartikulierte Wünsche und Begehren, die in veränderten Konstellationen angesprochen werden (vgl. Bourdieu 1993: 167 Fn.). Ihm inhärent sind also Potenziale einer „konditionierten und bedingten Freiheit" (vgl. ebd.: 103), die Neues oder neue Figurationen von Bekanntem ermöglichen.

Die Logik der alltäglichen Praxis ist *temporal*; sie ist eingebettet in einen zeitlich-räumlichen Vollzug, der ihr Dringlichkeit und Dynamik verleiht, Abstandnehmen unmöglich macht und stattdessen auf erworbene, internalisierte Gewohnheiten setzen lässt. Praxis bringt Zeit hervor, (soziale) Zeit existiert nicht unabhängig von den Praktiken, die *im* Tun Zeit und Situativität schaffen und entfalten. Während also *vergangenheitsbezogene* und eingeübte Techniken und Stellungnahmen, Gewohnheiten und Routinen als Ausdruck erworbener, habitualisierter Handlungsmuster in die Praxis einfließen, ist die Praxis zugleich unbedingt der *Gegenwart* zugetan, ausgesetzt und 'macht' Zeit.

Praxis ist *körperlich* und erschöpft sich nicht in Kognitionen und Klassifikationen und sie ist *materiell* (vgl. auch Schmidt 2012: 51ff.). Die Körperlichkeit der praktischen Logik bezieht sich eben gerade nicht auf intentionales Handeln, sondern auf das körperliche Agieren, auf das Abgestimmt-Sein mit der und Involviert-Sein in die Welt, auf Resonanz und Dissonanz. Pierre Bourdieu spricht von einer „körperlichen Erkenntnis", die „ein praktisches Erfassen der Welt sichert" (ebd.: 174). Es ist ein Verstehen, das eine materiell-körperliche Existenz hat und praktische, körperliche 'Reflexivität' ermöglicht. Diese praktische Reflexivität tritt insbesondere in Situationen der Nichtübereinstimmung und Dissonanz hervor:

> Der Habitus kennt das Misslingen. Er kennt kritische Momente des Missverhältnisses und Missklangs. Die Beziehung unmittelbarer Angemessenheit ist suspendiert, ein Augenblick des Zögerns kann eine Form

> von Nachdenken hervorrufen, die nichts mit dem eines scholasti[illegible] Denkers zu tun hat und die über angedeutete Körperbewegungen (etw[illegible] die, mit der ein Tennisspieler einen misslungenen Schlag wiederholt, um durch einen Blick oder eine Geste den Effekt dieser Bewegung oder den Unterschied zwischen ihr und derjenigen zu prüfen, die es auszuführen galt) der Praxis zugewandt bleibt und nicht demjenigen, der sie vollführt. (Bourdieu 2001: 208)

Es geht um körperliche 'Wissensbestände', um befähigte Körper (*skilled bodies*), die mit den Dingen und den Gegebenheiten praktische Beziehungen eingehen und Relationen schaffen. In Anschluss an Pierre Bourdieu geht Robert Schmidt auf die Verwobenheit des Körperlichen der praktischen Logik mit dem Materialen, Stofflichen ein. Artefakte werden in körperliche Praxen eingebunden und zugleich gehen von den Dingen ganz 'handfeste' Anforderungen (Affordanzen), „Angebote und Effekte" (Schmidt 2012: 67) an die Körper aus. Dinge 'machen' Körper? Robert Schmidt stimmt mit Pierre Bourdieu überein, dass den Artefakten kein 'eigener' Handlungsstatus zukommt. Nicht nur in der Akteur-Netzwerk-Theorie Bruno Latours, auch in Diskursen des *Material Feminism* und der feministischen *Science and Technology Studies* wird dies anders gesehen. Artefakte als Hergestelltes mit Aufforderungscharakter sind nicht von ihrem Zweck, ihrem 'Sinn' bestimmt; sie sind wirksam in den jeweils sich ereignenden Konstellationen und Relationen. Die Hinwendung der Praxis zur Welt und zu den Gegenständen ist konfrontiert mit Eigendynamiken der materialen Relationen und mit Hervorbringungen, die sich nicht antizipieren, festlegen und beherrschen lassen – „The world kicks back", schreibt die Physikerin und Philosophin Karen Barad (2007: 215).

8.1.3 Von der Unschärfe zur Unbestimmtheit

(Alltägliche) Praktiken sind symbolisch – das heißt, sie werden komponiert mittels der Deutungs- und Klassifikationsschemata des Habitus – *und* materiell, körperlich-stofflich. Die 'Eigenarten' dieser Stofflichkeit gehen in die Praktiken ein, bringen sie mit hervor. Aus der Involviertheit der Praxis in die sozialen und stofflichen Prozesse folgt, dass Praxis nicht deckungsgleich ist mit dem Habitus und seinen Wahrnehmungs-, Deutungs- und Klassifikationsschemata. Praxis ist vielmehr die Art und Weise des aktuellen In-der-Welt-Seins, insofern die *praktische Logik* in den relationalen Dynamiken der 'Welt' stattfindet. Ihre 'Interpretationen' des Laufs der Dinge sind körperlich-praktisch, räumlich-zeitlich und im Unterschied zur häufig monoepistemischen[1] wissenschaftlichen Logik hybrid, nicht *einer* Epistemologie, *einer* Erkenntnisweise oder Wissensform und auch nicht *einer* Ontologie geschuldet. Die *wissenschaftliche Logik* dagegen – vom Handlungsdruck, von der Notwendigkeit des Anschließens und des glücklichen Herstellens von Zusammenhängen/von 'Sozialem' entlastet – ist um Klarheit, Unterscheidung und Trennschärfe der Begriffe, kurz um eindeutige Klassifikation und Abgrenzung, um 'Wahrheitsproduktion' und ein solchermaßen autorisiertes Sprechen bemüht. Die eigentümliche verschwommene Logik der Praxis, ihre Unschärfe und Polysemie, die Verknüpfung von Differentem, Bindung und Vernetzung ermöglicht, hat Pierre Bourdieu als „praktische Substituierbarkeit" (1993: 172) bezeichnet. Durch den Mechanismus der Analogiebildung im Ungefähren wird dem praktischen Handeln Schlüssigkeit, Plausibilität und Anschlussfähigkeit verliehen (ebd.).

Pierre Bourdieus Perspektive auf die praktische Logik bearbeitet resümierend zwei Fragestellungen: (1) Wie wird das Soziale als Zusammenhang *hergestellt* und (2) wie wird Gesellschaft, werden gesellschaftliche Ungleichheiten praktisch *in actu reproduziert*? Auf beide Fragen gibt die Verschwommenheit der Praxis, wie sie Pierre Bourdieu versteht, eine (vorläufige) Antwort. Die praktische Logik der Unschärfe ermöglicht Verbindungen von sehr unterschiedlichen soziokulturellen Positionierungen und damit das Glücken sozialer Zusammenhänge. Und sie versammelt und integriert Differentes unter dem Dach einer 'legitimen', symbolischen Ordnung, die die klassifikatorischen Unschärfen vereindeutigt und dominiert. Insofern hat die Unschärfe bindende und Herrschaft reproduzierende Kraft.

Eine sich – im Anschluss an Pierre Bourdieu – als *praxeologisch* verstehende Soziologie zeichnet aber auch aus, dass sie die Wirksamkeit geschichtlich bedingter und verfestigter Strukturen stärker in einer Perspektive des Prozesshaften, des Agierens *werdender Strukturen oder Akteur_innen* betrachtet. Damit sind die bedingten Strukturen nicht nur 'berührt' von dem Ereignen des Sozialen in einem vermeintlich festen und eindeutigen Rahmen – die Strukturen selbst

1 *Monoepistemisch* meint hier, dass die wissenschaftliche Logik (im Gegensatz zur praktischen Logik) häufig *einer* kohärenten, totalisierenden erkenntnistheoretischen Perspektive verpflichtet ist.

werden zum Prozess ihrer immer wieder aktuellen Herstellung hin geöffnet. Diesem Punkt wird der Bourdieu'sche Begriff der Unschärfe allerdings nicht ganz gerecht. Denn Unschärfe meint eher die Opazität des bereits Bestehenden und unterschätzt das nicht kontrollierbare Ereignen und den Belang des praktischen Hervorbringens und *Werdens*. Denn die Dynamik des (durchaus auch unfreiwilligen, erzwungenen) Herstellens von Relationen durch die sich in den Relationen generierenden Akteur_innen ist eine der *Unbestimmtheit* (vgl. Völker 2013c) und nicht der Unschärfe. Die soziale Kreativität und Situativität dieses praktischen Anschließens und Einbindens geht über die klassifikatorische Unschärfe der Bourdieu'schen Praxeologie hinaus. Komplexe Phänomene sind nicht einfach unscharf, sondern in beweglichen Relationen des Überlappens, Ineinanderübergehens, Abstoßens, in ihrem Interferieren immer wieder unbestimmt – um dann in Raum-Zeit-Gefügen konkret bestimmt, differenziert und formiert zu sein und wieder erneut in praktischen Vollzügen der temporären Unbestimmtheit anheimzufallen.

8.2 Alltag als Gegenstand von Gesellschaftskritik

Dass Gesellschaft nicht vornehmlich als makrostrukturelle Totalität verstehbar ist, die gar *einer* eindeutig identifizierbaren Dynamik unterliegt, zeigt sich in den höchst unterschiedlichen – in der Formulierung Donna Haraways: *materiell-semiotischen* (d.h. stofflichen *und* zeichenhaften, bedeutungsgenerierenden) – Praktiken, die an dem Herstellen des Sozialen teilhaben. Das Bourdieu'sche Verständnis von Gesellschaft bietet einen Ansatz für ein solch komplexes Bild, wie Loïc Wacquant pointiert zusammenfasst:

> [Bourdieus] Meinung nach bildet eine differenzierte Gesellschaft keine einheitliche durch Systemfunktionen oder eine globale Autorität integrierte Totalität, sondern ein Ensemble von relativ autonomen Spiel-Räumen, die sich nicht unter eine einzige gesellschaftliche Logik, ob Kapitalismus, Moderne oder Postmoderne, subsumieren lassen. (Wacquant 1996: 37)

Der Bourdieu'sche Soziale Raum setzt sich nicht nur aus relativ autonomen Feldern mit spezifischen, mehr oder weniger institutionalisierten Spielregeln zusammen. In ihm wird den Praktiken der Akteur_innen stärkere Relevanz eingeräumt. Es sind die Kämpfe um Positionen, Anerkennung und Teilhabe zwischen den Spieler_innen in den jeweiligen Feldern, ihr mehr oder weniger ausgeprägter Sinn für das Spiel, ihre affirmativen und/oder häretischen Stellungnahmen, die die Gesellschaft lebendig halten. Dabei ist das Spiel mehr als die Befolgung seiner Spielregeln. Es geht um das Gespür für das Spiel in der Hervorbringung spezifischen Raum-Zeit-Gefüges. Robert Schmidt (2012: 41ff.) zeigt am Fußballspiel, dass dies mehr ist als das Handeln von elf Einzelpersonen und deren Addition, sondern mit Bezug auf Norbert Elias' Figurationsbegriff ein *Zusammenwirken der verschiedenen Trägerschaften*, ein verkörpertes Können und intuitives Antizipieren in einem Miteinander-verwoben-Sein, eine „kooperative Verflochtenheit" (ebd.: 38). Der Spielbegriff weist damit die „ontologisierende Gegenüberstellung von Struktur und Praxis" (ebd.: 40) zurück; Figurationen liegen zudem quer zur Mikro- und Makroebene und stellen Interaktionen und Interdependenzen in den Mittelpunkt (ebd.: 43).

Ein zentraler Schauplatz des Spiels und der symbolischen und materiell-körperlichen Praktiken ist das unspektakuläre Terrain des Alltags, dessen soziale Dynamik in kultur- und sozialwissenschaftlichen Ansätzen sehr unterschiedlich akzentuiert wird. Das 'Alltagsgeschäft' gilt zum einen als Ort der unwillkürlichen und unbewussten Bestätigung, Bekräftigung und Reproduktion soziokultureller Ordnung. Zugleich bieten jedoch die Praktiken des Alltags, weil sie immer konkrete Momente und Gefüge mit hervorbringen, einen Raum der Nicht-Reproduktion und der partialen, flüchtigen Öffnung (vgl. Trinkaus/Völker 2015).

8.2.1 In fremdem Terrain – Taktiken und Finten

In kritischer Auseinandersetzung mit Michel Foucault und Pierre Bourdieu hat Michel de Certeau bereits zu Beginn der 1980er-Jahre auf diesem nichtreproduktiven, gegenüber der herrschenden Ordnung subversiven Charakter der Alltagspraktiken bestanden. Gegen die Foucault'sche Gesellschaftsanalyse wendet er ein:

> Wenn es richtig ist, dass das Raster der 'Überwachung' sich überall ausweitet und verschärft, dann ist es um so notwendiger, zu untersuchen, wie es einer ganzen Gesellschaft gelingt, sich nicht darauf reduzieren zu lassen: welche populären (wenn auch 'verschwindend kleinen', alltäglichen) Praktiken spielen mit den Mechanismen der Disziplinierung und passen sich ihnen nur an, um sie gegen sich selbst zu wenden; [...] (de Certeau 1988: 16)

Gegen Pierre Bourdieu führt er an, dass dessen Fokussierung auf die *Genese* des Habitus als *Modus operandi* von Praxis diesen zu

einer starren Einschreibefläche ohne 'Eigenbewegung' r
Habitus sei daher „der Ort, an dem sich die Strukture
ben, der Marmor, in den die Geschichte gemeißelt v
124; vgl. auch Reuter/Lengersdorf 2015). Wenngleich
Michel de Certeaus die nicht kontrollierbare Körper...
Bourdieu'schen Habitus vernachlässigt und so dessen Starrheit überdehnt, überzeugt die Problematisierung von dessen Historizität und der starken Gewichtung seiner Beharrungskräfte. Denn aus ihr folgt zum einen die Überbetonung der reproduktiven und Kohäsion schaffenden Kräfte des Habitus als Bestätigung jener 'Makrostrukturen', die ihn geschaffen haben, und zum anderen die Geringschätzung der Situativität, Performativität und Relationalität von Alltagspraktiken (vgl. ebd.). Auch wenn das Alltägliche von den symbolischen Strukturen dominiert würde, setze es sich aus einer Vielzahl heterogener Praktiken zusammen, die nicht auf ein Subjekt als Träger bestimmter, bestimmbarer Merkmale, auf einen Habitus oder gar auf eine abgrenzbare Gegenkultur zurückzuführen seien (vgl. auch Winter 2007: 33). Vielmehr sei „jede Individualität ein Ort [...], an dem eine inkohärente (und oft widersprüchliche) Vielzahl von Größen aufeinandertrifft" (de Certeau 1988: 11). Im Mittelpunkt stünde daher nicht das Subjekt als bestimmbare Entität, sondern die Logik der die Gesellschaft durchziehenden, sie mitbestimmenden und unterlaufenden alltäglichen Praktiken: „Das Alltägliche setzt sich aus allen möglichen Arten des *Wilderns* zusammen" (ebd.: 12, Hervorh.i.O.). Der „utopische Charakter" des Denkens von Michel de Certeau besteht daher – wie Rainer Winter (2007: 35) zu Recht feststellt – in der den Alltagspraktiken immanenten Potenzialität des Überschreitens des Ordnungsrahmens. De Certeau unterscheidet zwei Logiken und Dynamiken des Alltags: die das gesellschaftliche Ordnungsgefüge stabilisierenden, konformen Strategien der 'Starken' – wie er formuliert – und die dieses irritierenden Finten und Taktiken der 'Schwachen'. Die Taktiken spielen sich in 'fremdem Terrain' ab, sie haben im Gegensatz zu den institutionell geschützten Strategien keinen eigenen Ort und bedienen dennoch nicht einfach die herrschenden Strukturen und Spielregeln, sondern nutzen Lücken und günstige Gelegenheiten:

> Die Taktik hat nur den Ort des Anderen. Sie muss mit dem Terrain fertig werden, das ihr so vorgegeben wird, wie es das Gesetz einer fremden Gewalt organisiert. Sie ist nicht in der Lage, sich bei sich selbst aufzuhalten, also auf Distanz, in einer Rückzugsposition, wo sie Vorausschau üben und sich sammeln kann: Sie ist eine Bewegung 'innerhalb des Sichtfel-

> des des Feindes', wie von Bülow sagte, die sich in einem von ihm kontrollierten Raum abspielt. Sie hat also nicht die Möglichkeit, sich einen Gesamtüberblick zu verschaffen und den Gegner in einem abgetrennten, überschaubaren und objektivierbaren Raum zu erfassen. Sie macht einen Schritt nach dem anderen. Sie profitiert von 'Gelegenheiten' und ist von ihnen abhängig; sie hat keine Basis, wo sie ihre Gewinne lagern, etwas Eigenes vermehren und Ergebnisse vorhersehen könnte. Was sie gewinnt, kann nicht gehortet werden. Dieser Nicht-Ort ermöglicht ihr zweifellos die Mobilität – aber immer in Abhängigkeit von den Zeitumständen –, um im Fluge die Möglichkeiten zu ergreifen, die der Augenblick bietet. (de Certeau 1988: 89)

Viele unspektakuläre Alltagspraktiken haben diesen taktischen, kreativen und mobilen Charakter und stehen in Spannung zur Unterstellung des routinisiert-reproduzierenden Alltagsgeschehens. Sie fügen sich dem Aufforderungscharakter der Strukturen nicht einfach, überschreiten diese immer wieder und fordern – wie Michel de Certeau provokant gegen Pierre Bourdieu formuliert – die wissenschaftliche Logik der Gesellschaftsanalyse heraus:

> [...] die wissenschaftliche Darstellung der Gesellschaft, wenn sie sie [die Taktiken, Anm.d.Verf.] ernst nähme, [würde] sich ganz und gar in ihnen verlieren und untergehen [...]. Ihre Postulate und Ambitionen würden keinen Bestand mehr haben. Normen, Verallgemeinerungen und Unterscheidungen würden angesichts der transversalen und 'metaphorisierenden' Auswucherung dieser *differenten* Mikroaktivitäten nicht greifen. (ebd.: 127, Hervorh.i.O.)

Zugleich beziehen sich die Taktiken nicht auf eine verortbare Gegenkultur oder einen alternativen Gesellschaftsentwurf. Viel eher 'betritt' das Infragestellende/Kritische die Welt auf fremdem Terrain, flüchtig, nicht artikuliert, kontingent. So ist Neues/Anderes häufig nicht von dauerhaftem Bestand, obgleich es transversal 'Alles' durchzieht; es kann sich schwerlich Geltung verschaffen und weist keine bestimmte, deutbare Richtung auf. Michel de Certeau fragt folgerichtig, wie diesen Regungen, diesen flüchtigen Phänomenen zur Sichtbarkeit verholfen werden kann, wie sie politisiert werden können (ebd.: 31).

8.2.2 Accomplishments – interaktive Verkörperungen

Praxistheoretische Systematisierungen (Hörning/Reuter 2004; Möbius 2008; Reckwitz 2003; Schmidt 2012) ebenso wie methodologische Bestandsaufnahmen und Überblicke der Geschlechterforschung (Gildemeister 2008; Becker-Schmidt/Knapp 2000; Villa 2000; Aulenbacher/Meuser/Riegraf 2010) sind sich einig: Für die Genese der Theorie(n) sozialer Praktiken gerade im Hinblick auf ihre Alltäglichkeit und Körperlichkeit sind interaktionistische (Goffman 1976, 1977, 1994, 2003/1959) und ethnomethodologische Perspektiven (Garfinkel 1967) zentral. Nicht nur im angloamerkanischen, sondern – dank der Interventionen von Carol Hagemann-White (1984) und Regine Gildemeister und Angelika Wetterer (1992) – auch im deutschsprachigen Raum sind in der Geschlechterforschung das *Doing-Gender-* (West/Zimmermann 1987) und später das *Doing-Difference-Konzept* (West/Fenstermaker 1995) als unmittelbarer Anschluss bzw. als Teil der beiden Perspektiven breit rezipiert worden. Für die hier interessierende Bedeutung von Praxistheorien für die Untersuchung des Alltags als Ort von Gesellschaftskritik sind zwei Aspekte von Belang: *einmal* die Prozessualisierung von gesellschaftlich wirksamen Klassifikationen hin zum Tun, zur *Praxis des Klassifizierens*. 'Klasse' oder 'Geschlecht' werden nicht als gegebene Ordnungskategorien „konzeptionell vorstrukturiert, sondern als Resultate und Voraussetzungen fortlaufender Praktiken des *doing class* oder *doing gender* aufgefasst" (Schmidt 2012: 33, Hervorh.i.O.). Es geht um die Hervorbringungen von Klassifkationen, um *accomplishments* als – und dies ist der *zweite* Aspekt – *körperliche und materielle Aktivitäten*, die mehr oder weniger strikt entlang gesellschaftlich geteilter, praktischer Wissensformen organisiert sind. Insofern geht es wie bei Michel de Certeau nicht um individuelles Tun, um einzelne Körper; im Mittelpunkt steht vielmehr das Hervorbringen von Bedeutung/bedeutenden Körpern und körperlichen Bedeutungen in einem Universum mit bedeutungsvollen Institutionen:

> When we view gender as an accomplishment, an achieved property of situated conduct, our attention shifts from matters internal to the individual and focuses on interactional and, ultimately, institutional arenas. In one sense, of course, it is individuals who 'do' gender. But it is a situated doing, carried out in the virtual or real presence of others who are presumed to be oriented to its production. Rather than as a property of individuals, we conceive of gender as an emergent feature of social situations: both as an outcome of and a rationale for various social arrangements and as a means of legitimating one of the most fundamental divisions of society. (West/Zimmerman 1987: 126)

Klassifikationen und Körper gehen nicht auf individuelle 'Verursacher_innen' zurück, sondern sind Produkte 'erfolgreicher' Interaktionen zwischen Darsteller_innen (Akt der Darstellung) und Interaktionspartner_innen/Publikum (Attribution), wie Goffman

(2003/1959: 231) am Beispiel des Theaterspielens entwickelt: Das ‘Selbst’ der Darstellung

> [...] entspringt [...] nicht seinem Besitzer, sondern der Gesamtszene seiner Handlungen, und wird von den Merkmalen lokaler Ereignisse erzeugt, die sie für Beobachter interpretierbar machen. Eine richtig inszenierte und gespielte Szene veranlasst das Publikum, der dargestellten Rolle ein Selbst zuzuschreiben, aber dieses zugeschriebene Selbst ist ein Produkt einer erfolgreichen Szene, und nicht ihre Ursache. (ebd.: 232)

Die mikrosoziologische Verortung der interaktionistisch-ethnomethodologischen Ansätze, das haben Sarah Fenstermaker und Candace West in ihrer Erwiderung auf die Vorwürfe der situativen Beschränkung und gesellschaftstheoretischen Abstinenz deutlich gemacht, ist nicht gleichzusetzen mit der Vernachlässigung gesellschaftlicher Bedingtheiten des sozial Möglichen. Die Mikropraktiken, die Kleinigkeiten des Alltags, ihre Produktivität (und Kreativität) illustrieren nicht einfach gesellschaftliche Prozesse, sie machen diese aus und ihre Analyse macht ‘Gesellschaft’ in ihrer je spezifischen Variante (Kapitalismus) als gelebte Praxis erst sichtbar.

> Im Mittelpunkt unserer Analyse stehen die sich ständig verändernden sozialen Beziehungen in unterschiedlichen Situationen. Das bedeutet aber nicht, dass wir dadurch auch den Kontext ausblenden, in dem sich diese Beziehungen entfalten. Wir behaupten lediglich, dass die Wirkung sozialer Strukturen und historischer Bedingungen sich erst *im Verlauf dieser Interaktionen* verwirklichen kann. (West/Fenstermaker 1995 zitiert nach Fenstermaker/West 2001: 242, Hervorh.i.O.)

Für eine kritische Analyse der Herstellung eines vergeschlechtlichten Gesellschaftlichen sowie für das Aufzeigen von Transformationsprozessen bedarf es der Beachtung der komplexen, historisch bedingten *und* situativ sich ereignenden sozialen Praktiken. Ihnen Bedeutsamkeit zuzubilligen, heißt, sich den körperlichen und nicht kognitiven, alltäglichen und nicht spektakulären Anschlüssen, Einbindungen und Relationierungen und ihren flüchtigen, immanenten Verschiebungen zu widmen. Michel de Certeaus Metapher des Wilderns auf fremden Terrain und die Gewichtung des interaktiv-körperlichen Charakters des Sozialen vertiefen hier zentrale Gesichtspunkte dieser sozialen Dynamiken der Veränderung.

8.3 Weiterungen – *entanglement* und Engagement

Gesellschaftskritiken, die die praktische Herstellung des Sozialen in den Mittelpunkt stellen und dabei in besonderer Weise das Ineinandergreifen von Reproduktion und Wandel, das beständige Wechselspiel zwischen Bestimmtheit und Unbestimmtheit in den Blick nehmen, reichen über soziologische Theorien hinaus. Wissenschaftstheoretiker_innen, Vertreter_innen der Queer Theory und Philosoph_innen stellen in Auseinandersetzung mit praxistheoretischen, gesellschaftsanalytischen, kapitalismuskritischen und feministischen Ansätzen Fragen an die Subjekte der Praktiken, an die Welt-Verhältnisse und die Dynamiken und Freiheitsgrade von Handeln/Handlungsfähigkeit. Ihre Einwände und Stellungnahmen tragen dazu bei, praxeologische Perspektiven als spezfische wissenschaftliche Praxis auszudifferenzieren, sie ins Verhältnis zu anderen Welt schaffenden Praxen zu setzen und Möglichkeiten des Eingreifens auszuloten. Wie ist Intervention möglich, wenn wir uns als Teilnehmer_innen unter anderen mit einer spezifischen Wissenschaftspraxis begreifen, die nicht bestimmen und schon gar nicht kontrollieren können, wie und wohin sich das komplexe und kontingente Geschehen des Sozialen bewegt? Die Wissenschaftstheoretikerin Karen Barad plädiert – im Anschluss an Donna Haraways Konzeption situierten Wissens – für einen methodologischen oder agentiellen Realismus. Es geht ihr darum, die anthropozentrische Position des originär 'menschlichen Handelns' zu verlassen und sich als relationales Phänomen neben anderen relationalen Phänomenen zu begreifen, die ebenfalls 'handeln'. Agentieller oder methodologischer Realismus heißt, dass 'wir' am Schaffen der Welt mitbeteiligt sind und insofern Verantwortung haben.

> Der Punkt ist hier nicht bloß, die Beobachter_in wieder in die Welt zu holen (als ob die Welt ein Behälter wäre und wir bloß unsere Situiertheit in ihr anerkennen müssten), sondern die Tatsache zu verstehen und zu berücksichtigen, dass auch wir Teil des differentiellen Werdens der Welt sind. Außerdem geht es nicht bloß darum, dass Wissenspraktiken materielle Konsequenzen haben, sondern dass *Wissenspraktiken spezifische materielle Auseinandersetzungen [*engagements] sind, die an der (Re)Konfigurierung von Welt teilhaben.* (Barad 2013: 58, Hervorh.i.O.)

Für kritische, praxistheoretische Ansätze sind die Betonung des egalitären Eingebundenseins in der Welt (*entanglement*) und das damit einhergehende Engagement, das heißt die Frage der Ethik und Verantwortung, zentral.

8.3.1 'Außer sich' – Performativität und ek-statische Subjekte

Für die Frage nach (Ein-)Gebundenheit bietet Judith Butlers Konzept der Performativität und die ek-statische, fundamental soziale Konstitution ihres Subjekts eine wichtige Weiterung praxeologischer Ansätze. Zunächst aus einer stärker sprach- und diskurstheoretischen Perspektive zeigt sie auf, dass die Wirksamkeit des Diskurses als Begrenzung des Intelligiblen abhängig ist von seiner Ausübung, also von der Rede, dem Tun, der Praxis. In der zitierenden Wiederholung (Iteration) des Diskurses, das heißt in dem performativen Geschehen der Rede ist immer die Gefahr und die Möglichkeit für Verschiebungen enthalten. Die Angewiesenheit auf diese performativen Akte ist der Ausweis für die *Stabilität und Instabilität der diskursiven Ordnung* gleichermaßen (Instabilität/Stabilität). Die Wiederholung, die aktualisierte, gegenwärtige, lebendige Zitation des Diskurses in der (Rede-)Praxis ist nie mit dem (nicht vorhandenen) 'Original' identisch. Es gibt immer Verschiebungen und Verknüpfungen, weil das Ereignen kontingent ist, weil seine komplexen, vielfältigen Relationierungen, weil die Effekte von Resonanzen und Dissonanzen nicht antizipier-, begrenz- und kontrollierbar sind. Zwar können die Akte der performativen Zitation Diskursanordnungen durchaus restrukturieren und stabilisieren, sie können aber auch – in Butlers diskurstheoretischer Sprache – 'Resignifikationen' anstoßen, welche die Chance zu Irritationen, Reibungen und so zu (nicht unbedingt intentionaler, sondern vor allem prozessualer) Infragestellung von Machtkonstellationen beinhalten.

Die Frage der Performativität als kontingentes *und* bestimmendes Ereignen betrifft auch die Konstituierung des Subjekts. Am Beispiel der 'Geschlechtsidentität' arbeitet Judith Butler (1995) die paradoxe Position des Subjekts als Effekt der Subjektivierung und Materialisierung normativer Raster und als 'Selbstwahrnehmung' als handlungsfähiges Subjekt heraus. Die Bedingung dieses 'Subjekts' und seiner Handlungsfähigkeit ist seine Unterwerfung unter einschnürende Normen, über die es 'für sich' erfahrbar wird. Die Althusser'sche Anrufungsszene[2] ist aber zugleich auch performativ

2 Judith Butler stellt den performativen Charakter der Anrufungsszene heraus: „[...] mit der ärztlichen Interpellation (ungeachtet der in den letzten Jahren aufgekommenen Ultraschallaufnahme) wechselt das Kleinkind von einem 'es' zu einer 'sie' oder einem 'er'; und mit dieser Benennung wird

und körperlich und insofern – wie ein Kippbild – in/stabil und un/bestimmt. Denn: „Das verkörperte Verhältnis zur Norm verfügt über ein transformatorisches Potential" (Butler 2009a: 52). Das Butler'sche 'Subjekt' ist insbesondere in jüngeren Texten (Butler 2010b: 56ff.) körperlich-materiell, damit unvermeidlich exponiert und zu Anderen geöffnet. Das Subjekt verfügt nicht über 'sich', es gehört sich nicht, *es findet statt im Verhältnis* – eben nicht nur zu Normen, sondern zugleich zu Anderen/m, zu 'Unorten' (Butler 2009c: 177; vgl. ausführlicher Völker 2013b: 225f.), die sich der Norm, der Anerkennung und der Sprache entziehen. Und diese mannigfachen Verhältnisse sind unbestimmt, kontingent, stellen sich im Ereignen her:

> Wenn ich *für* Autonomie kämpfe, muss ich dann nicht ebenso für etwas anderes kämpfen, nämlich für eine Konzeption meiner selbst als eines ausnahmslos vergemeinschafteten Selbst, das von anderen beeinflusst wird, ebenso wie es die anderen beeinflusst, auf eine Art und Weise, die nicht immer klar abgrenzbar ist, in Formen, die nicht vollständig vorhersagbar sind? (Butler 2009a: 41, Hervorh.i.O.)

Das 'außer sich' seiende, ek-statische (ebd.: 38, 58ff.) Selbst verkörpert (im Wortsinn des Exponiertseins des Körpers) eine fundamentale Verflochtenheit mit der Welt, eine radikale Angewiesenheit und Verletzbarkeit durch Andere *und* eine Verletzungsmacht gegenüber Anderen. Dies wiederum richtet den Blick auf die Frage der Verantwortung des Seins und Tuns, auf ein Engagement, das zugleich und untrennbar sozial *und* ontologisch ist. Die ek-statische Konstitution des Selbst, seine körperlich-soziale Externalität konstituiert ein sozioontologisches Verhältnis zur Ethik und zum Politischen, das nicht individuell sein kann, sondern von Anderen enteignet, mit ihnen verknüpft, ihnen gegenüber verpflichtet ist:

> Wenn ich von anderen beansprucht werde, sobald ich meinen Anspruch erhebe, wenn Gender für jemand anderen und von jemand anderem ist, bevor es mein Gender wird, wenn Sexualität eine gewisse Enteignung des 'Ichs' mit sich bringt, dann bedeutet das nicht das Ende für meine politischen Forderungen. Es bedeutet nur, dass man, wenn man solche Forderungen erhebt, diese für weit mehr als nur sich selbst erhebt. (Butler 2009b: 33)

---

das Mädchen 'mädchenhaft gemacht', es gelangt durch die Anrufung des sozialen Geschlechts in den Bereich von Sprache und Verwandtschaft" (Butler 1995: 29).

8.3.2 (In-der-)Welt-Sein – Intraagieren und Un/Bestimmtheit

Der Frage nach den Arten und Weisen des (In-der-)Welt-Seins, nach dem Zusammenhang von Materialität/Bedeuten/Handeln/Ereignen geht Karen Barad in einer posthumanistischen Perspektive nach. Prozesse der Sinngebung sind nicht allein auf menschliche Praktiken zu reduzieren und auch nicht nur durch sprachliche Operationen und normative Grenzziehungen zu kontrollieren. Vielmehr haben wir es mit dem Wirksam- und Bedeutsamwerden von sehr verschiedenen Relationen von menschlichen und nichtmenschlichen, organischen und anorganischen Akteur_innen zu tun. Gegen eine konstruktivistische oder kulturalistische Reduktion von Bedeutungsfragen argumentiert Karen Barad für die Anerkennung einer „posthumanistischen Performativität" und die Verschiebung der Frage der Handlungsfähigkeit hin zu einer Vorstellung des beständigen *Intraagierens* in und mit der Welt. Der Begriff des Intraagierens zielt darauf, die Herstellung von Welt als dynamische Relationierung zu beschreiben, der nicht einzelne, charakterisierbare Relata vorausgehen. Während das Verb *interagieren* separate Entitäten impliziert, die in Austausch zueinander treten, zielt *intraagieren* darauf, alle (menschlichen und nichtmenschlichen, organischen und anorganischen) Akteur_innen als Teil einer sich permanent konfigurierenden, nicht abgeschlossenen Welt zu begreifen (Barad 2013: 56; vgl. auch Barad 2012a: 19f.). Die „primäre ontologische Einheit" (ebd.: 19) besteht dabei nicht aus unabhängigen Gegenständen mit ihnen innewohnenden, unter Umständen sozial definierten Merkmalen und Eigenschaften, „vielmehr sind Phänomene die ontologische Unzertrennlichkeit/Verschränkung intraagierender 'Agentien' *(agencies)*" (ebd.). Das heißt, sehr unterschiedliche Materialitäten/Akteur_innen bilden komplexe Relationen, werden selbst relationiert, nehmen Gestalt an, werden im Ereignen bestimmt: „Die Grenzen und Eigenschaften der Bestandteile von Phänomenen erlangen durch spezifische agentielle Intraaktionen Bestimmtheit, und bestimmte Begriffe (d.h. bestimmte materielle Gliederungen der Welt) erlangen durch diese Intraaktionen ihre Bedeutung" (ebd.). Diese Momente der Bestimmung sind Momente der Trennung, der Differenzsetzung und Unterscheidung – Karen Barad bezeichnet sie in Abgrenzung zum kartesischen Schnitt des humanistischen Subjekts als *agentiellen Schnitt*. Dieser agentielle Schnitt (in wissenschaftlicher Perspektive ist dies bspw. der jewei-

lige epistemologische Zugang, die Versuchsanor
Messinstrument) ist nicht außerhalb der Phänor
aktionen; er beherrscht sie nicht. Er markiert vie
des intraagierenden Gefüges eine involvierte Ent
eingebundene Apparatur, die an bestimmten Bedeu
ist: „Der agentielle Schnitt trifft eine Entscheidu
Phänomens der vorgegebenen ontologischen (un
Unbestimmtheit“ (ebd.: 20, Hervorh.i.O.).

Es geht Karen Barad zusammenfassend darum, das menschliche Beteiligtsein am Werden der Welt als *egalitäres Intraagieren* mit Anderen/m zu begreifen und die Position des privilegierten und reflexionsfähigen Subjekts zugunsten einer Haltung des relationalen Angewiesen- und Abhängigseins zu räumen, das es eben deshalb verantwortungsvoll mitzugestalten gelte. Die quantentheoretische Debatte der 1920er- und 30er-Jahre zwischen den Physikern Werner Heisenberg und Nils Bohr aufnehmend (vgl. Barad 2012a: 11, 15ff.; Barad 2014: 166f.; Bath et al. 2013a: 7f.) grenzt sie sich von dem Heisenberg'schen Unschärfebegriff ab. Im Kern der Materie fände sich eine unhintergehbare „ontologische Unbestimmtheit (jedoch keine epistemologische Unschärfe)“ (Barad 2012b: 689), deren transformatorisches Potenzial sich im beständigen (Neu-) Relationieren und -Hervorbringen von Welt zeige.

Vor diesem transdisziplinären, gewissermaßen ontosozialen Hintergrund heißt praxeologisch vorzugehen zweierlei: *Erstens*, in der Komplexität des Ereignens von radikal unterschiedlichen Praxen auszugehen und zugleich nach dem Beteiligtsein und der Verantwortung der eigenen Praxis zu fragen – Karen Barad bezeichnet dies als *Ethico-onto-epistemo-logie*, die die „Verflechtung von Ethik, Erkenntnis und Sein“ (Barad 2012a: 100) ernst nimmt. Und *zweitens* ereignet sich Praxis immer im Wechselspiel von Bestimmtheit und Unbestimmtheit, von Verfestigung, Differenz und Öffnung.

8.3.3 Erweitern des 'Manövrierbereichs' – Affizieren und Nicht/Verfügen

Für eine gesellschafts-, mithin kapitalismuskritische, praxeologische Perspektive soll – nach der Dezentrierung des fundamental sozialen, ek-statischen Subjekts und dem Verweis auf das Ereignen der Welt in komplexen und offenen Dynamiken von Un/Bestimmtheit – nun abschließend aus *affekttheoretischer Perspektive* die Frage aufgegrifwerden, wie den gesellschaftlichen Normen partiell zu entgehen ist, wie Freiheitsgrade gewonnen werden können. Ein wichtiger Aspekt für den Spielraum – oder um mit dem kanadischen Philosophen Brian Massumi (2010) zu sprechen: den 'Manövrierbereich' – alltäglicher Praxen ist die Frage der gesellschaftlichen Anrufungen, Zumutungen, Bestimmtheiten und Ausblendungen einerseits und der Empfänglichkeit für Nicht-Anerkanntes, Subalternes, die Frage nach „Unorte[n]" (Butler 2009c: 177), „hybride[n] Regionen der Legitimität und Illegitimität, die keine klaren Namen tragen" (ebd.), nach (noch) nicht Verwirklichtem andererseits. Wahrnehmungen dieser Un/Bestimmtheiten sind – hier sind sich alle vorgestellten Autor_innen einig – nicht nur kognitiv, sondern gespürt, gefühlt, körperlich. Es geht also in einem sehr viel weiteren Verständnis um das 'Angesprochen-Werden', um Affiziert-Sein und um Affizieren. Affekte im Sinne von Regungen, Reizungen sind – im Unterschied zum sozialen Charakter von sprachlich-kognitiv eher verortbaren Emotionen – zunächst unmarkiert, undefiniert, flüchtig; sie stellen sich unwillkürlich ein und bewegen uns. Sie sind aber nicht unabhängig von der Welt, mit und in der sie/'wir' intraagieren. Brian Massumi und Judith Butler thematisieren beide die Rahmung und Formierung von Affekten durch gesellschaftliche Zwänge und die Beschränkung des Fühlbaren und der Handlungsmöglichkeiten (vgl. dazu ausführlicher Völker 2013b: 235ff.). Brian Massumi (2010: 42ff.) greift die Analyse der Kontrollgesellschaft von Gilles Deleuze auf. Judith Butler betont in Auseinandersetzung mit der US-amerikanischen Politik des Unverletzbarmachens nach dem 11. September 2001 die normative Rahmung von Affekten als Verhinderung von Wahrnehmung – etwa der Folter, des Leidens und der Stimmen der Häftlinge in Guantánamo. „Unsere Affekte sind niemals ausschließlich unsere eigenen: Affekte werden uns von Anfang an von anderswoher übermittelt. Sie vermitteln uns eine bestimmte Wahrnehmung der Welt, sie veranlassen uns, bestimmte Dimensionen der Welt wahrzunehmen und andere auszuschließen" (Butler 2010b: 54).

Zugleich geht es beiden (Judith Butler insbesondere in jüngsten Texten) um das Relevantmachen von Affekten als Erfahren von Unmarkiertem, Nicht-Vereindeutigtem. Brian Massumi sieht eine Annäherung an vorhandene, aber nicht einfach verfügbare 'Freiheitspotenziale' in der Vertiefung, dem intensiven Leben von Affekten als Unterbrechungen und Heraustreten aus den Bedingtheiten der

Geschichte, der Gesellschaft und ihren Klassifikationen. Dieses Verhältnis von Bedingtheit/Formiertheit und Anderswerden/Potenzialität fasst sein Bild vom 'Laufen als kontrolliertem Fallen' (Massumi 2010: 35) in einer geradezu praxeologischen oder sogar praktischen Perspektive: Die *Praxis des Laufens 'spielt'* mit der Wirksamkeit der Schwerkraft, indem ihr durch die selbstregulierende/-steuernde Unterwerfung unter das Gesetz *und* einem kurzen Außerachtlassen/Fallenlassen des Gesetzes und der Selbstregulation eine Überschreitung, eine 'andere' Bewegung gelingt.

> Es gibt immer Beschränkungen. Wenn wir laufen, müssen wir mit den Einschränkungen durch die Schwerkraft leben. Es gibt auch die Auflage der Balance und die Notwendigkeit für Gleichgewicht. Doch zur gleichen Zeit muss man sich beim Laufen vom Gleichgewicht lösen, man muss sich fallen lassen und wieder fangen, um die Balance wiederzuerlangen. Man bewegt sich vorwärts, indem man mit den Beschränkungen spielt, nicht indem man sie vermeidet. Es gibt eine Offenheit in der Bewegung, auch wenn man den Beschränkungen nicht entkommen kann. (ebd.)

Mit einer Politisierung der Affekte verbindet Brian Massumi die Hoffnung, diesen Freiheits- und Spielraum inmitten der Bedingtheiten auszuloten. Es geht um das Greifbarermachen nicht greifbarer Alternativen zur Ordnung der Dinge; darum, das, was sich *nicht* materialisiert/ereignet hat, was sich aber auch hätte ereignen können, was in der Luft liegt, ins Spiel zu bringen. Parallel, aber nicht identisch beschreibt Karen Barad diese (nicht) verfügbare Gegenwärtigkeit am physikalischen Phänomen des Vakuums: Seine vermeintliche 'Leere' stehe gerade für eine Fülle des Nichtverwirklichten, für ein Vibrieren des Möglichen und eine „siedende Potenzialität" (Barad 2013: 60). Diese siedende Potenzialität könnte der determinierenden Anleitung der Affekte und der Beschränkung des Fühl- und Wahrnehmbaren zuwiderlaufen – die Massumi'sche Hoffnung bestünde also darin, durch dieses Mehr als das, was bereits artikuliert ist, die Gegenwärtigkeit und die realisierbaren Möglichkeiten zu erweitern.

> Es gibt so etwas wie eine Population oder einen Schwarm an potenziellen Wegen zu affizieren oder affiziert zu werden, die uns begleiten [...]. Wir haben immer das vage Gefühl, dass sie da sind. Dieses vage Gefühl des Potenzials nennen wir 'Freiheit' und verteidigen es energisch. Doch so sehr wir auch wissen, dass dieses Potenzial da ist, es scheint immer außer Reichweite oder hinter der nächsten Kurve. Denn es ist nicht *wirklich* da, nur virtuell. Doch vielleicht können wir kleine, praktische, experimentelle und strategische Maßnahmen vornehmen, um unser emotionales Register oder unser Denken zu erweitern, um bei jedem Schritt mehr auf unser Potenzial zuzugreifen, sodass tatsächlich mehr unseres Potenzials verfügbar wird. Auf mehr Potenzial zugreifen zu können, intensiviert

> unser Leben. Wir sind keine Sklaven unserer Situationen. Selbst wenn wir nie über unsere Freiheit *verfügen*, erfahren wir immer ein *Maß* an Freiheit oder verfügen über einen 'Manövrierbereich'. (Massumi 2010: 29, Hervorh.i.O.)

Athena Athanasiou und Judith Butler entfalteten jüngst die Ermöglichung und das Offenhalten von „Empfänglichkeit" (in Anschluss an Emmanuel Levinas; vgl. Butler/Athanasiou 2014: 135) als tragfähige Praxis sozialer Kämpfe und als politische Entgegnung gegen eine dominante Konzeption der Selbstverantwortung und individualisierten, neoliberalen Responsibilisierung. In den aktuellen Erscheinungsformen sozialer und politischer Interventionen gehe es um das Öffentlichmachen von gemeinschaftlichen, alltäglichen Praxen (etwa auf öffentlichen Plätzen) und das Durchbrechen der Trennung von 'Öffentlichem' und 'Privatem'. Es gehe um das Versammeln und Realisieren der wechselseitigen, affektiven Bezogenheiten heterogener Leben, um „Konvivialität" als „einer alternative[n] Ökonomie von Körpern im Raum" (ebd.: 241). Das Politische sei dabei ein gemeinschaftliches, körperliches Ereignen von alltäglichen Praktiken gegen die biopolitische Instrumentalisierung, es sei die Realisierung unkontrollierbarer Relationalität – mehr ein *Tun* als ein Erklären, eine *praktizierte Taktik* des 'Wilderns in fremdem Terrain', die Athena Athanasiou folgendermaßen beschreibt:

> Wenn wir uns die Assemblagen und Intensitäten der aktuellen Bewegungen anschauen, entsteht die Revolte im Moment der Rekonfiguration der Macht und ihres normativen Einsatzes, der die Grenzen des Wünschenswerten, des Sinnlichen und des Intelligiblen berührt. Die sich in diesem Zusammenhang zeigenden Affekte stehen dafür, durch die körperliche Dynamik von Bezogenheit, gemeinsamer Verwundbarkeit und Beharren zu affizieren und affiziert zu werden. Dazu gehört, außer sich zu sein, nicht im Mittelpunkt zu stehen und ausgeliefert zu sein, zu bewegen und bewegt zu werden. (ebd.: 242)

8.4 Zusammenfassung und Schlussbemerkung

Ausgehend von der praxeologischen Soziologie Pierre Bourdieus wurden interdisziplinäre Diskurse in eine über Bourdieu hinausgehende praxistheoretische Perspektive eingeflochten. Dabei wurde *das Alltägliche* als situativer Nicht-Ort der 'eigenen' Praxis (de Certeau) und als *Schauplatz körperlich-sozialer Hervorbringungen und Attributierungen* (ethnomethodologische Perspektiven) auf seine gesellschaftskritischen und transformatorischen Potenziale hin betrachtet. Mit dem Ineinandergreifen von Reproduktion und Wandel, den beständigen *Dynamiken von Differenz und Unbestimmtheit* entwickelten sich Fragen an das (Eingebunden-)Sein in der 'Welt' (*entanglement*), an Subjekt- und Akteurskonzepte, an das Verständnis von Handlungsfähigkeit und des Politischen: Judith Butler zeigt mit ihrem Konzept von Performativität die *fundamentale Sozialität und das Ek-statische der Subjekte*. Der Frage nach den Arten und Weisen des (In-der-)Welt-Seins, nach dem *Zusammenhang von Materialität/Bedeuten/Handeln/Ereignen* geht Karen Barad nach, die einen 'Agentiellen Realismus' als ihr *methodologisches und gleichsam politisch-ethisches Anliegen* formuliert. Aus affekttheoretischer Perspektive betrachten Brian Massumi und jüngst auch Athena Athanasiou und Judith Butler die *Dynamiken zwischen Informieren/Rastern und Berühren/Empfänglichsein*.

Allen differenten Zugängen und Problematisierungen ist gemein, dass sie kritische Positionierungen zu den derzeitig global dominierenden, neoliberal agierenden kapitalistischen Regimen suchen und ermöglichen (wollen), ohne Kapitalismus als totalitären Strukturzusammenhang zu begreifen und das In-der-Welt-Sein auf *eine* (gesellschaftstheoretische) Logik zu reduzieren. Die über die praxeologischen Zugänge Pierre Bourdieus hinausgetriebenen Fragen nach den Un/Bestimmtheiten des Ereignens, der Verwiesenheit und der Empfänglichkeit, des Wilderns in nicht gewähltem und doch untrennbar mit 'uns' verbundenem Terrain stellen die Fragen nach dem 'Politischen' neu. Es sind gleichermaßen methodologische, ethische und posthumanistisch bündnisorientierte Fragen und sie haben das Potenzial, die Beschaffenheit, die Reichweite und im besten Fall die Beteiligungen an dem 'Politischen' zu erweitern.

9 Phänomene der Prekarisierung: Entsicherung und erschöpfte Arbeits- und Lebensarrangements

Susanne Völker

In Diagnosen zur Transformation kapitalistischer Gegenwartsgesellschaften ist von der Ausbreitung von prekären Erwerbs- und Lebenslagen, von Politiken der Prekarisierung oder gar von einer „Prekarisierungsgesellschaft“ (Marchart 2013a, 2013b) die Rede. 'Prekarisierung' als Ausgangspunkt für Kapitalismuskritik wird in verschiedenen Diskursen – der (feministischen) Arbeitssoziologie, der Ungleichheits- und Intersektionalitätsforschung, der (feministischen) Gesellschafts- und Politikanalyse – relevant gemacht. Dieser changierende und expansive Gebrauch des Begriffsfeldes Prekarisierung wird im Folgenden skizziert, um zu zeigen, *welche komplexen Problematisierungen* verhandelt werden und wo sich Stränge verknüpfen.

Das Verbindende des Problemfeldes Prekarisierung lässt sich aus meiner Sicht in zwei Punkten fassen: *Zum einen* geht es um Transformationsprozesse, die sich um die *soziale Organisation von Arbeit* konstellieren. Damit ist, wie Brigitte Aulenbacher (vgl. 2012) in ihrer Diskussion von feministischen Kapitalismusanalysen im Verhältnis zu Kapitalismustheorie und Arbeitssoziologie gezeigt hat, keineswegs eine Reduktion von Herrschaftskonfigurationen auf den Organisationsmodus Erwerbsarbeit und die ausschließliche Betrachtung kapitalistischer Produktionsweisen und -verhältnisse gemeint. Vielmehr wird gerade von feministischer Seite sowohl für eine Spezifizierung und Historisierung der Arbeitsbegriffe plädiert (vgl. Dölling 2012), als auch die Verflechtung kapitalistischer Ausbeutungsverhältnisse mit andro- und eurozentrischen, das heißt die Verknüpfung (und Eigenständigkeit) von Klassenungleichheiten, rassistischen und sexistischen Verhältnissen herausgearbeitet. Die Frage der 'Arbeit', der erodierenden und/oder sich stabilisierenden, transformierenden Arbeitsgesellschaft ist dennoch Kernpunkt der Debatte. Als komplexe sozioökonomische Konstellierungen thematisieren Prekarisierungsdynamiken kapitalistische Arbeitsverhältnisse und ihre Veränderungen, die zugleich von nichtökonomischen Normierungen, Herrschafts- und Ungleichheitsverhältnissen – etwa qua Migrations-, Sexualitäts- und Geschlechterregimen wie sie die Intersektionalitätsforschung thematisiert – (mit) hervorgebracht werden (vgl. Kap. 5, 7).

Mit dem Wandel von Wirtschafts- und Sozialweisen verändern sich zugleich die Subjektivierungsweisen und die Hervorbringungen von Welt und dies bezeichnet einen *zweiten Dreh- und Angelpunkt* diverser Prekarisierungsphänomene: Prekarisierung thematisiert *Unsicherheiten/Entsicherungen*, die je nach epistemologischem, theoretisch-politischem und empirisch-feldspezifischem Zugriff als Deregulierung, als neoliberale (Selbst-)Regierung, als Zuwachs von sozialer Unbestimmtheit und damit auch als Potenzialität akzentuiert sind. Der Topos *Unsicherheit* bündelt Problemstellungen, die sich mit Lebensführungen, mit Fragen der (Des-)Integration, der sozialen Einbindung und mit institutionellen Rasterungen in einer spezifischen historischen Situation, nämlich unter postmodernen, postkolonialen, postwohlfahrtsstaatlichen und postfordistischen Bedingungen verknüpfen. Die Vorsilbe *post* kündet davon, dass bestimmte Anordnungen, Sicherungen, Normalisierungen und Herrschaftsgefüge sich „erschöpfen" (Völker 2009), eben 'unsicher' werden, was keineswegs auf die Schwächung von Herrschaftskonstellationen hinweisen muss, aber Verschiebungen und veränderte Regierungsweisen bedeutet, die 'andere' Gruppen konstituieren.

Im Folgenden werden zur Frage der Arbeitsverhältnisse und der Unsicherheit unterschiedliche Linien der Prekarisierungsforschung skizziert. Dabei geht es zunächst um die arbeitssoziologischen Ausgangspunkte der Prekarisierungsforschung, ihre Grundannahmen und Problematisierungen sowie um Einwände seitens der Geschlechterforschung (Kap. 9.1). Mit der These der Prekarisierungsgesellschaft (Marchart), die auf veränderte Einbindungen und Lebensarrangements zielt, wird der analytische Rahmen ausgeweitet (Kap. 9.2). Es rücken explizit geschlechtersoziologische Fragestellungen in den Vordergrund, die die verengte Perspektive auf Erwerbsarbeitsverhältnisse sprengend, soziale Ungewissheiten akzentuieren und stärker praxis- und akteur_innenorientiert argumentieren.

9.1 Arbeitssoziologische Ausgangspunkte, umfassende gesellschaftliche Transformationen und die Expansion von Unsicherheiten und Instabilitäten

Wesentlich für den Ausgangspunkt der frühen arbeitssoziologischen Prekarisierungsdebatte der 1990er-Jahre war der krisenhafte Abschied vom Wirtschafts- und Sozialsystem des „fordistischen Teilhabekapitalismus" (Dörre/Haubner 2012: 73) seit den 1970er-Jahren. Dabei standen zunächst die *Veränderungen in der Organisation von (Erwerbs-)Arbeit* (Castel/Dörre 2009) und – aus geschlechtersoziologischer Sicht – damit verbundener Geschlechterregime (Völker 2009) im Mittelpunkt. In Abkehr zum fordistischen Normalarbeitsverhältnis, dessen Inhaber institutionell mit der Sozialfigur des 'männlichen Familienernährers' assoziiert wurde, vermehrten sich seit den 1990er-Jahren rasant die sogenannten atypischen Beschäftigungsformen (befristete Beschäftigung, Teilzeitarbeit, Leih- und Zeitarbeit, geringfügige Beschäftigung u.a.m); der Niedriglohnbereich expandierte ebenfalls – und in beiden sich überlappenden Bereichen war und ist die weibliche Genusgruppe weit überproportional vertreten. In der Arbeitssoziologie wurden prekäre Beschäftigungsverhältnisse relational, das heißt in Bezug und Abgrenzung zum fordistischen Normalarbeitsverhältnis als nicht existenzsichernd beschrieben. Charakteristisch seien, so Dörre, Krämer und Speidel (2004), zudem eine nur mangelnde qualifikatorische und soziale Einbindung, eine eingeschränkte Teilhabe an sozialen Schutz- und Absicherungssystemen und – mit Blick auf Lebensführungen und subjektive Erfahrungsdimensionen – die Verunmöglichung von Zukunftsplanungen.

9.1.1 Sichtverengungen in der frühen arbeitssoziologischen Prekarisierungsforschung

Dieser nachvollziehbare Ausgangspunkt einer Prekarisierungsforschung, die sich zunächst fast ungebrochen affirmativ auf die fordistischen Sicherungen und auf die Sphäre der (männlichen) Erwerbsarbeit bezog, barg allerdings zwei analytische Probleme, mit denen sich arbeitssoziologische und feministische Zugänge im Folgenden auseinandersetzen sollten:

(1) Die Fokussierung auf das fordistische Normalarbeitsverhältnis (NAV) – mit der Sozialfigur des *male breadwinner* und entspre-

chenden wohlfahrtsstaatlichen Regulierungen verknüpft (vgl. etwa Aulenbacher 2012; Auth/Klenner/Leitner 2015) – ließ kritische Sichtweisen insofern in den Hintergrund treten. Das NAV geriet unter Vernachlässigung seiner sozial- und geschlechterpolitischen Voraussetzungen zum Maßstab für gelungene 'vollwertige' Erwerbsarbeit. Auf wessen Kosten dieses vollwertige Erwerbsverhältnis gerade aus intersektionaler Perspektive gesichert wurde – beispielsweise durch die vergeschlechtlichte und unbezahlte Ausbeutung der 'privaten' Sorgearbeit von überwiegend als deutsch klassifizierten (Ehe-) Frauen[1] ebenso wie durch die Strukturierung eines nationalstaatlich ausgerichteten Arbeitsmarktes mit seinen Benachteiligungen qua Staatsbürger_innenschaft (vgl. dazu aktuell Scherschel 2015) –, blieb meist außen vor (vgl. Kap. 3). Geschlechterforscher_innen (vgl. Aulenbacher 2009) betonten dagegen, dass 'Prekarisierung' als spezifische Beschäftigungsform kein neues Phänomen sei, waren doch sogenannte atypische Beschäftigungsverhältnisse bereits in der maßgebenden fordistischen Hochphase die *Normalität 'weiblicher' Arbeitsmarktintegration*. Zudem taugte das Erwerbsarbeitsregime der Alt-BRD und dessen wohlfahrtsstaatliche Rahmung kaum als normativer Bezug für gesellschaftliche Transformationen.

(2) Die Konzentration auf Erwerbsarbeit und Beschäftigungsverhältnisse engte ein *umfassendes Verständnis von Prekarisierung* als alle gesellschaftlichen Teilräume betreffenden Transformationsprozess ein. Sie verstellte den Blick darauf, dass mit dem Prekär-Werden einer Vielzahl gesellschaftlicher Institutionen und Institutionalisie-

---

1 Anja Weckert (2008) arbeitet sehr detailliert die unterschiedlichen bundesdeutschen Konstellationen von Geschlechter-, Arbeits- und Migrationspolitik seit der zweiten Hälfte des 20. Jahrhunderts heraus. Sie zeigt, dass die These der feminisierten Teilzeit- und Niedriglohnverhältnisse des Fordismus eben nicht in gleicher Weise für 'die' Frauen galt. Vielmehr wurde das heteronormative, fordistische Familienleitbild der im 'privaten' Haushalt sorgenden autochthonen Mutter, die zunehmend auch teilzeiterwerbstätig sein konnte, auf dem Arbeitsmarkt bis zum Anwerbestopp 1973 durch die Vollzeiterwerbstätigkeit von Migrant*innen* ermöglicht. *Deren* Eltern- beziehungsweise Mutterschaft wurde aus den Verhandlungen um kulturelle Leitcodes zunächst herausgehalten zugunsten ihrer ökonomischen Nutzbarkeit für das Anwerbeland Deutschland. Erst in späteren Jahren der sogenannten Rückkehrförderung oder auch der partiellen Integration der 'Gastarbeiter_innen' kam es aufgrund des angespannten Arbeitsmarktes zur politischen Verallgemeinerung des männlichen Ernährermodells für Migrant_innen, zu einem Zeitpunkt also, zu dem sich die Grenzen des Modells deutlich abzeichneten.

rungen auch *institutionalisierte Herrschaftszusammenhänge instabil* wurden, sich erschöpften *und Unsicherheit zu einem zentralen Regulierungsmodus von Gesellschaft* avancierte.

9.1.2 Der Abschied vom Fordismus – Problematisierungen der Prekarisierungsforschung

Vor diesem Hintergrund ist die Ausbreitung der für (west-)deutsche Frauen mit Staatsbürgerinnenstatus gewohnten prekären Beschäftigungsverhältnisse auf viele Beschäftigtengruppen unterschiedlicher Qualifikation, Herkunft und geschlechtlicher Attribuierung Teil umfassenderer „gesellschaftliche[r] Transformationsprozesse im Modus der Prekarisierung" (Hark/Völker 2010: 30) und die mit ihnen verbundenen Verschiebungen und Labilisierungen von sozialen Formaten sind insofern auch für die nicht erst neuerdings teilzeitbeschäftigten Frauen neu. Denn die Ungleichheitsstrukturen fordistischer Prägung sind zwar nicht aufgehoben, aber sie interferieren mit Dynamiken der Entsicherung und neuen sozialen Differenzsetzungen und bringen damit sozial andere Phänomene hervor.

Die Prozesse der Prekarisierung verweisen auf das Erschöpfen des westlichen fordistischen Wirtschafts- und Sozialsystems des 20. Jahrhunderts, in dem Fragen der Integration und Teilhabe selektiv, aber im nationalstaatlich begrenzten Rahmen für recht erhebliche Gruppen zumindest zeitweilig befriedet schienen. Insbesondere drei Dynamiken werden in der aktuellen Prekarisierungsforschung (zum Teil miteinander verknüpft) bearbeitet:

Der Wandel der Organisation von (Erwerbs-)Arbeit und damit verbundener Geschlechterregime

Erwerbsarbeit bleibt einerseits Statuszuweiser und Kern des eigenen Selbstverständnisses als nützliches Gesellschaftsmitglied (vgl. Kap. 6). Andererseits ist sie eine höchst unverlässliche, instabile Größe geworden. Sie entwickelt sich „für immer mehr Menschen zu einem prekären Ort sozialer Vorläufigkeit und Widerruflichkeit [...]. Die Teilhabe an Erwerbsarbeit wird vom Sicherheitsgaranten zum Unsicherheitsgenerator" (Vogel 2007: 38). Zudem verflüssigt sich die normative und institutionelle Trennung von Öffentlichem und Privatem oder Erwerbsarbeits- und Sphäre der 'privaten' Reproduktion hin zur Entgrenzung und wechselseitigen Durchdringung, dominiert allerdings von ökonomischen Dynamiken oder – mit

Klaus Dörre (2009) formuliert – von kapitalistischen Landnahmen in Bereiche nichtkapitalistischer Logik. Die einstige fordistische Vergeschlechtlichung von Lebensführungen und die damit verbundenen institutionellen Grenzziehungen verschieben sich hin zu widersprüchlichen Geschlechterarrangements: der (auf den ersten Blick) entgeschlechtlichten Sozialfigur des *adult worker* und dem Relevantmachen von *Geschlechterdifferenzen* durch vergeschlechtliche und zudem zunehmend ethnisierte Arbeitsmärkte – beispielsweise im Bereich der Sorge und Pflege (vgl. dazu ausführlich Auth 2009; Auth/Klenner/Leitner 2015; vgl. Kap. 6).

Die neu aufgeworfene Soziale Frage – gesellschaftliche Ein- und Entbindung

Der *Um- und Abbau des Sozialstaates* vom *welfare* zum *workfare state* macht trotz (oder wegen) der schwindenden, eben prekären Integrationskraft der Erwerbsarbeit paradoxerweise die Vermarktung auf dem Arbeitsmarkt zur Bedingung für soziale Absicherung und die Artikulation legitimer Ansprüche. Initiiert unter der Ägide der sozialdemokratisch-grünen Bundesregierung und durchgesetzt mit der Hartz-Gesetzgebung der Jahre 2003 bis 2005, steht die Politik der Aktivierung in einem Verweisungszusammenhang zur Prekarisierung: Die politische Forderung nach aktivierten Bürger_innen, die in der Lage zu sein haben, sich eigenständig an den Erfordernissen unterschiedlicher Märkte auszurichten, profitiert von den Prozessen der Erschöpfung und Entsicherung zentraler gesellschaftlicher Institutionen wie der Erwerbsarbeit.

Die Auseinandersetzung mit den unterschiedlichen Varianten der politisch gestützten Vervielfältigung sozialer Unsicherheiten zeigt sich auch in *ungleichheitssoziologisch ausgerichteten Zeitdiagnosen* der internationalen Prekarisierungsforschung. So entwickelte Robert Castel (2000) am französischen Beispiel ein dynamisches Zonenmodell, um veränderte Konfigurationen sozialer Ungleichheiten analytisch zu fassen, und arbeitete in seiner Chronologie der Lohnarbeit (zur feministischen Kritik der verkürzten Lohnarbeitsperspektive vgl. Aulenbacher 2009) heraus, mit welcher Wucht sich die *'soziale Frage' nach gesellschaftlicher Integration und Kohäsion* neu stellt; Loïc Wacquant (2013) setzte sich am Beispiel der USA der Clinton-Ära mit deren mittelstandsorientierter Politik der (Un-)Sicherheit zur Schaffung von neuen Gruppen nichtrespektabler Armer auseinander. Die Frage sozialer Einbindung jenseits von Erwerbsarbeit wird im deutschsprachigen Kontext zunehmend breiter diskutiert. Dabei geht es darum, *wie* die Akteur_innen selbst die in der Regel erzwungenen Situationen zwischen partieller Exklusion und neuen Formen sozialer Einbindung praktisch leben (vgl. akteur_innenbezogene Forschungen zu sozialen Netzwerken jenseits der Erwerbsarbeit von Marquardsen 2012, 2015). Dies zeigt sich auch in Forschungsperspektiven, die Aspekte der *Entsicherung von Herrschaftsverhältnissen* stärker akzentuieren. In den Vordergrund rückt hier der Prozess der Auflösung, der Perforierung institutioneller Regulierungen (Trinkaus/Völker 2007). Der Analysefokus wird systematisch darauf gerichtet, *welche neuen Dynamiken veränderter Einbindungen*, welche 'Orte des Sozialen' relevant werden, wenn bisherige Konstellationen (das Berufsbildungssystem, die Verknüpfungen von Erwerbsarbeit, bürgerlicher Kleinfamilie und Zweigeschlechtlichkeit etc.) gerade durch ihr Nichtfunktionieren als kontingente Übereinkünfte sichtbar, handlungs(ir)relevant und reflexiv werden.

Eine veränderte Herrschaftslogik und neue Formen der Subjektivierung

Regieren durch Unsicherheit und das Gebot zur Aktivierung weisen Prekarisierung auch als Modus der Selbstregierung aus – Pierre Bourdieu hat dies bereits in den 1990er-Jahren als „Teil einer neuartigen *Herrschaftsform*" (Bourdieu 1998: 100, Hervorh.i.O.) bezeichnet. Dabei geht es um zwei unterschiedliche Strategien in den alltäglichen Praktiken der Akteur_innen und ihre Anrufungen in unsicheren Konstellationen:

(1) Wenn das Soziale in besonderer Weise instabil, unbestimmt, undeutbar und prekär wird, befeuert Unsicherheit den Wettkampf (Dörre/Haubner 2012) um die immer wieder erneute *Absicherung* von sozialer Einbindung in die begehrte Institution. Strategien der Selbstvermarktlichung und -optimierung sind verknüpft mit *Abgrenzungen* gegenüber 'Anderen' als (un-)würdigen Konkurrent_innen. So forcieren prekäre Arbeitsverhältnisse durch zeitliche Abrufbarkeit, Befristung von Beschäftigung, Leiharbeit als Puffer für Bedarfsschwankungen die immer radikalere Ausrichtung an den Unwägbarkeiten des 'Marktes' und erzwingen Praxen, deren Gradmesser die Effizienz, Rentabilität und Marktgängigkeit, weniger der soziale 'Wert' der Arbeit ist. Klaus Dörre und Tine Haubner beschreiben dies als „gesellschaftliche Verallgemeinerung

des Wettkampfprinzips" (ebd.: 91), das sie als wesentlichen Hebel zur finanzkapitalistischen Landnahme von nichtökonomischen Sphären sehen.

(2) Eine andere Strategie des Umgehens mit Unsicherheit als sozialer Anrufung und Handlungsaufforderung besteht weniger in dem Wiederherstellen von Sicherheit, als in dem Stattgeben von Unsicherheit und in Praxen des Entziehens aus den Zurichtungen und Zumutungen des Unsicherheitsregimes (Pieper 2013, 2015). Angehörige aus sehr heterogen konstellierten, marginalisierten Milieus und Lagen haben jahrelange, mitunter generationenübergreifende Erfahrungen mit dem Leben in Konfigurationen sozialer Unsicherheit. Sie verfügen über praktische Fähigkeiten, Unsicherheit zu halten, Diskontinuität zu leben und mit Unzumutbarkeiten (etwa mit nicht hinnehmbaren Erwerbsverhältnissen) zu brechen (vgl. zu Strategien illegalisierter Migrant_innen Pieper 2015; zum Habitus sozialer Unbestimmtheit Völker 2013a, 2013b, 2013c).

9.2 Leben in der Prekarisierungsgesellschaft – Instabilitäten, Rasterungen, veränderte Einbindungen

Sowohl in feministischen Analysen (Trinkaus/Völker 2007; Völker 2009; Hark/Völker 2010) als auch in sozialwissenschaftlichen Zeitdiagnosen und deren Theoretisierungen (vgl. Marchart 2013a, 2013b) wird die Auffassung vertreten, dass Prekarisierung als spezifische Logik der Entsicherung die Gesellschaft als Ganzes, also alle sozialen Stratifikationen durchzieht. Dabei sind nicht alle sozialen Akteur_innen gleichermaßen von Prekarisierung betroffen, die Logik der Entsicherung interferiert vielmehr mit unterschiedlichen Benachteiligungs- und Privilegierungsdimensionen. Prekarisierung ist also transversal (und nicht 'gleich'); sie betrifft nicht nur eine Region des gesellschaftlichen Raums, sondern durchdringt die soziale Reproduktionslogik insgesamt (vgl. Marchart 2013a: 13). Und letztlich ist Prekarisierung nicht 'objektiv' zu messen, sondern zeigt sich in *praktischen, von den einzelnen gelebten Konstellationen*. Diese sind bedingt durch die Erschöpfung der Wirkungskraft fordistisch geprägter Institutionen und die expandierende Nichtübereinstimmung zwischen den Normalitätsannahmen der Akteur_innen und ihrem aktuell gelebten Alltag (vgl. Trinkaus/Völker 2007).

Die Befunde zu diesen Friktionen zwischen Erwartungen und den mehr oder minder erzwungenen Praktiken, die andere Einbindungen, Arbeitsteilungen und Geschlechtervorstellungen forcieren oder Gewohntes in einem anderen sozialen Gefüge revitalisieren, sind gerade in der Geschlechterforschung vielfältig. Die *neue Sozialfigur der 'Familienernährerin'* und *verschobene Männlichkeitskonzepte* beziehungsweise Befunde zu Praktiken der *Nicht-Männlichkeit* zeigen exemplarisch diese Verschiebungen als empirische Phänomene und theoretische Herausforderungen.

9.2.1 Komplexe Leben: Familienernährerinnen

Die Zahl der Familienernährerinnen, die mindestens 60 % des jeweiligen Haushaltseinkommens verdienen, ist gerade im mittleren und unteren Lohnsegment unter den Bedingungen prekarisierter 'weiblicher' Erwerbsarbeit gestiegen: bei Alleinerziehenden auf rund 20 %, in gemischtgeschlechtlichen Paarbeziehungen auf gut 15 % in Ost- und gut 9 % in Westdeutschland (Hans-Böckler-Stiftung 2010: 6). Studien zu in (geschlechterbinär organisierten) Paarbeziehungen lebenden Familienernährerinnen in Nordrhein-Westfalen, Sachsen und Sachsen-Anhalt von Christina Klenner, Katrin Menke und Svenja Pfahl (2011) und Ute Klammer, Sabine Neukirch und Dagmar Weßler-Poßberg (2012) rücken die Wünsche der befragten Frauen und ihre Alltagspraktiken in den Vordergrund. Dabei ist das Lebensarrangement der Hauptverdienerin überwiegend nicht gewählt, sondern häufig ein Effekt der prekären Lage des Partners, die sich auf den gesamten Lebenszusammenhang auswirkt: Genannt werden etwa diskontinuierliche männliche Erwerbsarbeit, Erwerbslosigkeit, prekäre Selbstständigkeit, aber auch erwerbsexterne 'Prekarisierungskatalysatoren' wie gesundheitliche Probleme oder – so zeigen andere Untersuchungen – ein sozial abgewerteter Migrationshintergrund. Die Mehrheit der befragten Frauen geriet so ungewollt in die ökonomische Haupt- beziehungsweise Alleinverantwortung hinein. Dennoch wird die Erwerbskonstellation in den Paar- und Familienbeziehungen unterschiedlich bewertet und zum Teil begrüßt. Gründe für diese unterschiedlichen Bewertungen wiesen sowohl auf die Relevanz der *Qualität der Erwerbsarbeit der Frauen* als auch auf die notwendige Wertschätzungsarbeit innerhalb der Paarkonstellationen hin. Wesentlich die *Aufwertung der sozial verwundeten 'männlichen Position' und eine Wertschätzung des Partners,* die sich eben nicht mehr aus der Erwerbsarbeit speiste, sondern aus dem Wirken in familiären, ehrenamtlichen, freund- und nachbarschaftlichen Zusammenhängen, machte die positive Wahrnehmung der verschobenen Geschlechterarrangements möglich (vgl. auch Völker 2007). Damit geriet die *Flexibilität, Pragmatik und Situativität der Vorstellungen darüber, was 'Männer' und 'Frauen'* tun sollten beziehungsweise ob dies einen Unterschied macht, zu einer wichtigen Ressource gelungener Umstellungsstrategien und der Abmilderung prekärer Lebenskonstellationen (Klenner et al. 2011: 420).

Aus geschlechtersoziologischer Perspektive lassen sich *zwei Schlussfolgerungen* ziehen: (1) sowohl die Ursachen von Prekarisierung als auch der 'Ort' erfahrener Prekarität beschränken sich keineswegs auf den Erwerbsbereich, sondern beziehen sich auf den *gesamten Lebenszusammenhang.* Die Ausweitung der Sozialfigur der Familienernährerin in bestehenden Paarbeziehungen wird sicherlich maßgeblich durch prekarisierte Erwerbsverhältnisse forciert. Die Überdehnungen und Destabilisierungen von Lebenszusammenhängen sind aber auch abhängig vom intersektionalen Zusammenwirken von Erwerbsarbeit-, Wohlfahrts-, Migrations- und Geschlechterregimen – und den Orientierungen der Akteur_innen. Michèle Amacker (vgl. 2011: 413f.) hat am Beispiel ihrer Fallstudien in der Schweiz gezeigt, wie 'Care-Work-Arrangements' von Familienernährerinnen prekär werden, auch wenn die hauptverdienenden Frauen sich in einem vergleichsweise abgesicherten, durchschnittlich bezahlten Normalarbeitsverhältnis befinden, ihre Partner aber durch ihre Herkunftsgeschichte einem diskriminierenden Migrationsregime ausgesetzt sind. Karin Scherschel (2015) hat weitergehend, in Verknüpfung von Prekarisierungs- und politikwissenschaftlicher Forschung zu Citizenship und Geschlecht herausgearbeitet, dass Prekarisierungsprozesse nur im Rahmen der nationalen und globalen Organisation von Menschen- und Flüchtlingsrechten hinreichend analysierbar sind.

(2) Mit den konkret sehr unterschiedlich prekären Lebenskonstellationen sind ebenso vielfältige soziale Abwertungen verbunden, die maßgeblich über Fragen der 'Geschlechtsidentität', der passenden oder beschädigten 'Männlichkeit' oder 'Weiblichkeit' ausgetragen werden. *Fragen der sozialen Wertschätzung/Anerkennung und der Geschlechtlichkeit* sind in prekarisierten Lebenszusammenhängen häufig *miteinander verknüpft* beziehungsweise werden wechselseitig

übereinander ausgetragen. Es ist daher kein Zufall, dass die kritische Männlichkeitsforschung an der Prekarisierungsdebatte maßgebend beteiligt ist (vgl. dazu auch Kap. 6).

9.2.2 Männlichkeiten und nicht-männlich

Zum verflochtenen Feld von Arbeit und Männlichkeit lassen sich zwei Hauptlinien der Männlichkeitsforschung skizzieren. Beide greifen die kontroverse Diskussion um die 'Krise der Männlichkeit' (vgl. Meuser 2010: 324ff.; Scholz 2009) insofern auf und stimmen darin überein, dass Männlichkeiten durch die Entsicherung der Erwerbsarbeit und den mit ihr verbundenen vergeschlechtlichten Sozialfiguren massiven Wandlungsprozessen unterliegen, die sich auch in persönlichen Krisenerfahrungen ausdrücken können. Beide Ansätze unterscheidet, dass sich der eine in erster Linie der Umarbeitung und *Revitalisierung beziehungsweise Stabilisierung von Männlichkeiten* unter den Bedingungen umfassender Transformationen zuwendet – hier sind insbesondere die Arbeiten von Diana Lengersdorf, Michael Meuser und auch Sylka Scholz zu nennen, während die Forschungsgruppe um Stephan Trinkaus (vgl. Egert et al. 2010; Trinkaus/Völker 2015) die Prekarisierung von Männlichkeit selbst und damit neue *Konstellationen von Praktiken der Nicht-Männlichkeit* auslotet. Diana Lengersdorf und Michael Meuser (2010) machen im Rahmen der erstgenannten Problemstellung insbesondere drei Regulierungsmechanismen zur (Re-)Stabilisierung des reziprok-affirmierenden Verhältnisses von Erwerbsarbeit und Männlichkeit aus: ein verschobenes „rekonfiguriertes Normalarbeitsverhältnis" (ebd.: 93f.), die Ausbildung eines unternehmerischen Selbst (ebd.: 94f.) und die Erneuerung hegemonialer Männlichkeit als „Orientierungsmuster, das die sozial anerkannten Weisen des Mannseins definiert" (ebd.: 95). Die Wiederherstellung der Ordnung männlicher Hegemonie sehen die Autor_innen in der *Neu-Relationierung unterschiedlicher Männlichkeiten*. An dem Pol „Festhalten an tradierten Männlichkeitsmustern" (ebd.: 89) würde von den Milieus lokal gebundener *(Ex-)Normalarbeitnehmer* auf die Wiedererlangung gesicherter Arbeitsverhältnisse gesetzt, was zumeist scheitere und die Zumutungen der sozialen Unsicherheit nicht banne. Am anderen Pol befänden sich die Angehörigen jener '*transnational business masculinity*' (Connell), die in den gegenwärtigen Unsicherheiten die Profitchancen für die eigene transnational agierende, von lokalen Sorge- und Loyalitätsverhältnissen entbundene Elite (vgl. auch Scholz 2009: 87) sähen. Mit dem Perspektivenwechsel weg von der Rekonfiguration von Männlichkeiten hin zu deren Instabilität und ihrem Prekär-Werden kommt der zweite Ansatz der Männlichkeitsforschung zu anderen Ergebnissen (vgl. Egert et al. 2010). Im Rahmen von Gruppenwerkstätten im ländlichen Brandenburg (u.a. mit Ein-Euro-Jobber_innen, Schwulen und Anti-Hartz-IV-Gruppen) wurde immer wieder die Erfahrung thematisiert, mit den Normalitätsannahmen eines autonomen 'männlichen Lebens' durch die eigene Situation der Erwerbslosigkeit, des Angewiesenseins auf soziale Einbindung, auf Zuspruch durch Andere nicht übereinzustimmen. Während sich die Evidenz der 'männlichen Herrschaft' (Bourdieu) durch die Übereinstimmung zwischen dem Lauf der Welt, ihren institutionellen Arrangements und den Akteur_innen, ihren Selbstverständnissen, Körpern und Begehrensweisen herstellt – hierfür wäre in der Tat die Connell'sche *transnational business masculinity* ein beredtes Beispiel –, bezieht sich Prekär-Werden „auf die Irritation dieser doxischen Erfahrung beziehungsweise auf das Aufbrechen der Evidenz, des unmittelbar einleuchtenden Sinnes, des Gleichklangs von Welt und Wahrnehmung“ (Egert et al. 2010: 188). Hervorgebracht werden Praktiken, „die, weit entfernt davon, Männlichkeit zu überwinden, die Erfahrung der Nichtübereinstimmung, der Inkohärenz und des Nichtdominierens freisetzen“ (ebd.: 189).

Die Blickrichtung des zweiten Ansatzes wird auch von feministischen Theorieperspektiven aufgenommen, die sich in kapitalismuskritischer Absicht mit der Dominanz des Arbeitsparadigmas und seiner Überschreitung auseinandersetzen. Mindestens ebenso entscheidend wie die Kämpfe um 'gute Arbeit' sei der Blick auf die Handlungsfähigkeit jener Akteur_innen, deren Leben nicht nur von der Erosion eines Normalarbeitsverhältnisses, sondern grundsätzlicher des Arbeitsparadigmas insgesamt betroffen sei – zum Beispiel wenn sie auf Distanz gehen zur Arbeit. „Auf 'Nicht-Arbeit' sollte daher der Blick geworfen werden, also auf Tätigkeiten, die bisher noch nicht oder weniger stark als die Erwerbssphäre der ökonomischen Logik unterworfen sind“, schlägt Irene Dölling (2012: 286) vor. Sie entwickelt anhand der historischen und gegenwartsbezogenen Rekonstruktion des modernen Affiziertseins vom Erwerbsarbeitsparadigma die Notwendigkeit, gesellschaftliche Alternativen *von den Rändern, den 'Des-Integrationen' zu denken*, um Leben in relativem Abstand zur Erwerbsarbeit intelligibel und damit möglich zu machen (ebd.: 287). Um diese partiellen Überschreitungen – des Arbeitsparadigmas wie der Restabilisierung von Männlichkeiten – 'von den Rändern' aus, um jene „Praktiken der Nichtmännlichkeit" (ebd.), die kein positives Anderes sind, geht es in der zweitgenannten Forschungsperspektive.

9.3 Zusammenfassung und Schlussbemerkung

Gegenstand waren aktuelle Diagnosen zu Prekarisierungsprozessen als tiefgreifendem *Wandel der sozialen Organisation von Arbeit* und als *Intensivierung und Verbreitung von Unsicherheit*. Prekarisierung als komplexes Gefüge ist '*überall*', nicht auf ein gesellschaftliches Teilfeld zu reduzieren und in diesem Sinne *unbestimmt* – weil jeweils betrachtet werden muss, *welche Relationen* (von Arbeit, Lebensformen, Sorgeverhältnissen, Gewordenheiten, Migrationen, Zugehörigkeiten, Körpern usw.) sich im Modus der Prekarisierung als soziale Phänomene hervorbringen. Es sind gerade feministische Forschungen – exemplarisch aufgegriffen zur Sozialfigur der Familienernährerin und zu Männlichkeiten und nichtmännlichen Praktiken –, die die Verschärfung sozialer Zumutungen ebenso wie die Potenziale für Kritik und Veränderung herausgearbeitet haben.

10 Angewiesenheit und Aktivismus – (Re-)Formulierungen politischer Handlungsfähigkeit

Susanne Völker

Die gesellschaftlichen Transformationsprozesse, in denen und durch die hindurch sich Varianten von Sozia(bi)lität und Lebensarrangements artikulieren und die in dem heterogenen Theoriefeld *Prekarisierung* verhandelt werden, sollen nun in Hinblick auf Möglichkeiten der Intervention und politischen Handlungsfähigkeit betrachtet werden. Dabei zeigen sich durchaus Potenziale zur Überschreitung der in den Wandlungsprozessen dominanten Regierungs- und Regulierungsweisen. Diese Potenzialität zu 'Neuem' wird anhand von drei miteinander verflochtenen Bewegungen diskutiert: *Erstens* geht es um die politikhaltige Bewegung der sozialen und institutionellen Entsicherung. Diese korrespondiert und wird beantwortet von nur scheinbar gegenläufigen Politiken der Sicherung, des Schutzes und der Immunisierung (vgl. Lorey 2012, 2015), zielen diese doch auf die *selektive Sicherung* bestimmter Gruppen von autonomen Bürgersubjekten verbunden mit der expansiven Produktion von problematischen 'Anderen'. In theoriepolitischer und kritischer Absicht geht es vor diesem Hintergrund darum, Ungesichertheit und wechselseitige Verwiesenheit (und eben nicht Sicherung, Trennung, Rasterung) zum Ausgangspunkt von Handlungsfähigkeit zu machen. Dies wiederum bedeutet *zweitens*, Politiken zu initiieren, die die Fiktion des autonomen, selbst- und weltverfügenden Subjekts nicht länger stützen, sondern postsouveräne Praktiken hervorzubringen suchen, die gerade in der Nichtverfügbarkeit und Nichtaneignenbarkeit von 'anderen' menschlichen oder nichtmenschlichen Akteur_innen (Haraway 2004) gründen. Und nicht zuletzt geht es *drittens* um Möglichkeiten von Handlungsfähigkeit, die sich weniger aus Integration und Anerkennung im Bestehenden (vgl. dazu auch Kap. 5) speisen, sondern von den (keineswegs als Zone lokalisierbaren) 'Rändern' und mannigfaltigen 'Des-Identifikationen' aus agieren. All diese Fragen sind von queertheoretischen, feministisch-politikwissenschaftlichen und -postoperaistischen Ansätzen mit Blick auf

Fluchtlinien der gegenwärtigen kapitalistischen Konstellationen thematisiert worden.

Im Folgenden werden zunächst (Kap. 10.1) Ansätze zur Angewiesenheit von Leben als zugleich ontosoziale und politisch-ethische Frage (Butler) und zu prekären Fluchtlinien im biopolitischen Kapitalismus (Lorey; Pieper) aufgegriffen. Abschließend (Kap. 10.2) werden am Beispiel der Madrider Feminist_innen der *Precarias a la Deriva* aktivistische Artikulationen von Kritik skizziert.

10.1 Ontosoziale Angewiesenheit, Des-Identifikationen und Exodus – Fluchtlinien im biopolitischen Kapitalismus

Der Begriff der *Prekarisierung* hat vonseiten der Queer Theory eine entscheidende Erweiterung erfahren, da es hier nicht allein um institutionelle Entsicherungen und expandierende soziale Verwundbarkeiten spezifischer Individuen geht, sondern auch um die grundlegende Verletzbarkeit von Leben.

10.1.1 Precariousness und Precarity

Judith Butler formuliert diese analytische Differenz zuerst, indem sie zwischen Leben in seiner Körperlichkeit und seinem Ausgesetztsein in der Welt *(precariousness)* und dem Begriff der *Prekarität (precarity)* als einem „politisch bedingten und zu verantwortenden Zustand der Gefährdung bestimmter Bevölkerungsgruppen" (Butler 2010a: 32) unterscheidet. *Precariousness* betont, dass Leben, Materialität, Körper prekär sind, *weil* Lebewesen, weil 'wir' sozial auf Andere verwiesen sind, um überleben zu können. Wir sind in Relation zu Anderen und wir sind nicht autonom. „Das Prekärsein als prekäres Mit-Sein [im Sinne Jean-Luc Nancys, darauf verweist Isabell Lorey, Anm.d.Verf.] ist eine Bedingung jeden Lebens, die historisch und geografisch sehr unterschiedliche Varianten zeitigt" (Lorey 2011: 73). Das heißt aber auch, dass es keine Seinsweisen jenseits dieser sozialen Relationalität gibt, sondern Ontologien zugleich immer auch politisch, historisch und sozial sind. Die Wahrnehmung des Lebens als einem Leben, das es gegen Beschädigung zu wahren gilt, ist damit eine politische Frage *(precarity)*. Sie hängt aber davon ab, ob das Erlöschen oder sogar Zerstören von Leben als ein schmerzlicher, betrauerbarer

Verlust erfahren werden kann – oder eben nicht. *Welche* Leben – beispielsweise von Menschen, die ich nicht kenne, nicht 'verstehe', ja die mich vielleicht sogar abstoßen – werden als betrauerbare Leben und als Leben, auf die ich bezogen bin, mit denen ich 'verbunden' bin, anerkannt? Die Differenz setzende Frage nach anerkennbaren und verworfenen Leben setzt ein begrenzendes und identifiziertes 'Wir' voraus, das es zu überwinden gilt. Das Gewärtigen der Relationalität, der Verbundenheit meines Lebens mit Anderen und der Tatsache, dass mein Leben 'außer mir' (Butler 2009a) ist, ist nur als Unterbrechung dieses identifizierenden, verfügenden 'Wir' (und die 'Anderen') möglich. In dem 2014 in deutscher Übersetzung erschienenen Austausch zwischen Athena Athanasiou und Judith Butler treten beide für eine Verbreiterung der Empfänglichkeit „verstanden als Disposition anderen gegenüber" (Butler/Athanasiou 2014: 148) ein, was bedeute, „unsere affektiven Bande über die Grenzen von Ähnlichkeit und Gemeinschaft hinaus auszuweiten" (ebd.: 254).

Die queertheoretische Perspektive problematisiert mit der Absage an die stabilisierende und in eins inkludierende und exkludierende Differenz zwischen 'Wir' und 'Anderen' die Bedingungen für die Operationen der Anerkennung und Grenzziehung (bspw. zwischen sinnvollen Erwerbsarbeitsleben und respektablen Bürger_innen einerseits und 'unwürdigen', vermeintlich sozial nutzlosen Leben in Nicht-Arbeit andererseits). Sie richtet den Blick auf jene „Unorte" (Butler), jene nicht oder kaum lebbaren, flüchtigen Positionierungen, die qu(e)er zu den gesellschaftlichen Normen und Normalisierungen stehen. Damit steht auch die Frage der Kritik. Denn möglicherweise ginge es hier – so Judith Butler – weniger um das Erweitern und Ausdehnen des normativen Rahmens und der mit ihm verbundenen Identifikationen als um das Wahrnehmen von Des-Identifikationen: so „könnte es sein, dass die Nachhaltigkeit von Desidentifizierung für die Neuartikulierung der demokratischen Auseinandersetzung von ebenso entscheidender Bedeutung ist" (Butler 1995: 24).

10.1.2 Exzess und Exodus

Zwei theoriepolitische Projekte, die auf Kritik an und Intervention in aktuellen kapitalistischen Herrschaftsgefügen zielen, werden im Folgenden aufgegriffen. Sie wurden im Rahmen gesellschaftstheoretischer, politikwissenschaftlicher und postkolonialer Problematisierungen elaboriert.

Anknüpfend an Theoretiker_innen des italienischen Postoperaismus und das Foucault'sche Paradigma der Biopolitik arbeitet Marianne Pieper heraus, dass Prekarität nicht nur als „Signatur eines Ausbeutungsregimes der lebendigen Arbeit in der Gegenwart nordatlantischer postfordistischer Staaten" (2013: 119) zu begreifen sei, sondern als verkörperte Praxis, die schöpferisch und nicht mit Herrschaftseffekten identisch ist. Postoperaistischen Argumentationen Michael Hardts, Antonio Negris und Paolo Virnos folgend liest sie Prekarität als Resultat von Kämpfen gegen das fordistische Regime, tayloristische Disziplin (vgl. ebd.: 114ff.) und die zeitlich-räumliche Reglementierung der Lebensführungen, wenn auch im Italien der ausgehenden 1970er-Jahre die politischen Organisationen dieser sozialen Bewegungen scheiterten. Im Übergang vom Fordismus zum Postfordismus werden die in sozialen Auseinandersetzungen artikulierten Begehren nach „anderen, besseren Tätigkeits- und Lebenskonzepten" (Pieper 2015) umgewandelt und verkehrt zum Aktivierungsdiktat eines neuen, effektivierten Produktionsmodells: das vormalige „Außen der fordistischen Arbeit", die Lebensinteressen werden umgearbeitet und hineingezogen in das vereinnahmende Regime des Postfordismus.[1]

Der postoperaistische Ansatz, auch in seiner feministischen Lektüre, betont die Eröffnung neuer „Fluchtlinien" (Gilles Deleuze) im Postfordismus durch Momente alltäglicher, anonymer, nicht organisierter, aber eben auch nicht individueller Dissidenz. Es sind zwei Bewegungen im prekären Alltag, in denen sich verdichtet Aushandlungen um ein Anderswerden zeigen:

(1) im *Exzess*, das heißt in der „Produktion exzessiver Soziabilität" (ebd.: 125, vgl. empirische Beispiele: 125f.). Es ist das nicht

1 An dieser Stelle kann auf parallele Theoretisierungen lediglich hingewiesen werden. So problematisieren Luc Boltanski und Ève Chiapello (2003) aus Perspektive der französischen pragmatischen Soziologie die Vereinnahmung, 'Entwaffnung' und Umarbeitung der Sozial- und Künstlerkritik als Erneuerung des Kapitalismus nach 1968. Dies aufnehmend und mit einer undogmatischen Marxrelektüre verbindend elaboriert Klaus Dörre – gemeinsam mit Tine Haubner – das Theorem der (finanz-)kapitalistischen Landnahme (2012: 67). Anders als in der kapitalismuskritischen, pragmatischen Soziologie Luc Boltanskis und Ève Chiapellos und dem Landnahmetheorem (Dörre 2009), bei denen vor allem unterschiedliche Ausbeutungsmodi differenziert herausgearbeitet wurden, akzentuiert der postoperaistische Ansatz die die kapitalistischen Vereinnahmungen überschreitenden Kräfte alltäglicher sozialer Praxis und Bewegungen.

zu kontrollierende, indeterminierte und affektive Vermögen der Körper, Kontakt, Einbindungen, Beziehungen und Kollektivität herzustellen und Varianten sozialer Beziehungen zu ermöglichen, die nicht der Logik kapitalistischer Vergesellschaftung entsprechen, sondern Überschuss machen und ein Reservoir überschreitender, transformativer Praxen bilden.

(2) *Exodus* bezeichnet das Sich-Entziehen, das Entfliehen aus sozialen Zumutungen. Dabei geht es weniger um einen resignativen Rückzug, als um eine Suche nach anderen Existenzbedingungen (vgl. ebd.: 123), und zwar als den Verhältnissen *immanenter*, alltäglicher, durchaus unspektakulärer Widerstand. An Paolo Virno anschließend betont Marianne Pieper, dass die Praxen des Entkommens momentane Unterbrechungen der Ausbeutungs- und Unterwerfungslogiken erscheinen lassen, mehr noch: „mit dem anonymen, kollektiven, beständigen Abtrünnigwerden [werden] die Spielregeln, bestehende Ordnungen unterminiert, [geraten] die Orientierungen durcheinander und soziale, politische und ökonomische Transformationsprozesse [werden] initiiert" (2013: 123).

10.1.3 Gouvernementale Prekarisierung

Überlegungen Michel Foucaults, Gilles Deleuzes und Félix Guattaris, Judith Butlers und postoperaistische Impulse verschränkend, befasst sich Isabell Lorey (2012) politiktheoretisch mit dem Prekären als Regierungsform. In ihrer Analyse historisch unterschiedlicher Politiken des Schutzes der Gesellschaft vor sozialer und politischer Verletzbarkeit arbeitet sie für postfordistische Gesellschaften eine „tendenzielle [...] Ununterscheidbarkeit" (Lorey 2011: 72) zwischen Prekärem/Unsicherem und Immunem heraus. Mittels des Regimes der Un/Sicherheit wird ein autonomes, aktiviertes, unabhängiges, über sich verfügendes, 'männliches' Subjekt angerufen (Lorey 2015). Zugleich wird der 'Gesellschaftskörper' mit neuen Grenzziehungen geschützt gegen 'sozial gefährliche', abhängige und angewiesene Prekarisierte und ihre Begehrlichkeiten. Die Politik gesellschaftlicher Immunisierung verwandelt soziale Ausschlüsse zum individuell verschuldeten Problem einer nicht aktivierbaren, moralisch zweifelhaften, aber vermeintlich – und das macht den Schutz aus – überschau-, bestimm- und damit eingrenzbaren Gruppe. Entlang der Frage nach politischer Handlungsmacht unter Bedingtheiten der biopolitischen Immunisierung erweitert Isabell Lorey die Butler'sche Unterscheidung von *precariousness* und *precarity* um den Selbstregierungsmodus der *Gouvernementalen Prekarisierung*, der die Ambivalenzen von Unterwerfung und Ermächtigung (Lorey 2011: 73) in den Praktiken und ihren Ereignisweisen und die interne Instabilität neoliberalen Regierens zugänglich macht. Möglichkeiten dissidenten Handelns sieht sie angesichts der expansiven, eben nicht eindämmbaren Dynamik des Prekären – wie auch Marianne Pieper – im Austreten aus der Ordnung, im *Exodus* sowie im Beziehen auf nicht kapitalisierbare Logiken und Verbindungen wie der *Sorge* (Lorey 2012: 117ff.).

10.2 Derive und Sorgestreik – aktivistische Überschreitungen

Ein Beispiel dafür, Prekarität als eine Vielzahl von Praxen des Alltäglichen zu verstehen, die, werden sie wahrnehmbar, den Rahmen des politischen Regimes der Prekarisierung überschreiten, sind die Texte und Aktivitäten der *Precarias a la Deriva*. Die Praxen der Prekarität machen nicht nur die politischen Ausschlüsse, Zuschreibungen und Differenzsetzungen, sondern zugleich das Ereignen von Soziabilität, von wechselseitiger Angewiesenheit, von Ein- und Entbindung greifbar. Hervorgegangenen aus einer Gruppe in sehr unterschiedlichen Weisen 'prekär' lebender Aktivist_innen (hinsichtlich ihrer Erwerbsarbeit, ihres Bürger_innenstatus, ihrer Sexualität) des feministischen Sozialzentrums *La Eskalera Karakola* praktizierten die Precarias zu Beginn der 2000er-Jahre unterschiedliche Formen des Streiks als Unterbrechungen kapitalistischer Vergesellschaftungs- und Ausbeutungslogiken. Sie veranstalteten in Anlehnung an radikal linke, intellektuelle und künstlerische Aktionsformen der *Situationistischen Internationale* der 1968er-Jahre sogenannte *Deriven* – urbane Streifzüge –, um ihre Lebensbezüge, ihre Vernetzungen, ihre Existenzweisen und Bewegungen in die Landkarte der Stadt einzuschreiben. Gracia Romasanta beschreibt die Entstehung dieser Aktions- und Selbstbeforschungspraxis:

> Alles begann [...] anlässlich des Generalstreiks 2002. Dieser Streik repräsentierte unserer Meinung nach die Arbeitsverhältnisse von Frauen und ihre Konflikte nicht; ebenso nicht die der Migrant_innen und der Leute mit temporärer Arbeit, die wussten, dass ihnen, wenn sie streiken, am nächsten Tag gekündigt wird. [...] Der Streik schien uns überhaupt kein Mittel zu sein, um die Probleme in diesen Arbeitsverhältnissen aufzuwerfen. (Lorenz/Kuster/Precarias a la Deriva 2007: 260)

Es ging den Madrider Aktivist_innen darum, „durch konkrete Praxen kollektives Denken zu erzeugen" (ebd.: 259) und die „traditionelle Trennung von Arbeit und Nicht-Arbeit in Frage zu stellen" (ebd.). Ausgangspunkt war das eigene Leben – es wurden situierte Deriven (vgl. Precarias a la Deriva 2011a: 37ff.) durchgeführt –, um mit differenten, prekarisierten Anderen einen gemeinsamen Prozess des kollektiven Erfahrung-Machens, des kollektiven Sich-in-Situationen-Bringens zu organisieren und so andere Relationen (mit) hervorzubringen.

> Die meisten von uns waren weiß, mehr oder weniger aus der Mittelschicht und plötzlich befanden wir uns in dieser Situation, zu der wir uns nicht zugehörig fühlten. Daraus entstand die Idee, in diesem Park eine öffentliche Versammlung zu veranstalten, um einen gemeinsamen Prozess herzustellen, der uns stärker involviert. (Lorenz/Kuster/Precarias a la Deriva 2007: 263)

Unter der Frage „Was ist dein Streik?" ging es in *militanten Untersuchungen* darum, auf mikropolitischer Ebene, in den Feldern der Mikrokonfliktivität des (jeweils eigenen und spezifischen) Alltags zu erforschen, wo konkret in der Gegenwart, im praktischen Vollzug Unterbrechungen kapitalistischer Unterwerfung möglich sind. Ein strategisches Feld des Streiks bot aus Sicht der Precarias das „Sex-Aufmerksamkeit-Sorge-Kontinuum" (Precarias a la Deriva 2011b) abgewerteter und häufig unsichtbar gemachter 'weiblicher' Arbeit. Welche Praktiken prekärer Ermächtigung zeigen sich in konkreten Sorgearbeiten, die 'mikrologisch', situativ und flüchtig „die Nachhaltigkeit des gemeinschaftlichen Lebens ins Zentrum rücken" (ebd.: 116)? Es ist der 'doppelte Ort' der Sorge, an dem innerhalb ausgebeuteter, kommerzialisierter und taylorisierter Sorge durch Tätigkeiten, Aktivitäten und Verbindungen, die sich in ihren spezifischen Logiken dem kapitalistischen Markt entziehen, Überschuss 'gemacht' wird. Insofern plädieren die Precarias für einen *Sorgestreik*, der nicht bedeutet, „die Sorgetätigkeit auszusetzen, sondern vielmehr [...], die Sorgepraktiken ins Zentrum zu rücken und damit eine Ordnung zu unterbrechen, die diese Praktiken beständig unsichtbar macht und negiert" (ebd.: 116). Eine nicht essentialisierende, politische Auffassung von Sorge und Lebensinteressen in den Mittelpunkt zu stellen, bedeutet zugleich – und das ist der Einsatz der Politisierung –, die kapitalistische Logik anzufechten; es bedeutet, Sorgearbeit „in einen Hebel der Veränderung zu verwandeln, indem eine ökologische Logik der Sorge vorangetrieben wird, die Wege zu einer Reorganisation des Sozialen eröffnet" (ebd.: 58). Dabei geht es um das Tun, die überschreitende Praxis *in* konkreten Situationen; es geht darum, *in* den Bedingungen neoliberaler Regierung und globaler Ausbeutung dennoch die Wahrnehmung für diese „Gesten der Mikrokonfliktivität" offenzuhalten und diese „mit Möglichkeiten einer größeren und kollektiven Veränderung zu verknüpfen" (ebd.: 128).

10.3 Zusammenfassung und Schlussbemerkung

Die queertheoretischen, postoperaistischen und gouvernementalitätstheoretischen Kritikperspektiven auf den biopolitischen Kapitalismus haben vor allem drei Ausgangspunkte gemeinsam: Sie verstehen (1) das politische Subjekt als nicht autonom, grundlegend abhängig und sozial und gerade deswegen ist es handlungsfähig. (2) Die Perspektive der Überschreitung des Gegebenen wird wesentlich nicht in der inkludierenden Weiterung, sondern im Durchkreuzen kapitalistischer Logiken gesehen. Dies ereignet sich (3) in alltäglichen, eher unspektakulären Praxen der Abtrünnigkeit, des Entziehens und des Unterbrechens, die zwar vordergründig nicht politisch organisiert, aber eben auch nicht individuell sind. In den Mittelpunkt rücken Fragen kollektiver Praxen des Alltäglichen, des Versammelns, des Beteiligtseins am Schaffen von 'anderen' Relationen, die sich vor allem aus der Soziabilität der Akteur_innen, ihrem Vermögen Bindungen zu schaffen speisen. Gegen die Logik der Akkumulation und der Ökonomisierung gilt es, das Mit-Sein, die schöpferischen Praxen der Konvivialität ins Spiel zu bringen und relevant zu machen.

D
Zum Schluss

11 Feministische Kapitalismuskritiken: Was ist gewonnen? Was ist zu gewinnen? Zum Ausstieg

Brigitte Aulenbacher / Birgit Riegraf / Susanne Völker

An dieser Stelle laden wir die Leser_innen, die die drei ausgewählten Forschungsfelder durchschritten haben, dazu ein, sie mit uns daraufhin zu bilanzieren, was mit feministischer Kapitalismuskritik gewonnen wurde und was noch zu gewinnen ist. Leser_innen, die Bücher lieber von hinten nach vorne oder quer lesen, bekommen wiederum einen Eindruck davon, wie wir die feministischen Kapitalismuskritiken verorten. In beiden Fällen ist es jedoch das Anliegen dieses Schlusskapitels, herauszustellen, was feministische Kapitalismuskritiken auszeichnet, in welcher Weise sie die wissenschaftlichen und politischen Diskussionen bereichern, wo sich Anschlüsse an weitere Forschungsstränge anbieten und wo die Kontroverse mit anderen Ansätzen und Denktraditionen lohnt.

Zuerst soll für jedes der drei Felder resümiert werden, was als besonders bedeutsam im Sinne von richtungsweisend für die Gesellschaftsanalyse angesehen werden kann, auch um der Verschiedenheit der Perspektiven Rechnung zu tragen und aufzunehmen, worin die wechselseitigen Bereicherungen liegen (Kap. 11.1). Vor diesem Hintergrund werden anschließend Fragen und Perspektiven benannt, die es lohnt weiterzuverfolgen, und zwar nicht nur in und zwischen den Feldern der feministischen Kapitalismuskritik, sondern auch mit Blick auf angrenzende Forschungsfelder und die sie bearbeitenden Forschungsstränge (Kap. 11.2).

11.1 Was ist mit feministischen Kapitalismuskritiken gewonnen? Ein Blick zurück aufs Wesentliche

Die vorliegende Sortierung der Forschungsfelder folgt in gewisser Weise der Gesellschaftsgeschichte und der Wissenschaftsgeschichte der Geschlechterforschung, wobei eine doppelte Chronologie sichtbar wird: Beim Abschreiten der Forschungsfelder schreiten die Leser_innen zugleich die Entwicklung des Kapitalismus mit ab. Die

Betrachtung der wissenschaftsgeschichtlichen Abfolgen zeig
die Forschungen in den vergangenen fünfzig Jahren entstander
Entsprechend kommt in ihrer wissenschaftlichen Entstehungs-
die gesellschaftliche Entwicklungsgeschichte zum Ausdruck.

In diesem Zeitraum, in dem die drei Forschungsfelder in der jeweils ausgeführten Weise bearbeitet worden sind und werden, veränderten sich die kapitalistischen Gesellschaften erheblich, wie in den Umbrüchen vom Fordismus über den Postfordismus zum Finanzmarktkapitalismus deutlich wird sowie in der in diese Phase fallenden Durchsetzung der formal-rechtlichen Gleichheit der Geschlechter, der herausgebildeten Risse in den heteronormativen Geschlechterordnungen und in manchem mehr. Dass der Beginn der Arbeiten in den Forschungsfeldern teilweise weit zurückliegt und sich die darin vertretenen Ansätze und Perspektiven unterschiedlich weit zurückverfolgen lassen, sagt nichts über ihre Aktualität aus. Alle in diesem Band diskutierten feministischen Kapitalismuskritiken stehen für maßgebliche und richtungsweisende Analysen des Kapitalismus bis in seine gegenwärtige, finanzmarktgetriebene Entwicklung hinein. Ihre Analysekraft ist daran zu bemessen, wie sie den Kapitalismus, seine Geschichte und/oder seine gegenwärtige Entwicklung einzufangen in der Lage sind, was bedeutet: wie ihnen dies mit ihrem jeweiligen Instrumentarium gelingt, dessen Weiterentwicklung wie bei jeder guten Wissenschaft vorausgesetzt werden darf und, wie sich gezeigt hat, auch kann. Aus dieser Perspektive gesehen können die in den Feldern vertretenen Betrachtungsweisen noch anders als in einer chronologischen Lesart miteinander in Verbindung gebracht werden: Sie leuchten ein und dieselbe Gesellschaftsformation unterschiedlich aus und lassen dadurch jeweils andere Ausschnitte in den Vordergrund treten.

In diesem Sinne ziehen wir im ersten Schritt folgendermaßen Bilanz: In jedem Forschungsfeld erwiesen sich bestimmte Blickwinkel als maßgeblich und wurden die Linsen entsprechend auf je andere Zusammenhänge scharf gestellt. Von der inhaltlichen Akzentsetzung her wurde über die Felder hinweg eine Brücke geschlagen von der Betrachtung des Kapitalismus als Herrschaftszusammenhang über die darin ermöglichte Lebensweise bis hin zu seiner Betrachtung als gelebter Praxis; freilich spielt alles in jedes Feld hinein, aber der Stellenwert ändert sich mit der Perspektivierung. Für jedes der Felder streichen wir vor diesem Hintergrund nun drei Aspekte heraus, die charakteristische Betrachtungsweisen hervorheben, und verweisen dabei auch auf das Wissenschaftsverständnis, das sich hierin zeigt.

In dem Bemühen, Kapitalismus von Grund auf, nämlich von seiner geschichtlichen Herausbildung und von seinen Grundstrukturen her, zu erklären, setzen die vor allem sozial-, gesellschafts-, ökonomie- und geschlechtertheoretisch orientierten Kapitalismuskritiken *im ersten Feld* erkenntnisstrategisch bei Besonderheiten der Moderne, darunter auch ihrer vorkapitalistischen Formation, an. Sie zeigen, *erstens*, in welcher Weise weite Teile des Lebens und der Sorge darum im Verlauf der Geschichte unter (markt- und privat-) wirtschaftliche Belange untergeordnet worden sind und wie dies die Funktionsweise des Kapitalismus überhaupt erst ermöglicht. *Zweitens* wird deutlich, dass es sich dabei historisch und mit Blick darauf, wie der Kapitalismus verfasst ist, um herrschaftsförmige Konstellationen handelt, in denen mindestens drei Herrschaftslogiken und -verhältnisse zusammenwirken: der Androzentrismus und geschlechtsbasierte Herrschaft, der Eurozentrismus und ethnizitätsbasierte Herrschaft, der Kapitalismus und klassenbasierte Herrschaft, entlang derer Markt- und Verwertungsimperative Vorrang er- und zur Entfaltung gelangen, die Care-Ökonomie hintangestellt und der Raubbau an der Natur vollzogen werden. Wenn die Gegenwartskapitalismen seit geraumer Zeit in umstrittener Weise in Bewegung sind – was ihre ökonomische Ungleichheits- und ihre bürgerliche Gleichheitsordnung angeht, das Verhältnis von Markt und Demokratie, die Durchschlagskraft der 'Märkte' auf die Existenzsicherung der Menschen sowie die gegen ihre Folgen blinde Wachstumsorientierung – so können diese Prozesse *drittens* nicht losgelöst davon gesehen werden, dass sich mit ihnen auch die inner- und zwischengesellschaftlichen Herrschafts- und Ungleichheitsverhältnisse tiefgreifend wandeln, in welche Richtung auch immer: ihre Konsolidierung oder ihre Erosion. In der trans- und interdisziplinären Bearbeitung dieses Feldes lassen sich verschiedene Denktraditionen ausmachen; gleichwohl sind einige Denkformen von besonderer Bedeutung, was nicht zuletzt mit den Klassikeranleihen zusammenhängt: etwa ein relationaler Gesellschaftsbegriff, in dem die gesellschaftlichen Bereiche und die Geschlechter, Ethnien, Klassen dahingehend in den Blick geraten, wie sie zueinander positioniert sind, und Analysezugänge, denen Gesellschaftstheorie dazu dient, diejenigen Zusammenhänge zu entschlüsseln, die der Empirie und Praxis nicht ohne Weiteres zugänglich sind, und damit

Perspektiven, die die Gesellschaftsstrukturen im Blick zu behalten suchen.

Das *zweite Feld* nimmt die Art und Weise auf, wie Kapitalismus nicht zuletzt institutionell und normativ historisch spezifisch lebbar gemacht wird. Deutlich wird, dass dies in den Gegenwartskapitalismen nicht losgelöst von der seit dem letzten Jahrhundert herausgebildeten Sozialstaatlichkeit begriffen werden kann, die damit hervorgehobene Beachtung verdient. Damit treten, *erstens*, Fragen sozialer Gleichheit und Ungleichheit, von Gerechtigkeit und Ungerechtigkeit, von Verteilung des Reichtums und der Anerkennung der verschiedenen Lebensweisen und -formen in den Vordergrund, verbunden mit intersektionellen Perspektiven. *Zweitens* wird der Wandel, der sich vom Fordismus über den Postfordismus zum Finanzmarktkapitalismus vollzogen hat, als Veränderung der Arbeits- und Geschlechterarrangements und der Männlichkeitskonstruktionen deutlich. Während unstrittig ist, dass dabei Risiken kapitalistischen Wirtschaftens im Zuge des Wandels von Beschäftigungsverhältnissen, Lebensformen und Sozialstaat in neuer Weise an die Einzelnen durchgereicht werden, ist umstritten, wie dies im Spannungsverhältnis von ökonomischer Ungleichheits- und bürgerlicher Gleichheitsordnung angemessen zu analysieren und welcher Art die Veränderung ist, was emanzipatorische Potenziale angeht. *Drittens* wird deutlich, dass die Entstehungsgeschichte kapitalistischer Gesellschaftsformationen nicht allein mit Blick auf die nationalstaatlichen Ausprägungen analysiert werden kann, sondern immer in einer globalen Weise betrachtet werden muss. Angesichts zunehmender internationaler Verflechtungen von Wirtschafts- und Finanzmärkten wird die globale Betrachtungsweise von kapitalistischen Entwicklungsprozessen immer wesentlicher; damit verbunden ist, dass sich auch Fragen von Ungleichheit und Gerechtigkeit in ganz neuer Weise stellen. In diesem Feld steht eine Betrachtungsweise im Mittelpunkt, wonach sich gesellschaftlicher Wandel als institutioneller und normativer Wandel besonders gut einfangen lässt, da sich damit Weichenstellungen erkennen lassen, die im Hinblick auf Fragen sozialer Integration, gesellschaftlicher Arbeits- und Funktionsteilungen und der Partizipation an den ideellen und materiellen Gütern der Gesellschaft erfolgt sind und erfolgen.

Der theoretische und methodologische Rekurs feministischer Ansätze auf Praxistheorien und die aktuelle Zeitdiagnose der Prekarisierungsforschung konnte *im dritten Feld* dreierlei zeigen: *Erstens* wurde der Blick auf den eigenen analytischen Status der (alltags-)praktischen Hervorbringung von Differenzen gerichtet – beispielsweise qua Geschlecht. Kapitalistische Gesellschaften als konkret und gegenwärtig hergestellte ereignen sich in der spezifischen, unbestimmten Logik des praktischen Vollzugs, im Zuge dessen 'Gender' und andere Differenzsetzungen Form annehmen. Diese praktische 'Reproduktion' der Verhältnisse ist immer – performativ – mit ihrem Wandel verknüpft und insofern ist 'Reproduktion' sowohl auf Wandel angewiesen als auch immer offen für Transformationen. *Zweitens* haben feministische Perspektiven die der Praxis immanente 'Unbestimmtheit' als Ansatzpunkt der Kritik am männlichen, autonomen Subjekt und des ökonomistischen Wachstumsphantasmas lesbar gemacht. Unbestimmtheit im Ereignen von Praxis heißt auch, dass es kein über sich selbst verfügendes Subjekt gibt, sondern nur ein Subjekt in Relation, 'außer sich' und auf Sozialität angewiesen. Unbestimmtheit der Praxis betont zudem sowohl die Mehrdeutigkeit aktueller gesellschaftlicher Prekarisierungsdynamiken und -politiken als auch die grundlegende Unverfügbarkeit und Kontingenz der Welt und ihres Laufs, die nicht allein durch menschliches Handeln und Theoretisierungen bestimmt, differenziert, gerastert und kontrolliert werden. Welt und Gesellschaft werden zwar von der kapitalistischen Herrschafts- und Wachstumslogik mit hervorgebracht, aber sie sind nicht mit ihr identisch. Neuere affekttheoretische Überlegungen, an die unterschiedliche feministische Strömungen anknüpfen, gehen der Frage des Berührtseins, des Empfänglichseins in der Welt, in Relation zu Anderen/m und des Affizierens von Anderen/m nach – und zwar als einer politisch höchst relevanten Frage der Erweiterung der Spielräume für Kritik und Veränderung des Projekts der 'Kritik'. *Drittens*, parallel zu praxistheoretisch beeinflussten Strömungen und zum Teil in Resonanz zu ihnen, befassen sich weitere feministische Kapitalismusanalysen mit Fragen der Handlungsfähigkeit und der Erweiterung des Politischen, mit Möglichkeiten von Aktivismus und Bündnissen. Feministische Theorieprojekte – wie die Praktiken von Wissensproduktion insgesamt – verfügen dabei über keine Beobachterposition, sondern sind auch im Hinblick auf die aktuellen Dynamiken Teil der Re-Konfiguration der Welt. In diesem Sinn – so konnte mit ausgewählten (mikro-)politischen, interventionistischen Ansätzen gezeigt werden – haben sie auch Teil am und Verantwortung für ein Anderswerden der Welt.

Unser Blick aufs jeweils Wesentliche und damit vor allem die Unterschiede soll nicht über Gemeinsamkeiten hinwegtäuschen: In praxeologischen Perspektiven findet sich ebenfalls ein relationaler Gesellschaftsbegriff, Gesellschaftstheorien der hier verhandelten Denktraditionen sind sich ihrer praktischen Geltung überaus bewusst. Institutionenanalysen werden als Gesellschaftsanalysen betrieben, die den Bogen von den Strukturen zum Handeln spannen. Wenn im Abschreiten der Forschungsfelder und zum Ausstieg die Vielstimmigkeit feministischer Kapitalismuskritik nochmals betont wird, so geschieht dies deshalb, weil wir sie für eine Stärke halten. In diesem Sinne wollen wir die Frage danach, was mit feministischen Kapitalismuskritiken gewonnen ist, wie folgt beantworten: Es handelt sich dabei um im besten Sinne des Wortes streitbare Gesellschaftsanalysen, die den Kapitalismus in seiner Verfasstheit, seiner institutionellen und normativen Gestalt sowie als Praxis erklären und damit grundlegend zu seiner Kritik beitragen. Zusätzlich zur Resonanz in den jeweiligen Feldern sollten sie noch weit mehr Aufmerksamkeit über die Feldergrenzen hinweg erhalten, als es derzeit der Fall ist. Dies erscheint uns deshalb wichtig, weil die verschiedenen Perspektiven einander Anregungen und Korrektive sein können: Was aus der einen Betrachtungsweise in den Blick gerät, kann in der anderen Betrachtungsweise zu denken geben und die Suche nach eigenen Wegen befördern, das Ungesehene oder Unbegriffene mit dem eigenen Instrumentarium zu fassen oder gar Ungreifbarkeiten und Unverfügbarkeiten zum Ausgangspunkt konzeptioneller Revisionen zu machen. Darin besteht aus unserer Sicht die Stärke der vielstimmigen feministischen Kapitalismuskritiken. Wenn das Buch Interesse dafür wecken kann, in alle Felder einzusteigen und die Grenzen in alle Richtungen immer wieder zu überschreiten, dann hat es eines seiner Ziele erreicht.

11.2 Was ist sonst noch zu gewinnen? Der Blick über die Forschungsfelder feministischer Kapitalismuskritiken hinaus

In den ausgewählten Forschungsfeldern ist an verschiedenen Stellen deutlich geworden, dass nicht nur innerhalb der feministischen Kapitalismuskritik Bewegung feststellbar ist, sondern in mindestens zweifacher Weise auch über sie hinaus: Kapitalismusanalytisch und

-kritisch (und zwar nicht nur, aber auch nicht zuletzt in Bezug auf den Finanzmarktkapitalismus, seine Krisen, seine sich darüber vollziehende Erneuerung, den damit verbundenen Herrschaftswandel und anderes mehr) sind weitere Forschungsstränge unterwegs, in denen es nicht minder ins Grundsätzliche geht und die ihr Augenmerk ebenfalls auf komplexe soziale Ungleichheiten richten. In diesem Kontext werden Teile der Theoriegeschichte wieder- und neu entdeckt, teils von denselben, teils von ganz anderen Forschungssträngen als zuvor. Beispiele sind die Intersektionalitätsforschung, der Marxismus oder die Kontroverse zwischen Feminismus und Marxismus. Ferner wenden sich Forschungsstränge, die anders als die soeben genannten bislang der (Markt-)Ökonomie eher wenig Aufmerksamkeit geschenkt hatten, der Kapitalismusanalyse zu, beispielsweise queerfeministische, materialitäts- und auch affekttheoretische Ansätze. Schließlich sind feministische Kapitalismuskritiken ebenso wie andere Forschungsstränge gesellschaftlich herausgefordert, zu den Verhältnissen Stellung zu nehmen; dies lässt sich nicht zuletzt daran festmachen, dass und wie Wissenschaft sich einmischt, und zwar nicht nur verkörpert durch die Figur des_der öffentlichen Intellektuellen, sondern weitergehend als Teil gesellschaftlicher Proteste, wie sie in einigen Kapiteln angesprochen worden sind. In diese Konstellation hinein wollen wir abschließend fragen, was hier zu gewinnen ist – und zwar für und durch die feministischen Kapitalismuskritiken im Bestreben, die herrschenden Zustände so greifbar zu machen und zu begreifen, dass wissenschaftlich fundiert über lebbare Alternativen nachgedacht werden kann und, umgekehrt, gesellschaftliche Belange die Wissenschaft erreichen.

Damit ist implizit auch schon gesagt, dass feministische Kapitalismuskritiken aus unserer Sicht keine überlegene Geltung beanspruchen können – und dies unserer Wahrnehmung nach auch nicht tun; sie sind Teil der wissenschaftlichen und gesellschaftlichen Kapitalismuskritik, Erkenntnisse eintragend und von ihr lernend. Was also können sie eintragen, was ist zu lernen? Fünf Grenzüberschreitungen erscheinen uns abschließend nennenswert, ohne sie in diesem Buch ausführen zu können.

Erstens lassen sich feministische Kapitalismuskritiken, kritische Gender und Queer Studies nur in Verschränkungen denken. Ihre Phänomene ebenso wie ihre Epistemologien sind durch vielfältige Relationen bestimmt. Feministische Kapitalismuskritiken wie Gender und Queer Studies eröffnen spezifische Zugriffe auf Fragen der Kritik und der Grenzen der Intelligibilität (die mitunter auch die Grenzen der Kritik sind). Geschlecht im Sinne einer Grenzvorstellung und Praxis der Grenzziehung offenbart einen wesentlichen Modus der Klassifikation und der Organisation von Ordnung, Ungleichheit, Materialität und Begehren. Gender als kritisches Verfahren macht zudem die Begrenztheit bisher selbstverständlicher oder dominanter Vorstellungen (auch der eigenen) sichtbar. Queer als Bewegung der Des-Identifikation, als Thematisierung von Unorten, des Noch-nicht-Intelligiblen öffnet zudem die Analyseperspektive stärker zum Anderswerden der Welt. *Zweitens* kann feministische Kapitalismuskritik nicht ohne eine Analyse der Ausgestaltung konkreter Gesellschaftsformationen betrieben werden und damit auch nicht ohne die Perspektive darauf, wie in historisch je spezifischer Weise Geschlechterverhältnisse in einem systematischen Zusammenhang mit (National-)Staat und Politik verwoben sind. Dabei stellen sich immer wieder neu die Verschränkungen zwischen den unterschiedlichen Ungleichheiten her. *Drittens* können wachsende Gemeinsamkeiten mit Kapitalismustheorien genannt werden. Sie beziehen sich darauf, dass von dieser Seite Geschlecht und Ethnizität zusehends systematischer als bislang in die Kapitalismusanalyse und -kritik integriert werden und Fragen sozialer Reproduktion, des Sorgens und der Sorgearbeit Raum bekommen, wobei feministische Erkenntnisse partiell Eingang gefunden haben. Auf feministischer Seite zeigt sich ein gewisser Nachholbedarf und ein bereits deutlich erkennbares Nachholen in der Auseinandersetzung mit kapitalismustheoretischen Zentralbegriffen wie Akkumulation, Ausbeutung, Entfremdung und anderen mehr. Diesen Gemeinsamkeiten in der Sache muss und wird vermutlich keine Gemeinsamkeit in der Betrachtungsweise entsprechen, da Kapitalismustheorien wie zuvor angedeutet Gesellschaft, in freilich verschiedenen Varianten, vom Kapitalverhältnis ausgehend perspektivieren, während feministische Kapitalismuskritiken, freilich ebenfalls in verschiedenen Varianten, sie davon ausgehend in den Blick nehmen, welche Herrschaftsverhältnisse ihm eingeschrieben sind. Was damit wie in den Blick gerät, lohnt nicht zum ersten und vermutlich auch nicht zum letzten Mal den Theorienstreit zwischen den Strängen. *Viertens* zeigen feministische Kapitalismuskritiken, dass die Themen sozialer und ökologischer Reproduktion enger zusammenzudenken sind, als wir es zumindest im Globalen Norden gewohnt sind. Insofern lassen sich den verhandelten Ansätzen Anregungen entnehmen, gegenwartskapitalistische Diskussionen um die Krise der sozialen Reproduktion und Wachstumskritik beziehungsweise um Postwachstum (wieder) eng(er) aufeinander zu beziehen. *Fünftens* schließlich sind Gesellschaftsanalyse und -kritik gefordert, darüber nachzudenken, was die Aufgabe von kritischer Soziologie oder Sozialwissenschaft einschließlich ihrer feministischen Forschungsstränge und somit auch der feministischen Kapitalismuskritiken ist. Nicht von ungefähr ist die Forderung nach einer öffentlichen Soziologie gegenwärtig ein ebenso verfolgter wie umstrittener Punkt in der Reflexion des Fachs auf sein Selbstverständnis, während Teile feministischer Kapitalismuskritiken, der Kapitalismustheorien, der Queer Studies und andere mehr diese Frage für sich bereits beantwortet haben, indem sie sich gesellschaftlichen Protestbewegungen angeschlossen oder sie mitinitiiert haben. Gleichgültig, wo sich die Vertreter_innen verschiedener Forschungsstränge gerade befinden – in der Alma Mater oder auf der Straße – sie und auch feministische Kapitalismuskritiken kommen nicht umhin, darüber nachzudenken, was sie zur Analyse und Kritik beizutragen haben, in welcher Weise sie ihre wissenschaftlichen Perspektiven einbringen können und sollen und wie, auf welche Weisen sie damit an den Hervorbringungen von Welt teilhaben.

Wenn der hier eröffnete Einstieg in die feministischen Kapitalismuskritiken das Interesse weckt, sich auch angrenzende Forschungsfelder und -stränge anzuschauen, oder den dortigen Informationsbedarf in Sachen Feminismus bedient, und wenn er ferner dazu anregt, über das Verhältnis von Wissenschaft zur Gesellschaft und zum Anderswerden der Welt nachzudenken, ist ein weiteres Ziel dieses Buches erreicht.

Literatur

Alaimo, Stacy/Hekman, Susan (Hg.) (2008): Material Feminisms, Bloomington.

Altvater, Elmar/Mahnkopf, Birgit (2004): Grenzen der Globalisierung. Ökonomie, Ökologie und Politik in der Weltgesellschaft, Münster.

Amacker, Michèle (2011): „Da haben wir wenig Spielraum" – Familienernährerinnen in prekären Lebenslagen, in: WSI-Mitteilungen 64, S. 409-415.

Anthias, Floya/Yuval-Davis, Nira (1983): Contextualizing Feminism: Gender, Ethnic and Class Division, in: Feminist Review 15, S. 62-75.

Apitzsch, Ursula/Schmidbaur, Marianne (Hg.) (2010): Care und Migration. Die Ent-Sorgung menschlicher Reproduktionsarbeit entlang von Geschlechter- und Armutsgrenzen, Opladen/Farmington Hills.

Atzmüller, Roland et al. (Hg.) (2013): Fit für die Krise? Perspektiven der Regulationstheorie, Münster.

Aulenbacher, Brigitte (2009): Die soziale Frage neu gestellt – Gesellschaftsanalysen der Prekarisierungs- und Geschlechterforschung, in: Castel, Robert/Dörre, Klaus (Hg.): Prekarität, Abstieg, Ausgrenzung. Die soziale Frage am Beginn des 21. Jahrhunderts. Frankfurt a.M./New York, S. 65-77.

– (2010): Intersektionalität – Die Wiederentdeckung komplexer sozialer Ungleichheiten und neue Wege in der Geschlechterforschung, in: Aulenbacher, Brigitte/Meuser, Michael/Riegraf, Birgit (Hg.): Soziologische Geschlechterforschung. Eine Einführung, Wiesbaden, S. 211-224.

– (2012): Gegenläufige Blicke auf Kapitalismus und Arbeit. Feministische Kapitalismusanalysen im Verhältnis zu Kapitalismustheorie und Arbeitssoziologie, in: Dörre, Klaus/Sauer, Dieter/Wittke, Volker unter Mitarbeit von Tine Haubner und Harald Hoppadietz (Hg.): Kapitalismustheorie und Arbeit, Frankfurt a.M./New York, S. 113-126.

– (2013): Ökonomie und Sorgearbeit. Herrschaftslogiken, Arbeitsteilungen und Grenzziehungen im Gegenwartskapitalismus, in: Appelt, Erna/Aulenbacher, Brigitte/Wetterer, Angelika (Hg.): Gesellschaft. Feministische Krisendiagnosen, Münster, S. 105-126.

– (2014): Vom Kolonialherrn zum Banker. „Hegemoniale Männlichkeit", Kapitalismus und Krise im Roman und in der soziologischen Gesellschaftsanalyse, in: Behnke, Cornelia/Lengersdorf, Diana/Scholz, Sylka (Hg.): Wissen – Methode – Geschlecht: Erfassen des fraglos Gegebenen. Zum Werk Michael Meusers, Wiesbaden, S. 249-264.

Aulenbacher, Brigitte/Dammayr, Maria (2014a): Krisen des Sorgens. Zur herrschaftsförmigen und widerständigen Rationalisierung und Neuverteilung von Sorgearbeit, in: Aulenbacher, Brigitte/Dammayr, Maria (Hg.): Für sich und andere sorgen. Krise und Zukunft von Care in der modernen Gesellschaft, Weinheim/Basel, S. 65-76.

–/– (2014b): Zwischen Anspruch und Wirklichkeit: Zur Ganzheitlichkeit und Rationalisierung des Sorgens und der Sorgearbeit, in: Aulenbacher, Brigitte/Riegraf, Birgit/Theobald, Hildegard (Hg.): Sorge: Arbeit, Verhältnisse, Regime – Care: Work, Relations, Regimes (Soziale Welt, Sonderband 20), Baden-Baden, S. 125-140.

–/–/Décieux, Fabienne (2014): Herrschaft, Arbeitsteilung, Ungleichheit – Das Beispiel der Sorgearbeit und des Sorgeregimes im Gegenwartskapitalismus, in: Prokla 175. Zeitschrift für kritische Sozialwissenschaft 44, S. 209-224.

–/–/– (2015): Prekäre Sorge, Sorgearbeit und Sorgeproteste. Über die Sorglosigkeit des Kapitalismus und eine sorgsame Gesellschaft, in: Völker, Susanne/Amacker, Michèle (Hg.): Prekarisierungen. Arbeit, Sorge und Politik, Weinheim/Basel (im Erscheinen).

–/Meuser, Michael/Riegraf, Birgit (2010): Soziologische Geschlechterforschung. Eine Einführung, Wiesbaden.

–/–/– (2012): Geschlecht, Ethnie, Klasse im Kapitalismus – Über die Verschränkung sozialer Verhältnisse und hegemonialer Deutungen im gesellschaftlichen Reproduktionsprozess, in: Berliner Journal für Soziologie 22, S. 5-27.

–/–/– (2013): Hegemonie und Subversion. Zur Pluralisierung hegemonialer Verhältnisse in und zwischen Öffentlichkeiten und Privatheiten, in: Reitsamer, Rosa et al. (Hg.): Geschlechterverhältnisse und neue Öffentlichkeiten. Feministische Perspektiven, Münster, S. 18-36.

–/Nickel, Hildegard Maria/Riegraf, Birgit (Hg.) (2012): Geschlecht, Ethnie, Klasse – Perspektiven auf den Gegenwartskapitalismus (Berliner Journal für Soziologie 22).

–/Riegraf, Birgit (2009): Markteffizienz und Ungleichheit. Zwei Seiten einer Medaille? Klasse/Schicht, Geschlecht und Ethnie im Übergang zur postfordistischen Arbeitsgesellschaft, in: Aulenbacher, Brigitte/Wetterer, Angelika (Hg.): Arbeit. Perspektiven und Diagnosen der Geschlechterforschung, Münster, S. 230-248.

–/– (2011): Die Analyse alltäglicher und biografischer Arbeitsarrangements als Weg arbeits- und industriesoziologischer Sozial- und Zeitdiagnostik, in: Arbeits- und Industriesoziologische Studien (AIS) der Sektion Arbeits- und Industriesoziologie in der DGS 4, S. 74-90.

–/– (2012): Intersektionalität und soziale Ungleichheit, in: Portal Intersektionalität, online unter: http://portal-intersektionalitaet.de/theoriebildung/schluesseltexte/aulenbacherriegraf/, Zugriff am 5.3.2015.

–/– (2013): Kapitalismus und Krise – eine Frage von Ökonomie und Klasse? Über kapitalismustheoretische Öffnungen in Sachen Reproduktion, Geschlecht und Ethnie, in: Atzmüller, Roland et al. (Hg.): Fit für die Krise. Perspektiven der Regulationstheorie, Münster, S. 90-110.

–/–/Theobald, Hildegard (Hg.) (2014): Sorge: Arbeit, Verhältnisse, Regime – Care: Work, Relations, Regimes (Soziale Welt, Sonderband 20), Baden-Baden.

Auth, Diana (2009): Die 'neuen Alten' im Visier des aktivierenden Wohlfahrtsstaates: Geschlechtsspezifische Implikationen des produktiven Alter(n)s, in: Dyk, Silke van/Lessenich, Stephan (Hg.): Die jungen Alten. Analyse einer neuen Sozialfigur, Frankfurt a.M., S. 296-315.

– (2012): Auswirkungen der (Finanz- und Wirtschafts-)Krise auf den Wohlfahrtsstaat, in: Kurz-Scherf, Ingrid/Scheele, Alexandra (Hg.): Macht oder ökonomisches Gesetz. Zum Zusammenhang von Krise und Geschlecht, Münster, S. 141-162.

–/Klenner, Christina/Leitner, Sigrid (2015): Neue Sorgekonflikte: Die Zumutungen des Adult worker model, in: Völker, Susanne/Amacker, Michèle (Hg.): Prekarisierungen. Arbeit, Sorge und Inklusion, Weinheim/Basel (im Erscheinen).

Bachinger, Almut (2014): 24-Stunden-Betreuung – ganz legal? Intersektionale Regime und die Nutzung migrantischer Arbeitskraft, in: Aulenbacher, Brigitte/Dammayr, Maria (Hg.): Für sich und andere sorgen. Krise und Zukunft von Care in der modernen Gesellschaft, Weinheim/Basel, S. 127-138.

Barad, Karen (2007): Meeting the Universe Halfway. Quantum Physics and the Entanglement of Matter and Meaning, Durham/London.

– (2012a): Agentieller Realismus, Berlin.

– (2012b): Was ist das Maß des Nichts? Unendlichkeit, Virtualität, Gerechtigkeit, in: dOCUMENTA (13). Das Buch der Bücher. Katalog 1/3, S. 688-691.

– (2013): Diffraktionen: Differenzen, Kontingenzen und Verschränkungen von Gewicht, in: Bath, Corinna et al. (Hg.): Geschlechter Interferenzen. Wissensformen – Subjektivierungsweisen – Materialisierungen, Münster, S. 27-67.

– (2014): Berühren – Das Nicht-Menschliche, das ich also bin (V.1.1), in: Witzgall, Susanne/Stakemeiner, Kerstin (Hg.): Macht des Materials/Politik der Materialität, Zürich/Berlin, S. 163-176.

Bath, Corinna et al. (2013a): Einleitung, in: Dies. (Hg.): Geschlechter Interferenzen. Wissensformen – Subjektivierungsweisen – Materialisierungen, Münster, S. 7-25.

– et al. (Hg.) (2013b): Geschlechter Interferenzen. Wissensformen – Subjektivierungsweisen – Materialisierungen, Münster.

Bauder, Marc (Reg.) (2013): Master of the Universe (Film), Deutschland/Österreich.

Beck, Ulrich (2003): Verwurzelter Kosmopolitismus: Entwicklungen eines Konzeptes aus rivalisierenden Begriffsoppositionen, in: Beck, Ulrich/Sznaider, Natan/Winter, Renate (Hg.): Globales Amerika? Die kulturellen Folgen der Globalisierung, Bielefeld, S. 25-43.

Becker-Schmidt, Regina (1987): Die doppelte Vergesellschaftung – die doppelte Unterdrückung: Besonderheiten der Frauenforschung in den Sozialwissenschaften, in: Unterkirchen, Lilo/Wagner, Ina (Hg.): Die andere Hälfte der Gesellschaft. Österreichischer Soziologentag 1985, Wien, S. 10-25.

– (1991): Individuum, Klasse und Geschlecht aus der Perspektive der Kritischen Theorie, in: Zapf, Wolfgang (Hg.): Die Modernisierung moderner Gesellschaften. Verhandlungen des 25. Deutschen Soziologentages in Frankfurt am Main 1990, Frankfurt a.M./New York, S. 383-394.

– (1998): Trennung, Verknüpfung, Vermittlung: zum feministischen Umgang mit Dichotomien, in: Knapp, Gudrun-Axeli (Hg.): Kurskorrekturen. Feminismus zwischen Kritischer Theorie und Postmoderne, Frankfurt a.M./New York, S. 84-125.

– (2003): Umbrüche in Arbeitsbiografien von Frauen: Regionale Konstellationen und globale Entwicklungen, in: Knapp, Gudrun-Axeli/ Wetterer, Angelika (Hg.): Achsen der Differenz. Gesellschaftstheorie und feministische Kritik II, Münster, S. 101-132.

– (2007): Geschlechter- und Arbeitsverhältnisse in Bewegung, in: Aulenbacher, Brigitte et al. (Hg.): Arbeit und Geschlecht im Umbruch der modernen Gesellschaft, Wiesbaden, S. 250-268.

– (2011): „Verwahrloste Fürsorge" – ein Krisenherd gesellschaftlicher Reproduktion. Zivilisationskritische Anmerkungen zur ökonomischen, sozialstaatlichen und sozialkulturellen Vernachlässigung von Praxen im Feld „care work", in: Metz-Göckel, Sigrid/Riegraf, Birgit/Theobald, Hildegard (Hg.): Gender und Care (Gender – Zeitschrift für Geschlecht, Kultur und Gesellschaft 3), S. 9-23.

– (2014): Abstraktionsprozesse in der kapitalistischen Ökonomie – Ausblendungen in der Selbstrepräsentation von Männlichkeit. Theoretische Dunkelfelder in der Kritik herrschender Care-Ökonomie, in: Aulenbacher, Brigitte/Riegraf, Birgit/Theobald, Hildegard (Hg.): Sorge: Arbeit, Verhältnisse, Regime – Care: Work, Relations, Regimes (Soziale Welt, Sonderband 20), Baden-Baden, S. 89-105.

–/Knapp, Gudrun-Axeli (2000): Feministische Theorien zur Einführung, Hamburg.

Beer, Ursula (1984): Theorien geschlechtlicher Arbeitsteilung, Frankfurt a.M./New York.

– (1990): Geschlecht, Struktur, Geschichte. Soziale Konstituierung des Geschlechterverhältnisses, Frankfurt a.M./New York.

Bettio, Francesca/Mazzotta, Fernanda (2011): The Future of Care in Europe, in: Herta, Daniela et al. (Hg.): Care Ökonomie – unterschätztes Potenzial (Kurswechsel 4/2011), S. 36-48.

Boltanski, Luc/Chiapello, Ève (2003): Der neue Geist des Kapitalismus, Konstanz.

Bongaerts, Gregor (2007): Soziale Praxis und Verhalten – Überlegungen zum Practice Turn in Social Theory, in: Zeitschrift für Soziologie 36, S. 246-260.

Bourdieu, Pierre (1986): Die biographische Illusion, in: Bios 1, S. 75-81.

– (1993): Sozialer Sinn. Kritik der theoretischen Vernunft, Frankfurt a.M.

– (1998): Prekarität ist überall, in: Ders.: Gegenfeuer, Konstanz.

– (2001): Meditationen. Zur Kritik der scholastischen Vernunft, Frankfurt a.M.

–/Chamboredon, Jean-Claude/Passeron, Jean Claude (1991): Soziologie als Beruf. Wissenschaftstheoretische Voraussetzungen, Berlin/New York.

Burawoy, Michael (2005): For Public Sociology, in: Soziale Welt 56, S. 347-374.

– (2015): Facing an Unequal World: Challenges for Public Sociology, in: Current Sociology 63, S. 5-34.

Butler, Judith (1995): Körper von Gewicht. Die diskursiven Grenzen des Geschlechts, Berlin.

– (2009a): Außer sich: Über die Grenzen sexueller Autonomie, in: Dies.: Die Macht der Geschlechternormen, Frankfurt a.M., S. 35-69.

– (2009b): Einleitung: Gemeinsam handeln, in: Dies.: Die Macht der Geschlechternormen, Frankfurt a.M., S. 9-33.

– (2009c): Ist Verwandtschaft immer schon heterosexuell?, in: Dies.: Die Macht der Geschlechternormen, Frankfurt a.M., S. 167-213.

– (2010a): Raster des Krieges. Warum wir nicht jedes Leid beklagen, Frankfurt a.M.

– (2010b): Überlebensfähigkeit, Verletzbarkeit, Affekt, in: Dies.: Raster des Krieges. Warum wir nicht jedes Leid beklagen, Frankfurt a.M., S. 39-64.

–/Athanasiou, Athena (2014): Die Macht der Enteigneten, Zürich/Berlin.

Castel, Robert (2000): Die Metamorphosen der sozialen Frage. Eine Chronik der Lohnarbeit, Konstanz.

–/Dörre, Klaus (2009): Schlussbemerkung, in: Dies. (Hg.): Prekarität, Abstieg, Ausgrenzung. Die soziale Frage am Beginn des 21. Jahrhunderts, Frankfurt a.M./New York, S. 381 386.

Castro Varela, María do Mar/Dhawan, Nikita (2014): Postkoloniale Theorie. Eine kritische Einführung, Bielefeld.

de Certeau, Michel (1988): Kunst des Handelns, Berlin.

Cheng, Shu-Ju Ada (2013): Rethinking Differences and Inequality at the Age of Globalization. A Case Study of White Immigrant Domestic Workers in the Global City of Chicago, in: Equality, Diversity and Inclusion: An International Journal 32, S. 537-556.

Chorus, Silke (2013): Care-Ökonomie im Postfordismus. Perspektiven einer integralen Ökonomie-Theorie, Münster.

Collins, Patricia Hill (1995): Symposium on West and Fenstermaker's "Doing Difference", in: Gender & Society 9, S. 491-513.

Combahee River Collective (1982): A Black Feminist Statement, in: Hull, Gloria T. et al. (Hg.): All the Women Are White, All Blacks Are Men but Some of Us Are Brave. Black Women's Studies, New York, S. 13-22.

Compagna, Diego/Shire, Karen (2014): Die Entdeckung der 'Alten' und deren PflegerInnen als Wissensressource für die Technisierung der Pflegearbeit, in: Aulenbacher, Brigitte/Riegraf, Birgit/Theobald, Hildegard (Hg.): Sorge: Arbeit, Verhältnisse, Regime – Care: Work, Relations, Regimes (Soziale Welt, Sonderband 20), Baden-Baden, S. 278-292.

Connell, Raewyn (2010a): Im Innern des gläsernen Turms: Die Konstruktion von Männlichkeiten im Finanzkapital, in: Feministische Studien 28, S. 8-24.

– (2010b): Lives of the Businessmen. Reflections on Life-History Method and Contemporary Hegemonic Masculinity, in: Österreichische Zeitschrift für Soziologie 35, S. 54-71.

Connell, R. W. (1987): Gender and Power. Society, the Person and Sexual Politics, Stanford.

– (1995): Masculinities, Cambridge.

– (1999): Der gemachte Mann. Konstruktion und Krise von Männlichkeiten, Opladen.

–/Wood, Julian (2005): Globalization and Business Masculinities, in: Men and Masculinities 7, S. 347-364.

Crenshaw, Kimberlé (1989): Demarginalizing the Intersection of Race and Sex: A Black Feminist Critique of Antidiscrimination Doctrine, in: The University of Chicago Legal Forum, S. 139-167.

Dammayr, Maria (2012): Pflege zwischen Ökonomisierung und Professionalisierung. Das Beispiel der Alten- und Langzeitpflege in Österreich, in: Arbeit. Zeitschrift für Arbeitsforschung, Arbeitsgestaltung und Arbeitspolitik 21, S. 263-277.

Degele, Nina/Winker, Gabriele (2008): Praxeologisch differenzieren. Ein Beitrag zur intersektionalen Gesellschaftsanalyse, in: Klinger, Cornelia/Knapp, Gudrun-Axeli (Hg.): ÜberKreuzungen. Fremdheit, Ungleichheit, Differenz, Münster, S. 194-209.

–/– (2009): Intersektionalität, Bielefeld.

Die Welt (2010): Frauen erledigen zwei Drittel der Arbeit weltweit, online unter: http://www.welt.de/wirtschaft/article8185028/Frauen-erledigen-zwei-Drittel-der-Arbeit-weltweit.html, Zugriff am 1.3.2015.

Dingeldey, Irene (2006): Aktivierender Wohlfahrtsstaat und sozialpolitische Steuerung, in: Aus Politik und Zeitgeschichte 8-9, S. 3-9.

Dölling, Irene (2003): Zwei Wege gesellschaftlicher Modernisierung. Geschlechtervertrag und Geschlechterarrangements in Ostdeutschland in gesellschafts-/modernisierungstheoretischer Perspektive, in:

Knapp, Gudrun-Axeli/Wetterer, Angelika (Hg.): Achsen der Differenz. Gesellschaftstheorie und feministische Kritik II, Münster, S. 73-100.

– (2012): Vergesellschaftungsmodi jenseits des Arbeitsparadigmas, in: Kurz-Scherf, Ingrid/Scheele, Alexandra (Hg.): Macht oder ökonomisches Gesetz? Zum Zusammenhang von Krise und Geschlecht, Münster, S. 276-289.

–/Krais, Beate (2007): Pierre Bourdieus Soziologie der Praxis: ein Werkzeugkasten für die Frauen- und Geschlechterforschung, in: Bock, Ulla/Dölling, Irene/Krais, Beate (Hg.): Prekäre Transformationen. Pierre Bourdieus Soziologie der Praxis und ihre Herausforderungen für die Frauen- und Geschlechterforschung, Göttingen, S. 12-37.

Dörre, Klaus (2007): Prekarisierung und Geschlecht. Ein Versuch über unsichere Beschäftigung und männliche Herrschaft in nachfordistischen Arbeitsgesellschaften, in: Aulenbacher, Brigitte et al. (Hg.): Arbeit und Geschlecht im Umbruch der modernen Gesellschaft. Forschung im Dialog, Wiesbaden, S. 285- 301.

– (2009): Die neue Landnahme. Dynamiken und Grenzen des Finanzmarktkapitalismus, in: Dörre, Klaus/Lessenich, Stephan/Rosa, Hartmut: Soziologie – Kapitalismus – Kritik. Eine Debatte, Frankfurt a.M., S. 21-86.

– (2010): Der flexible Mann – ein Hegemon?, in: Erwägen – Wissen – Ethik 21, S. 347-350.

– (2014): Stigma Hartz IV – Für- und Selbstsorge an der Schwelle gesellschaftlicher Respektabilität, in: Aulenbacher, Brigitte/Dammayr, Maria (Hg.): Für sich und andere sorgen. Krise und Zukunft von Care in der modernen Gesellschaft, Weinheim/Basel, S. 40-52.

–/Ehrlich, Martin/Haubner, Tine (2014): Landnahmen im Feld der Sorgearbeit, in: Aulenbacher, Brigitte/Riegraf, Birgit/Theobald, Hildegard (Hg.): Sorge: Arbeit, Verhältnisse, Regime – Care: Work, Relations, Regimes (Soziale Welt, Sonderband 20), Baden-Baden, S. 107-124.

–/– (2012): Landnahme durch Bewährungsproben, in: Dörre, Klaus/Sauer, Dieter/Wittke, Volker (Hg.): Kapitalismustheorie und Arbeit. Neue Ansätze soziologischer Kritik, Frankfurt a.M./New York, S. 63-106.

–/Kraemer, Klaus/Speidel, Frederic (2004): Prekäre Arbeit. Ursachen, soziale Auswirkungen und subjektive Verarbeitungsformen unsicherer Beschäftigungsverhältnisse, in: Das Argument 256, S. 387-397.

Egert, Gerko et al. (2010): Praktiken der Nichtmännlichkeit – Prekär-Werden Männlicher Herrschaft im ländlichen Brandenburg, in: Manske, Alexandra/Pühl, Katharina (Hg.): Prekarisierung zwischen Anomie und Normalisierung. Geschlechtertheoretische Bestimmungen, Münster, S. 186-209.

Federici, Silvia (2012): Caliban und die Hexe. Frauen, der Körper und die ursprüngliche Akkumulation, Wien.

Fenstermaker, Sarah/West, Candace (2001): „Doing Difference“ revisited. Probleme, Aussichten und der Dialog in der Geschlechterforschung, in: Heintz, Bettina (Hg.): Geschlechtersoziologie (Kölner Zeitschrift für Soziologie und Sozialpsychologie, Sonderheft 41), Wiesbaden, S. 236-249.

Fraser, Nancy (1996): Social Justice in the Age of Identity Politics: Redistribution, Recognition, and Participation. The Tanner Lectures on Human Values, Stanford University, online unter: http://tannerlectures.utah.edu/_documents/a-to-z/f/Fraser98.pdf, Zugriff am: 5.3.2015.

– (2001): Die halbierte Gerechtigkeit. Schlüsselbegriffe des postindustriellen Sozialstaats, Frankfurt a.M.

– (2002): Soziale Gerechtigkeit in der Wissensgesellschaft: Umverteilung, Anerkennung und Teilhabe, in: Heinrich-Böll-Stiftung (Hg.): Gut zu Wissen – Links zur Wissensgesellschaft, online unter: http://www.wissensgesellschaft.org/themen/orientierung/gerechtigkeit.pdf, Zugriff am 27.2.2015.

– (2003): Anerkennung bis zur Unkenntlichkeit verzerrt. Eine Erwiderung auf Axel Honneth, in: Fraser, Nancy/Honneth, Axel: Umverteilung oder Anerkennung? Eine politisch-philosophische Kontroverse, Frankfurt a.M., S. 225-270.

– (2006): Mapping the Feminist Integration, in: Degener, Ursula/Rosenzweig, Beate (Hg.): Die Neuverhandlung sozialer Gerechtigkeit, Wiesbaden, S. 37-51.

– (2008/2005): Gerechtigkeit in der globalisierten Welt, in: Richter, Ingo (Hg.): Transnationale Menschenrechte. Schritte zu einer weltweiten Verwirklichung der Menschenrechte, Leverkusen, S. 85-104 (Englische Version online unter: www.newleftreview.org/?view=2589, Zugriff am 5.3.2015).

– (2009): Feminismus, Kapitalismus und die List der Geschichte, in: Blätter für deutsche und internationale Politik 8/2009, S. 43-57.

– (2012): Can Society Be Commodities All the Way Down? Polanyian Reflections on Capitalist Crisis (Fondation Maison des Sciences de l'Homme, Working Paper 18).

– (2013): A Triple Movement? Parsing the Politics of Crisis after Polanyi, in: New Left Review 81, S. 119-132.

–/Honneth, Axel (2003): Umverteilung oder Anerkennung? Eine politisch-philosophische Kontroverse, Frankfurt a.M.

Funder, Maria (2014): In Zeiten der Ungewissheit – Geschlechterverhältnisse in Bewegung? Zum Spannungsverhältnis von Wirtschaft und Geschlecht am Beispiel des Finanzsektors, in: Jung, Tina et al. (Hg.): In Arbeit: Emanzipation: Feministischer Eigensinn in Wissenschaft und Politik. Festschrift für Ingrid Kurz-Scherf, Münster, S. 181-197.

Garfinkel, Harold (1967): Studies in Ethnomethodology, Cambridge.

Gather, Claudia/Geissler, Birgit/Rerrich, Maria S. (Hg.) (2002): Weltmarkt Privathaushalt. Bezahlte Haushaltsarbeit im globalen Wandel, Münster.

Gildemeister, Regine (2008): Doing Gender: Soziale Praktiken der Geschlechterunterscheidung, in: Becker, Ruth/Kortendiek, Beate (Hg.): Handbuch Frauen- und Geschlechterforschung. Theorie, Methoden, Empirie, Wiesbaden, S. 147-145.

–/Wetterer, Angelika (1992): Wie Geschlechter gemacht werden. Die soziale Konstruktion der Zweigeschlechtlichkeit und ihre Reifizierung in der Frauenforschung, in: Knapp, Gudrun-Axeli/Wetterer, Angelika (Hg.): Traditionen Brüche. Entwicklungen feministischer Theorie, Freiburg i.Br., S. 201-254.

Glenn, Evelyn Nakano (1999): The Social Construction and Institutionalization of Gender and Race. An Integrative Framework, in: Ferree, Myra Marx/Lorber, Judith/Hess, Beth B. (Hg.): Revisioning Gender, Thousand Oaks, S. 3-41.

Godelier, Maurice (1970): System, Struktur und Widerspruch im „Kapital“, Berlin.

Goffman, Erving (1976): Gender Display, in: Studies in the Anthropology of Visual, Communication 3, S. 69-77.

– (1977): The Arrangement between Sexes, in: Theory and Society 4, S. 301-331.

– (1994): Interaktion und Geschlecht, Frankfurt a.M.

– (2003/1959): Wir alle spielen Theater, München.

Gubitzer, Luise/Mader, Katharina (2011): Care-Ökonomie. Ihre theoretische Verortung und Weiterentwicklung, in: Herta, Daniela et al. (Hg.): Care-Ökonomie – unterschätztes Potenzial (Kurswechsel 4/2011), S. 7-21.

Hagemann-White, Carol (1984): Sozialisation: weiblich – männlich?, Opladen.

Haidinger, Bettina (2013): Hausfrau für zwei Länder sein. Zur Reproduktion des transnationalen Haushalts, Münster.

–/Knittler, Käthe (2014): Feministische Ökonomie, Wien.

Hans-Böckler-Stiftung (2010): Frauen sorgen fürs Geld – und die Familie, in: Böckler Impuls 11/2010, S. 6-7.

Haraway, Donna (1995a): Ein Manifest für Cyborgs. Feminismus im Streit mit den Technowissenschaften, in: Dies.: Die Neuerfindung der Natur. Primaten, Cyborgs und Frauen, Frankfurt a.M./New York, S. 33-72.

– (1995b): Situiertes Wissen. Die Wissenschaftsfrage im Feminismus und das Privileg einer partialen Perspektive, in: Dies.: Die Neuerfindung der Natur. Primaten, Cyborgs und Frauen, Frankfurt a.M./New York, S. 73-97.

– (2004): The Promises of Monsters: A Regenerative Politics for Inappropriate/d Others, in: Dies.: The Haraway Reader, New York/London, S. 63-124.

Hark, Sabine (2009): Scholé (*skholè*) und scholastische Sicht, in: Fröhlich, Gerhard/Rehbein, Boike (Hg.): Bourdieu-Handbuch. Leben – Werk – Wirkung, Stuttgart/Weimar, S. 216-219.

–/Laufenberg, Mike (2013): Sexualität in der Krise, Heteronormativität im Neoliberalismus, in: Appelt, Erna/Aulenbacher, Brigitte/Wetterer, Angelika (Hg.): Gesellschaft. Feministische Krisendiagnosen, Münster, S. 227-245.

–/Völker, Susanne (2010): Feministische Perspektiven auf Prekarisierung: Ein „Aufstand auf der Ebene der Ontologie", in: Manske, Alexandra/Pühl, Katharina (Hg.): Prekarisierung zwischen Anomie und Normalisierung? Geschlechtertheoretische Bestimmungen, Münster, S. 26-47.

Hearn, Jeff (2009): Von gendered organizations zu transnationalen Patriarchien – Theorien und Fragmente, in: Aulenbacher, Brigitte/Riegraf, Birgit (Hg.): Erkenntnis und Methode. Geschlechterforschung in Zeiten des Umbruchs, Wiesbaden, S. 267-290.

– (2014): The Power of the Transnational: On Gender, Men, Work, Labour Markets and Organizations within Transpatriarchies, in: Gruhlich, Julia/Riegraf, Birgit (Hg.): Geschlecht und transnationale Räume. Feministische Perspektiven auf neue Ein- und Ausschlüsse, Münster, S. 104-120.

Heilmann, Andreas (2013): Die Reproduktionskrise – auch eine Krise der Männlichkeit?, in: Nickel, Hildegard Maria/Heilmann, Andreas (Hg.): Krise, Kritik, Allianzen. Arbeits- und geschlechtersoziologische Perspektiven, Weinheim/Basel, S. 101-115.

Heintz, Bettina (2007): Ohne Ansehen der Person? De-Institutionalisierungsprozesse und geschlechtliche Differenzierung, in: Wilz, Sylvia M. (Hg.): Geschlechterdifferenzen – Geschlechterdifferenzierungen. Ein Überblick über gesellschaftliche Entwicklungen und theoretische Positionen, Wiesbaden, S. 231-251.

Hirschauer, Stefan (2001): Das Vergessen des Geschlechts. Zur Praxeologie einer Kategorie sozialer Ordnung, in: Heintz, Bettina (Hg.): Geschlechtersoziologie (Kölner Zeitschrift für Soziologie und Sozialpsychologie, Sonderheft 41), Wiesbaden, S. 208-235.

Hochschild, Arlie R. (2000): Global Care Chains and Emotional Surplus Value, in: Giddens, Anthony/Hutton, Will (Hg.): On the Edge. Living with Global Capitalism, London, S. 130-146.

Holland-Cunz, Barbara (1994): Soziales Subjekt Natur. Natur- und Geschlechterverhältnis in emanzipatorischen politischen Theorien, Frankfurt a.M./New York.

Honneth, Axel (1992): Kampf um Anerkennung, Frankfurt a.M.

– (2003): Umverteilung als Anerkennung. Eine Erwiderung auf Nancy Fraser, in: Fraser, Nancy/Honneth, Axel: Umverteilung oder Anerkennung? Eine politisch-philosophische Kontroverse, Frankfurt a.M., S. 129-224.

Hörning, Karl H./Reuter, Julia (2004): Doing Culture. Neue Postionen zum Verhältnis von Kultur und sozialer Praxis, Bielefeld.

IOM – International Organization for Migration (2010): World Migration Report: The Future of Migration. Building Capacities for Change, online unter: http://publications.iom.int/bookstore/free/WMR_2010_ENGLISH.pdf, Zugriff am 1.3.2015.

Isla, Ana (2009): Who Pays for Kyoto Protocol?, in: Salleh, Ariel (Hg.): Eco-Sufficiency & Global Justice: Women Write Political Ecology, London, S. 199-217.

Jurczyk, Karin (2014): Entgrenzte Arbeit und Care in privaten Lebensformen, in: Aulenbacher, Brigitte/Dammayr, Maria (Hg.): Für sich und andere sorgen. Krise und Zukunft von Care in der modernen Gesellschaft, Weinheim/Basel, S. 171-182.

–/Rerrich, Maria S. (Hg.) (1993): Die Arbeit des Alltags. Beiträge zu einer Soziologie der alltäglichen Lebensführung, Freiburg i.Br.

Jürgens, Kerstin (2010): Deutschland in der Reproduktionskrise, in: Leviathan 38, S. 559-587.

Karamessini, Maria (2012): Strukturkrise, Schocktherapie und Gender in Griechenland, in: Kurz-Scherf, Ingrid/Scheele, Alexandra (Hg.): Macht oder ökonomisches Gesetz. Zum Zusammenhang von Krise und Geschlecht, Münster, S. 187-205.

Kessler, Suzanne J./McKenna, Wendy (1978): Gender: An Ethnomethodological Approach, New York.

Klammer, Ute/Neukirch, Sabine/Weßler-Poßberg, Dagmar (2012): Wenn Mama das Geld verdient. Familienernährerinnen zwischen Prekarität und neuen Rollenbildern, Berlin.

Kleemann, Frank/Matuschek, Ingo/Voß, G. Günter (2002): Subjektivierung von Arbeit. Ein Überblick zum Stand der soziologischen Diskussion, in: Moldaschl, Manfred/Voß, G. Günter (Hg.): Subjektivierung von Arbeit, München/Mering, S. 53-100.

Kleemann, Frank/Voß, G. Günter (2010): Arbeit und Subjekt, in: Böhle, Fritz et al. (Hg.): Handbuch Arbeitssoziologie, Wiesbaden, S. 415-450.

Klenner, Christina/Menke, Katrin/Pfahl, Svenja (2011): Flexible Familienernährerinnen - Prekarität im Lebenszusammenhang ostdeutscher Frauen?, Düsseldorf.

Klenner, Christina et al. (2011): Prekarisierung im Lebenszusammenhang – Bewegung in den Geschlechterarrangements?, in: WSI-Mitteilungen 64, S. 416-422.

Klinger, Cornelia (2003): Ungleichheit in den Verhältnissen von Klasse, Rasse und Geschlecht, in: Knapp, Gudrun-Axeli/Wetterer, Angelika (Hg.): Achsen der Differenz. Gesellschaftstheorie und feministische Kritik II, Münster, S. 14-48.

– (2008): Überkreuzende Identitäten – Ineinandergreifende Strukturen. Plädoyer für einen Kurswechsel in der Intersektionalitätsdebatte, in:

Klinger, Cornelia/Knapp, Gudrun-Axeli (Hg.): ÜberKreuzungen. Fremdheit, Ungleichheit, Differenz, Münster, S. 38-67.

– (2012): Leibdienst – Liebesdienst – Dienstleistung, in: Dörre, Klaus/Sauer, Dieter/Wittke, Volker (Hg.): Kapitalismustheorie und Arbeit. Neue Ansätze soziologischer Kritik, Frankfurt a.M./New York, S. 259-272.

– (2013): Krise war immer ... Lebenssorge und geschlechtliche Arbeitsteilungen in sozialphilosophischer und kapitalismuskritischer Perspektive, in: Appelt, Erna/Aulenbacher, Brigitte/Wetterer, Angelika (Hg.): Gesellschaft. Feministische Krisendiagnosen, Münster, S. 82-104.

– (2014a): Selbstsorge oder Selbsttechnologie? Das Subjekt zwischen liberaler Tradition und Neoliberalismus, in: Aulenbacher, Brigitte/Dammayr, Maria (Hg.): Für sich und andere sorgen. Krise und Zukunft von Care in der modernen Gesellschaft, Weinheim/Basel, S. 31-39.

– (2014b): Selbst- und Lebenssorge als Gegenstand sozialphilosophischer Reflexionen auf die Moderne, in: Aulenbacher, Brigitte/Riegraf, Birgit/Theobald, Hildegard (Hg.): Sorge: Arbeit, Verhältnisse, Regime – Care: Work, Relations, Regimes (Soziale Welt, Sonderband 20), Baden-Baden, S. 21-39.

–/Knapp, Gudrun-Axeli (2007): Achsen der Ungleichheit – Achsen der Differenz: Verhältnisbestimmungen von Klasse, Geschlecht, „Rasse"/Ethnizität, in: Klinger, Cornelia/Knapp, Gudrun-Axeli/Sauer, Birgit (Hg.): Achsen der Ungleichheit. Zum Verhältnis von Klasse, Geschlecht und Ethnizität, Frankfurt a.M./New York, S. 19-41.

–/– (Hg.) (2008): ÜberKreuzungen. Fremdheit, Ungleichheit, Differenz, Münster.

–/–/Sauer, Birgit (Hg.) (2007): Achsen der Ungleichheit. Zum Verhältnis von Klasse, Geschlecht und Ethnizität, Frankfurt a.M./New York.

Knapp, Gudrun-Axeli (1996): Traditionen – Brüche: Kritische Theorie in der feministischen Rezeption, in: Scheich, Elvira (Hg.): Vermittelte Weiblichkeit. Feministische Wissenschafts- und Gesellschaftstheorie, Hamburg, S. 113-150.

– (2014): Zur Bestimmung und Abgrenzung von „Intersektionalität". Überlegungen zu Interferenzen von „Geschlecht", „Klasse" und anderen Kategorien sozialer Teilung, in: Erwägen – Wissen – Ethik 24, S. 341-354.

Knobloch, Ulrike (2009): Sorgeökonomie als allgemeine Wirtschaftstheorie, in: Olympe – Feministische Hefte zur Politik 30/09. Schwerpunkt: Neue Landschaften von feministischen Analysen und Debatten, S. 27-136.

– (2013a): Geschlechterverhältnisse in Wirtschaftstheorie und Wirtschaftspolitik, in: Widerspruch 62/2013, S. 60-65.

– (2013b): Versorgen – Fürsorgen – Vorsorgen. Normative Grundlagen der Sorgeökonomie als allgemeine Wirtschaftstheorie und die Ethik des

Vorsorgenden Wirtschaftens, in: Netzwerk Vorsorgendes Wirtschaften (Hg.): Wege Vorsorgenden Wirtschaftens, Marburg, S. 21-42.

Kohlmorgen, Lars (2004): Regulation, Klasse, Geschlecht. Die Konstituierung der Sozialstruktur im Fordismus und Postfordismus, Münster.

König, Tomke (2012): Familie heißt Arbeit teilen. Transformationen der symbolischen Geschlechterordnung, Konstanz.

Kratzer, Nick/Sauer, Dieter (2007): Entgrenzte Arbeit – gefährdete Reproduktion. Genderfragen in der Arbeitsforschung, in: Völker, Susanne et al. (Hg.): Arbeit und Geschlecht im Umbruch der modernen Gesellschaft, Wiesbaden, S. 235-249.

Kreckel, Reinhard (1992): Politische Soziologie der sozialen Ungleichheit, Frankfurt a.M./New York.

Krüger, Helga (2005): Dominanz im Geschlechterverhältnis: Zur Institutionalisierung von Lebensläufen, in: Becker-Schmidt, Regina/Knapp, Gudrun-Axeli (Hg.): Das Geschlechterverhältnis als Gegenstand der Sozialwissenschaften, Frankfurt a.M., S. 195-219.

Langan, Mary/Ostner, Ilona (1991): Geschlechterpolitik im Wohlfahrtsstaat: Aspekte im internationalen Vergleich, in: Kritische Justiz. Vierteljahresschrift für Recht und Politik 24, S. 302-317.

Leisering, Lutz (2004): Paradigmen sozialer Gerechtigkeit. Normative Diskurse im Umbau des Sozialstaats, in: Liebig, Stephan/Lengfeld, Holger/Mau, Steffen (Hg.): Verteilungsprobleme und Gerechtigkeit in modernen Gesellschaften, Frankfurt a.M., S. 29-68.

Leitner, Sigrid (2013): Varianten des Familialismus. Eine historisch vergleichende Analyse der Kinderbetreuungs- und Altenpflegepolitiken in kontinentaleuropäischen Staaten, Berlin.

Lengersdorf, Diana/Meuser, Michael (2010): Wandel von Arbeit – Wandel von Männlichkeiten, in: Österreichische Zeitschrift für Soziologie 35, S. 89-103.

Lenz, Ilse (1995): Geschlecht, Herrschaft und internationale Ungleichheit, in: Becker-Schmidt, Regina/Knapp, Gudrun-Axeli (Hg.): Das Geschlechterverhältnis als Gegenstand der Sozialwissenschaften, Frankfurt a.M./New York, S. 19-46.

– (2007): Inklusionen und Exklusionen in der Globalisierung der Arbeit. Einige Überlegungen, in: Aulenbacher, Brigitte et al. (Hg.): Arbeit und Geschlecht im Umbruch der modernen Gesellschaft. Forschung im Dialog, Wiesbaden, S. 185-200.

– (2014): Räume in Bewegung. Zur Dynamik und Strukturierung globaler und transnationaler Geschlechterräume, in: Gruhlich, Julia/Riegraf, Birgit (Hg.): Geschlecht und transnationale Räume. Feministische Perspektiven auf neue Ein- und Ausschlüsse, Münster, S. 22-44.

Lessenich, Stephan (2009): Mobilität und Kontrolle. Zur Dialektik der Aktivgesellschaft, in: Dörre, Klaus/Lessenich, Stephan/Rosa, Hartmut: Soziologie – Kapitalismus – Kritik. Eine Debatte, Frankfurt a.M., S. 126-177.

Lister, Ruth (2006): Recognition and Voice, Gender and Poverty, in: Degener, Ursula/Rosenzweig, Beate (Hg.): Die Neuverhandlung sozialer Gerechtigkeit, Wiesbaden, S. 53-63.

Lohr, Karin/Nickel, Hildegard Maria (2005): Subjektivierung von Arbeit – Riskante Chancen, in: Dies. (Hg.): Subjektivierung von Arbeit – Riskante Chancen, Münster, S. 206-239.

Lorenz, Renate/Kuster, Brigitta/Precarias a la Deriva (2007): Die Prekarisierung der Existenz, in: Lorenz, Renate/Kuster, Brigitta: Sexuell arbeiten. Eine queere Perspektive auf Arbeit und prekäres Leben, Berlin, S. 259-272.

Lorey, Isabell (2011): Gouvernementale Prekarisierung, in: Lorey, Isabell/ Nigro, Roberto/Raunig, Gerald (Hg.): Inventionen 1: Gemeinsam, Prekär, Potentia, Dis-/Konjunktion, Ereignis, Transversalität, Queere Assemblagen, Zürich, S. 72-86.

– (2012): Die Regierung der Prekären, Wien.

– (2015): Freiheit und Sorge. Das Recht auf Sorge im Regime der Prekarisierung, in: Völker, Susanne/Amacker, Michèle (Hg.): Prekarisierungen. Arbeit, Sorge und Politik, Weinheim/Basel (im Erscheinen).

Lutz, Helma (2010): Unsichtbar und unproduktiv? Haushaltsarbeit und Care Work – die Rückseite der Arbeitsgesellschaft, in: Österreichische Zeitschrift für Soziologie 35, S. 23-37.

– (Hg.) (2007): Vom Weltmarkt in den Privathaushalt: Die neuen Dienstmädchen im Zeitalter der Globalisierung, Opladen.

–/Palenga-Möllenbeck, Ewa (2011): Das Care-Chain-Konzept auf dem Prüfstand. Eine Fallstudie der transnationalen Care-Arrangements polnischer und ukrainischer Migrantinnen, in: Metz-Göckel, Sigrid/ Bauschke-Urban, Carola (Hg.): Transnationalisierung und Gender (Gender. Zeitschrift für Geschlecht, Kultur und Gesellschaft 3), S. 9-27.

–/– (2014): Care-Migrantinnen im geteilten Europa – Verbindungen und Widersprüche in einem transnationalen Raum, in: Aulenbacher, Brigitte/Riegraf, Birgit/Theobald, Hildegard (Hg.): Sorge: Arbeit, Verhältnisse, Regime – Care: Work, Relations, Regimes (Soziale Welt, Sonderband 20), Baden-Baden, S. 217-231.

Lykke, Nina (2013): Feministischer Postkonstruktionismus, in: Goll, Tobias/Keil, Daniel/Telios, Thomas (Hg.): Critical Matter. Diskussionen eines neuen Materialismus, Münster, S. 36-48.

Marchart, Oliver (2013a): Auf dem Weg in die Prekarisierungsgesellschaft, in: Ders. (Hg.): Facetten der Prekarisierungsgesellschaft. Prekäre Verhältnisse. Sozialwissenschaftliche Perspektiven auf die Prekarisierung von Arbeit und Leben, Bielefeld, S. 7-20.

– (2013b): Die Prekarisierungsgesellschaft. Prekäre Proteste. Politik und Ökonomie im Zeichen der Prekarisierung, Bielefeld.

Marquardsen, Kai (2012): Aktivierung und soziale Netzwerke. Die Dynamik sozialer Beziehungen unter dem Druck der Erwerbslosigkeit, Wiesbaden.

– (2015): Vergleichsweise prekär – Die Wiederherstellung sozialer Teilhabe in der fragmentierten Erwerbsgesellschaft, in: Völker, Susanne/Amacker, Michèle (Hg.): Prekarisierungen. Arbeit, Sorge und Politik, Weinheim/Basel (im Erscheinen).

Marx, Karl (1968/1867): Das Kapital. Kritik der politischen Ökonomie. Band 1 (MEW 23), Berlin.

–/Engels, Friedrich (1962/1846): Die deutsche Ideologie: Kritik der neuesten deutschen Philosophie in ihren Repräsentanten Feuerbach, B. Bauer und Stirner und des deutschen Sozialismus in seinen verschiedenen Propheten, in: MEW 3, Berlin, S. 13-503.

Massumi, Brian (2010): Ontomacht. Kunst, Affekt und das Ereignis des Politischen, Berlin.

Mellor, Mary (2009): Ecofeminist Political Economy, in: Salleh, Ariel (Hg.): Eco-Sufficiency & Global Justice: Women Write Political Ecology, London, S. 251-267.

Metz-Göckel, Sigrid/Riegraf, Birgit/Theobald, Hildegard (Hg.) (2011): Gender and Care (Gender. Geschlecht, Kultur und Gesellschaft 3).

Meuser, Michael (2010): Geschlecht, Macht, Männlichkeit – Strukturwandel von Erwerbsarbeit und hegemoniale Männlichkeit, in: Erwägen – Wissen – Ethik 21, S. 325-336.

– (2014): Care und Männlichkeit in modernen Gesellschaften – Grundlegende Überlegungen illustriert am Beispiel involvierter Vaterschaft, in: Aulenbacher, Brigitte/Riegraf, Birgit/Theobald, Hildegard (Hg.): Sorge: Arbeit, Verhältnisse, Regime – Care: Work, Relations, Regimes (Soziale Welt, Sonderband 20), Baden-Baden, S. 159-174.

Mies, Maria (2001): Hausfrauisierung, Globalisierung, Subsistenzperspektive, in: Knapp, Gudrun-Axeli/Wetterer, Angelika (Hg.): Soziale Verortung der Geschlechter. Gesellschaftstheorie und feministische Kritik, Münster, S. 157-187.

–/Bennholdt-Thomsen, Veronika (1999): The Subsistence Perspective, London.

Möbius, Stephan (2008): Handlung und Praxis: Konturen einer poststrukturalistischen Praxistheorie, in: Möbius, Stephan/Reckwitz, Andreas (Hg.): Poststrukturalistische Sozialwissenschaften, Frankfurt a.M., S. 58-74.

Mujeres' Manifesto (Mesa Conductora de la I Cumbre Continental de Mujeres Indigenas, Puno, Peru, del 27 y 28 de mayo) (2009): First Continental Summit of Indigenous Women, in: Lucha Indigena/Llapa Runaq Hatariynin 34, S. 6.

Negt, Oskar (2001): Arbeit und menschliche Würde, Göttingen.

Nelson, Anitra/Timmermans, Frans (Hg.) (2011): Life Without Money: Building Fair and Sustainable Economies, London.

Neuhaus, Andrea/Isfort, Michael/Weidner, Frank (2009): Situation und Bedarfe von Familien mit mittel- und osteuropäischen Haushaltshilfen. Deutsches Institut für angewandte Pflegeforschung e.V., Köln, online unter: http://www.dip.de/fileadmin/data/pdf/material/bericht_haushaltshilfen.pdf, Zugriff am 1.3.2015.

Nickel, Hildegard Maria (2013): Krise und Kritik der Geschlechterverhältnisse. Ein arbeits- und geschlechtersoziologischer Fokus, in: Nickel, Hildegard Maria/Heilmann, Andreas (Hg.): Krise, Kritik, Allianzen. Arbeits- und geschlechtersoziologische Perspektiven, Weinheim/Basel, S. 49-68.

– (2014): Geschlechterforschung, Gesellschaftskritik und ein feministischer Blick auf Arbeit, in: Schoppengeerd, Stefan et al. (Hg.): In Arbeit: Emanzipation, Feministischer Eigensinn in Wissenschaft und Politik, Münster, S. 26-37.

Palenga-Möllenbeck, Ewa (2013): New Maids – New Butlers? Polish Domestic Workers in Germany and Commodification of Social Reproductive Work, in: Equality, Diversity and Inclusion 32, S. 557-574.

Picchi, Sara/Simonazzi, Annamaria (2014): The Mediterranean Care Model in Times of Austerity. The Case of Italy and Spain, in: Aulenbacher, Brigitte/Riegraf, Birgit/Theobald, Hildegard (Hg.): Sorge: Arbeit, Verhältnisse, Regime – Care: Work, Relations, Regimes (Soziale Welt, Sonderband 20), Baden-Baden, S. 379-395.

Pieper, Marianne (2013): Prekarität aus post-operaistischer Perspektive, in: Marchart, Oliver (Hg.): Facetten der Prekarisierungsgesellschaft. Prekäre Verhältnisse. Sozialwissenschaftliche Perspektiven auf die Prekarisierung von Arbeit und Leben, Bielefeld, S. 109-135.

– (2015): Assemblagen der Prekarität: Begehren – Affekt – Exzess – Exodus, in: Völker, Susanne/Amacker, Michèle (Hg.): Prekarisierungen. Arbeit, Sorge und Politik, Weinheim/Basel (im Erscheinen).

Pilarek, Patrick (2007): Dimensionen der Anerkennung. Rekonstruktion und Kritik der Sozialphilosophie Axel Honneths, online unter: http://www.freidok.uni-freiburg.de/volltexte/7552/, Zugriff am 8.3.2015.

Precarias a la Deriva (2011a): Fragen, Illusionen, Schwärme, Meuten und Wüsten, in: Dies.: „Was ist dein Streik?“ Militante Streifzüge durch die Kreisläufe der Prekarität, Wien, S. 35-55.

– (2011b): Geld oder Leben! Von der Prekarisierung der Existenz zum Sorgestreik, in: Dies.: „Was ist dein Streik?“ Militante Streifzüge durch die Kreisläufe der Prekarität, Wien, S. 57-135.

Preglau, Max (2013): Öffentlichkeit versus Privatheit: Grenzziehungen und -verschiebungen in geschlechterkritischer Beleuchtung, in: Appelt, Erna/Aulenbacher, Brigitte/Wetterer, Angelika (Hg.): Gesellschaft. Feministische Krisendiagnosen, Münster, S. 146-166.

Razavi, Shahra (2013): Care, Krise und Krisenpolitik in Nord und Süd, in: Widerspruch 62, S. 15-23.

Reckwitz, Andreas (2003): Grundelemente einer Theorie sozialer Praktiken. Eine sozialtheoretische Perspektive, in: Zeitschrift für Soziologie 32, S. 282-301.

– (2008): Unscharfe Grenzen. Perspektiven der Kultursoziologie, Bielefeld.

Reuter, Julia (2011): Geschlecht und Körper. Studien zur Materialität und Inszenierung gesellschaftlicher Wirklichkeit, Bielefeld.

–/Lengersdorf, Diana (2015): Der „Alltag" der Soziologie und seine praxistheoretische Relevanz, in: Schäfer, Hilmar (Hg.): Praxistheorie – Ein soziologisches Forschungsprogramm, Bielefeld (im Erscheinen).

Riegraf, Birgit (2005): Staat, Geschlecht und Gerechtigkeit. Theoretische Annäherungen an ein Spannungsverhältnis im Umbruch, in: Femina Politica 14, S. 21-31.

– (2007): Der Staat auf dem Weg zum kundenorientierten Dienstleistungsunternehmen? New Public Management geschlechtsspezifisch analysiert, in: Aulenbacher, Brigitte et al. (Hg.): Arbeit und Geschlecht im Umbruch der modernen Gesellschaft. Forschung im Dialog, Wiesbaden, S. 78-94.

– (2010): Intersektionen von Ungleichheiten und Differenzen: Kursbestimmung im Nebel zwischen Gesellschaftstheorie und politischem Gestaltungsanspruch, in: Böllert, Karin/Oelkers, Nina (Hg.): Frauenpolitik in Familienhand? Neue Verhältnisse in Konkurrenz, Autonomie oder Kooperation, Wiesbaden, S. 39-55.

– (2011): Gender, Class, 'Race': Ungleichheitsrelationen in Bewegung, in: Mahs, Claudia/Rendtorff, Barbara (Hg.): Geschlechterforschung und -theorie in verschiedenen Disziplinen, Stuttgart, S. 172-184.

– (2013): New Public Management, die Ökonomisierung des Sozialen und (Geschlechter)Gerechtigkeit: Entwicklungen in der Fürsorge im internationalen Vergleich, in: Appelt, Erna/Aulenbacher, Brigitte/Wetterer, Angelika (Hg.): Gesellschaft. Feministische Krisendiagnosen, Münster, S. 127-143.

– (2014): Care, Geschlecht, Gerechtigkeit. Von der Chancengleichheit und Verteilungsgerechtigkeit zur Entdeckung der Leistungsgerechtigkeit, in: Aulenbacher, Brigitte/Dammayr, Maria (Hg.): Für sich und andere sorgen. Krise und Zukunft von Care in der modernen Gesellschaft, Weinheim/Basel, S. 160-170.

–/Plöger, Lydia (Hg.) (2009): Gefühlte Nähe – Faktische Distanz. Geschlecht zwischen Wissenschaft und Politik. Perspektiven der Frauen- und Geschlechterforschung auf die Wissensgesellschaft, Leverkusen.

–/Reimer, Romy (2014): Wandel von Wohlfahrtsstaatlichkeit und neue Care-Arrangements. Das Beispiel Wohn-Pflege-Gemeinschaften, in: Aulenbacher, Brigitte/Riegraf, Birgit/Theobald, Hildegard (Hg.): Sor-

ge: Arbeit, Verhältnisse, Regime – Care: Work, Relations, Regimes (Soziale Welt, Sonderband 20), Baden-Baden, S. 293-309.
–/Theobald, Hildegard (2010): Überkreuzungen sozialer Ungleichheiten in der Fürsorgearbeit: Wandel der Versorgung älterer Familienmitglieder im Ländervergleich, in: Dackweiler, Regina M./Schäfer, Reinhild (Hg.): Wohlfahrtsstaatlichkeit und Geschlechterverhältnisse aus feministischer Perspektive, Münster, S. 132-149.
Salleh, Ariel (1982): On the Dialectics of Signifying Practice, in: Thesis Eleven 5/6, S. 72-84.
– (1984a): Contribution to the Critique of Political Epistemology, in: Thesis Eleven 8, S. 23-43.
– (1984b): Deeper than Deep Ecology: The Ecofeminist Connection, in: Environmental Ethics 6, S. 339-345.
– (1997): Ecofeminism as Politics: Nature, Marx, and the Postmodern, London.
– (2006a): Editorial: Towards an Inclusive Solidarity on the Left. Symposium Eco-Socialist-Ecofeminist Dialogues, in: Capitalism Nature Socialism 17, S. 33-38.
– (2006b): Organised Irresponsibility: Contradictions in the Australian Government's Strategy for GM Regulation, in: Environmental Politics 15, S. 388-416.
– (2010): From Metabolic Rift to Metabolic Value: Reflections on Environmental Sociology and the Alternative Globalization Movement, in: Organization & Environment 23, S. 205-219.
– (2011): Climate Strategy: Making the Choice between Ecological Modernisation or Living Well, in: Journal of Australian Political Economy 66, S. 124-149.
– (2012a): Fukushima: A Call for Women's Leadership, in: The Commoner 15, S. 314-337, online unter: http://www.commoner.org.uk/wp-content/uploads/2012/02/15-salleh.pdf, Zugriff am 5.3.2015.
– (2012b): Green Economy or Green Utopia? Rio+20 and the Reproductive Labor Class, in: Journal of World Systems Research 18, S. 141-145.
–/Mellor, Mary/Farrell, Katharine with Vandana Shiva (2013): How Ecofeminists Use Complexity in Ecological Economics, in: Farrell, Katharine N./Luzzati, Tommaso/ Hove, Sybille van den (Hg.): Beyond Reductionism. A Passion for Interdisciplinarity, London, S. 154-178.
Sauer, Birgit (2013a): Komplexe soziale Ungleichheiten, Citizenship und die Krise der Demokratie, in: Appelt, Erna/Aulenbacher, Brigitte/Wetterer, Angelika (Hg.): Gesellschaft. Feministische Krisendiagnosen, Münster, S. 167-185.
– (2013b): „Putting Patriarchy in its place". Zur Analysekompetenz der Regulationstheorie für Geschlechterverhältnisse, in: Atzmüller, Roland et al. (Hg.): Fit für die Krise? Perspektiven der Regulationstheorie, Münster, S. 111-131.

Scheele, Alexandra (2012): Technokratie oder Androkratie? Zum (geschlechter)demokratischen Defizit der gegenwärtigen Krisendiagnostik, in: Kurz-Scherf, Ingrid/Scheele, Alexandra (Hg.): Macht oder ökonomisches Gesetz. Zum Zusammenhang von Krise und Geschlecht, Münster, S. 22-35.

Scheich, Elvira (2013): Natur und Politik: Situierte Differenzen im feministischen Diskurs, in: Appelt, Erna/Aulenbacher, Brigitte/Wetterer, Angelika (Hg.): Gesellschaft. Feministische Krisendiagnosen, Münster, S. 26-47.

Scherschel, Karin (2015): Menschenrechte, Citizenship und Geschlecht – Prekarität in der Asyl- und Fluchtmigration, in: Völker, Susanne/Amacker, Michèle (Hg.): Prekarisierungen. Arbeit, Sorge und Politik, Weinheim/Basel (im Erscheinen).

Schmidt, Robert (2012): Soziologie der Praktiken. Konzeptionelle Studien und empirische Analysen, Berlin.

Scholz, Sylka (2009): Männer und Männlichkeit im Spannungsfeld zwischen Erwerbs- und Familienarbeit, in: Aulenbacher, Brigitte/Wetterer, Angelika (Hg.): Arbeit. Perspektiven und Diagnosen der Geschlechterforschung, Münster, S. 82-99.

– (2010): Hegemoniale Weiblichkeit? Hegemoniale Weiblichkeit!, in: Erwägen – Wissen – Ethik 21, S. 396-398.

Shiva, Vandana (1989): Staying Alive: Women, Ecology, and Development, London.

Thien, Hans-Günter (2014): Klassentheorien – Die letzten 50 Jahre, in: Prokla 175. Zeitschrift für kritische Sozialwissenschaft 44, S. 163-190.

Trinkaus, Stephan/Völker, Susanne (2007): Unbestimmtheitszonen. Ein soziologisch-kulturwissenschaftlicher Annäherungsversuch, in: Dölling, Irene et. al (Hg.): Transformationen von Wissen, Mensch und Geschlecht. Transdisziplinäre Interventionen, Königstein, Taunus, S. 61-77.

–/– (2015): Nicht/Männlich: Alltag, Prekarität und soziale Reproduktion, in: Heilmann, Andreas et al. (Hg.): Männlichkeit und Reproduktion: Zum gesellschaftlichen Ort historischer und aktueller Männlichkeitsproduktionen, Wiesbaden, S. 175-194.

Tronto, Joan (2014): The Ethics of Care, Democracy and Social Inequalities. An Interview, in: Aulenbacher, Brigitte/Riegraf, Birgit/Theobald, Hildegard (Hg.): Sorge: Arbeit, Verhältnisse, Regime – Care: Work, Relations, Regimes (Soziale Welt, Sonderband 20), Baden-Baden, S. 41-47.

UNCTAD (2009): World Investment Report 2009, New York/Genf.

Villa, Paula-Irene (2000): Sexy Bodies. Eine soziologische Reise durch den Geschlechtskörper, Opladen.

Vogel, Berthold (2007): Die Staatsbedürftigkeit der Gesellschaft, Hamburg.

Völker, Susanne (2007): Prekäre Transformationen – herausgeforderte Lebensführungen, in: Bock, Ulla/Dölling, Irene/Krais, Beate (Hg.):

Prekäre Transformationen. Pierre Bourdieus Soziologie der Praxis und ihre Herausforderungen für die Frauen- und Geschlechterforschung. Querelles. Jahrbuch für Frauen- und Geschlechterforschung 2007, Göttingen, S. 176-194.

– (2009): 'Entsicherte Verhältnisse': Impulse des Prekarisierungsdiskurses für eine geschlechtersoziologische Zeitdiagnose, in: Aulenbacher, Brigitte/Wetterer, Angelika (Hg.): Arbeit. Perspektiven und Diagnosen der Geschlechterforschung, Münster, S. 268-286.

– (2010): Der Wandel der Erwerbsarbeit praxeologisch in den Blick genommen, in: Völker, Susanne et al. (Hg.): Perspektiven auf Arbeit und Geschlecht. Transformationen, Reflexionen, Interventionen, München/Mehring, S. 297-314.

– (2013a): Habitus sozialer Unbestimmtheit. Lebensführungen und Positionierungen junger Erwachsener unter den Bedingungen der Prekarisierung, in: Maier, Maja S./Vogel, Thomas (Hg.): Übergänge in eine neue Arbeitswelt? Blinde Flecke der Debatte zum Übergangssystem Schule-Beruf, Wiesbaden, S. 149-166.

– (2013b): Prekäre Leben (be-)schreiben: Klassifikationen, Affekte, Interferenzen, in: Bath, Corinna et al. (Hg.): Geschlechter Interferenzen. Wissensformen – Subjektivierungsweisen – Materialisierungen, Münster, S. 209-253.

– (2013c): Zur Komplexität des Sozialen. Praxeologische und queertheoretische Perspektiven auf die Prekarisierung von Erwerbsarbeit, in: Kleinau, Elke et al. (Hg.): Gender in Bewegung. Aktuelle Spannungsfelder der Gender und Queer Studies, Bielefeld, S. 181-194.

Wacquant, Loïc D. J. (1996): Auf dem Weg zu einer Sozialpsychologie. Strukturen und Logik der Soziologie Pierre Bourdieus, in: Bourdieu, Pierre/Wacquant, Loïc D. J.: Reflexive Anthropologie, Frankfurt a.M., S. 17-93.

– (2013): Bestrafen der Armen. Zur neoliberalen Regierung der sozialen Ungleichheit, Opladen/Berlin/Toronto.

Walby, Sylvia (2007): Complexity Theory, Systems Theory, and Multiple Intersecting Social Inequalities, in: Philosophy of the Social Sciences 24, S. 449-470.

– (2013): Finance versus Democracy? Theorizing Finance in Society, in: Work, Employment & Society 27, S. 489-507.

Wallerstein, Immanuel (1986): Das moderne Weltsystem – Die Anfänge kapitalistischer Landwirtschaft und die europäische Weltökonomie im 16. Jahrhundert, Frankfurt a.M.

Weckert, Anja (2008): Gleichheit und Migration im Wohlfahrtsstaat, in: Brabandt, Heike/Roß, Bettina/Zwingel, Susanne (Hg.): Mehrheit am Rand? Geschlechterverhältnisse, globale Ungleichheit und transnationale Handlungsansätze, Wiesbaden, S. 145-164.

Wedgwood, Nikki/Connell, R. W. (2008): Männlichkeitsforschung: Männer und Männlichkeiten im internationalen Forschungskontext, in: Becker, Ruth/Kortendiek, Beate (Hg.): Handbuch Frauen- und Geschlechterforschung, Wiesbaden, S. 116-125.

Weinbach, Christine (2008): „Intersektionalität": Ein Paradigma zur Erfassung sozialer Ungleichheitsverhältnisse? Einige systemtheoretische Zweifel, in: Klinger, Cornelia/Knapp, Gudrun-Axeli (Hg.): ÜberKreuzungen. Fremdheit, Ungleichheit, Differenz, Münster, S. 171-193.

–/Stichweh, Rudolf (2001): Die Geschlechterdifferenz in der funktional differenzierten Gesellschaft, in: Heintz, Bettina (Hg.): Geschlechtersoziologie (Kölner Zeitschrift für Soziologie und Sozialpsychologie, Sonderheft 41), Wiesbaden, S. 30-52.

Werlhof, Claudia von (1978): Frauenarbeit: Der blinde Fleck in der Kritik der politischen Ökonomie, in: Beiträge zur feministischen Theorie und Praxis 1, S. 18-32.

– (1983): Zum Natur- und Gesellschaftsbegriff im Kapitalismus, in: Werlhof, Claudia von/Mies, Maria/Bennholdt-Thomsen, Veronika: Frauen, die letzte Kolonie, Reinbek bei Hamburg, S. 140-163.

–/Mies, Maria/Bennholdt-Thomsen, Veronika (1983): Frauen, die letzte Kolonie, Reinbek bei Hamburg.

West, Candace/Fenstermaker, Sarah (1995): Reply: (Re)doing Difference, in: Gender & Society 9, S. 8-37.

West, Candace/Zimmerman, Don H. (1987): Doing Gender, in: Gender & Society 2, S. 125-151.

Wetterer, Angelika (2013): Das erfolgreiche Scheitern feministischer Kritik. Rhetorische Modernisierung, symbolische Gewalt und die Reproduktion männlicher Herrschaft, in: Appelt, Erna/Aulenbacher, Brigitte/Wetterer, Angelika (Hg.): Gesellschaft. Feministische Krisendiagnosen, Münster, S. 246-266.

Wimbauer, Christine (2012): Wenn Arbeit Liebe ersetzt. Doppelkarriere-Paare zwischen Anerkennung und Ungleichheit, Frankfurt a.M./New York.

Winker, Gabriele (2013): Zur Krise sozialer Reproduktion, in: Denknetz (Hg.): Care statt Cash. Sorgeökonomie und die Überwindung des Kapitalismus. Jahrbuch 2013, Zürich, S. 119-133.

Winter, Rainer (2007): Das Geheimnis des Alltäglichen. Michel de Certeau und die Kulturanalyse, in: Österreichische Zeitschrift für Soziologie 32, S. 21-39.

Wolfe, Tom (1990): Fegefeuer der Eitelkeiten (aus dem Amerikanischen von Benjamin Schwarz), München.

Young, Brigitte (2012): Zwei getrennte Welten? Finanzökonomie und Geschlechterforschung, in: Kurz-Scherf, Ingrid/Scheele, Alexandra (Hg.): Macht oder ökonomisches Gesetz. Zum Zusammenhang von Krise und Geschlecht, Münster, S. 36-51.

Young, Iris Marion (1990): Justice and the Politics of Difference, Princeton.
– (1993): Das politische Gemeinwesen und die Gruppendifferenz. Eine Kritik am Ideal des universalen Staatsbürgerstatus, in: Nagl-Docekal, Herta/Pauer-Studer, Herlinde (Hg.): Jenseits der Geschlechtermoral. Beiträge zur feministischen Ethik, Frankfurt a.M., S. 267-304.
– (1995): Unparteilichkeit und bürgerliche Öffentlichkeit. Implikationen feministischer Kritik an Theorien der Moral und der Politik, in: Brink, Bert van den/Reijen, Willem van (Hg.): Bürgergesellschaft, Recht und Demokratie, Frankfurt a.M., S. 245-280.
– (1996): Fünf Formen der Unterdrückung, in: Nagl-Docekal, Herta/Pauer-Studer, Herlinde (Hg.): Politische Theorie. Differenz und Lebensqualität, Frankfurt a.M., S. 99-139.
– (1997): Unruly Categories: A Critique of Nancy Fraser's Dual Systems Theory, in: New Left Review 222, S. 147-160.

Angaben zu den Autorinnen

Brigitte Aulenbacher, Prof. Dr. rer. soc., Professorin für Soziologische Theorie und Sozialanalyse (unter Berücksichtigung der Genderdimension) und Leiterin der Abteilung für Theoretische Soziologie und Sozialanalysen des Instituts für Soziologie der Johannes Kepler Universität Linz. Forschungs- und Arbeitsschwerpunkte: Gesellschaftstheorie, Geschlechter-, Rationalisierungs-, Arbeits-, Organisationsforschung. Kontakt: brigitte.aulenbacher@jku.at

Birgit Riegraf, Prof. Dr. phil., Professorin für Allgemeine Soziologie an der Fakultät für Kulturwissenschaften der Universität Paderborn. Forschungs- und Arbeitsschwerpunkte: Theorien und Methodologien der Geschlechterforschung, Feministische Gesellschafts-, Gerechtigkeits- und Staatstheorien, Arbeits- und Organisationssoziologie, Wissenschafts- und Hochschulforschung. Kontakt: briegraf@mail.upb.de

Ariel Salleh, Prof. Dr., assoziierte Forscherin für Politische Ökonomie an der Universität Sydney mit Lehrtätigkeiten in Australien, Asien und den USA, Mitarbeit im Research Committee for Environment & Society der International Sociological Association ISA und im Gene Technology Ethics Committee der australischen Regierung, Mitbegründerin der Bewegungen gegen den Abbau von Uranerz und der Grünen in Australien, Mitherausgeberin von *Capitalism Nature Socialism* in den USA. Kontakt: www.arielsalleh.info

Susanne Völker, Prof. Dr. phil., Professorin für Methoden der Bildungs- und Sozialforschung unter besonderer Berücksichtigung der Genderforschung an der Humanwissenschaftlichen Fakultät der Universität zu Köln und Leiterin der zentralen wissenschaftlichen Einrichtung GeStiK (Gender Studies in Köln). Forschungs- und Arbeitsschwerpunkte: Feministische Theorien, Arbeits-, Prekarisierungs- und Transformationsforschung, Praxistheorien, Methoden und Methodologien der Sozialforschung. Kontakt: susanne.voelker@uni-koeln.de